新 経営学総論
―経営学の新たな展開―

「新経営学」研究会 編

学文社

執筆者一覧（執筆順）

日高 定昭（ひだか さだあき）	作新学院大学経営学部教授	（第1章，第4章）
前橋 明朗（まえはし あきら）	作新学院大学経営学部教授・税理士	（第2章，第7章）
山口 厚江（やまぐち あつえ）	作新学院大学経営学部特任教授	（第3章）
那須野 公人（なすの きみと）	作新学院大学経営学部教授	（第5章）
中島 洋行（なかじま ひろゆき）	作新学院大学経営学部教授	（第6章）
高橋 秀行（たかはし ひでゆき）	作新学院大学経営学部教授	（第8章第1節）
樋口 徹（ひぐち とおる）	作新学院大学経営学部教授	（第8章第2節）
趙 鏞吉（ちょう よんぎる）	作新学院大学経営学部教授	（第8章第3節，第9章第1節）
荻原 明信（おぎわら あきのぶ）	作新学院大学経営学部教授	（第8章第4節）
荒木 宏（あらき ひろし）	作新学院大学経営学部教授	（第9章第2～6節）
太田 正（おおた ただし）	作新学院大学経営学部教授	（第10章）
橋立 達夫（はしだて たつお）	作新学院大学経営学部特任教授	（第11章）
小山さなえ（こやま さなえ）	作新学院大学経営学部教授	（第12章第1～3節）
関根 正敏（せきね まさとし）	作新学院大学経営学部講師	（第12章第4節）

はしがき

　近年，経営学の領域が急速に拡大しています。そもそも経営学は，私企業を対象に，その組織や管理運営について研究する学問でした。しかし，各国の財政赤字が拡大し，小さな政府が求められる中で，私企業の合理的な運営方法を，政府や地方自治体等公的な組織に導入しようという動きが強まってきました。また，財政的な問題から公的機関に多くを期待できない中，NPO等非営利組織に対する期待が高まってきています。

　このような流れの中で，私立大学の経営学部で最も古い歴史を持つ明治大学経営学部では，2002年，設立50年の節目に，経営学科・会計学科に新たに「公共経営学科」を加えた3学科制をスタートさせました。公共経営学科は，政府組織や国際機関，NPO・NGOで活躍できる人材の育成を謳っており，具体的には，公共経営学，行政経営論，自治体マネジメント論，公共マーケティング論，NPO論，NPO戦略論といった科目が設置されています。

　また，『一橋ビジネスレビュー』2009年夏号を見ると，「ソーシャル・イノベーション」が特集されており，ここにはマイクロ・ファイナンス（貧しい人びとに対する小額の無担保融資）によって，バングラデシュで人びとを貧困から救い出した功績により，2006年ノーベル平和賞を受賞したグラミン銀行総裁（当時）ムハマド・ユヌス氏が，「グラミン銀行の軌跡と奇跡：新しい資本主義の形」とのタイトルで寄稿しています。グラミン銀行のシステムは，貧困者への融資にもかかわらず，貸し付けに対して一定の利息を取るというところに大きな特徴があります。無利息で貸し付けると，貧困者救済のために集めた基金が，活動に要するさまざまな経費によって目減りしてしまうだけでなく，借り手の返済に対する自覚も高まりません。グラミン銀行の創設者ムハマド・ユヌス氏は，人びとの救済を目的にしているにもかかわらず，あえて一定の収入を確保することで組織の永続性を保ち，より多くの人びとを救済し続けようと考えたのです。グラミン銀行の成功によって，一定の収益を得ながら永続的な社

会貢献を目指す組織,「社会的企業」が次々と生まれ,このような事業に取り組む若き「社会起業家」が増加しています。しかも,社会的企業の組織形態としては,NPOやNGOだけでなく,株式会社形態を活用するものも現われている点にも注目する必要があります。最大利潤を追求する私企業の中でも,最も合理的な組織形態と考えられていた株式会社制度が,今や積極的に利潤を追求しない,社会貢献のための組織として活用されはじめているのです。

さらに,『一橋ビジネスレビュー』の2009年春号を見ると,スポーツビジネスが特集されており,そこでは「スポーツは世界的規模で一大産業となっている」として,ビジネスとしてのスポーツのあり方が探求されています。

その他,2008年10月には,「観光立国の実現」を目指して国土交通省に観光庁が設置され,観光も経営学の新たな対象分野としてクローズアップされてきました。ただしここでは,「活力に満ちた地域社会の実現」「住んでよし,訪れてよしの国づくり」といった言葉に象徴されるように,これまでの物見遊山的な観光ではなく,観光とまちづくりの融合による地域の活性化が指向されています。

以上のような,経営学の公的組織への適用,社会的企業の出現,スポーツや観光等新たな経営学の対象分野の出現という事態を受けて,作新学院大学では2010年,経営学部と総合政策学部の統合による学部再編を行いました。その結果新たにつくられた「新経営学部」は,「企業経営コース」と「公共経営コース」を軸に,「健康・スポーツマネジメントコース」「観光まちづくりコース」という新たに広がりつつある分野を積極的に取り込むとともに,これらすべての領域に必要な会計と情報の知識及び技術の習得に重点をおく,「会計・ファイナンスコース」と「経営情報コース」を配置したものとなりました。

こうして本学では,経営学の最新の動向と,新たに展開しつつある分野を積極的に取り込んだ結果,1年生に配置されている「経営学総論」の授業が,既存のテキストでは対応不可能となってしまいました。そこで新時代に対応した経営学の入門書づくりが始まり,その結果誕生したのが本書です。本書は,第Ⅰ部が「経営」「会計」「情報」といった経営学の伝統領域,第Ⅱ部が「公共経

営」「観光まちづくり」「スポーツマネジメント」からなる経営学の新たな領域という構成になっています。

　それゆえ本書は，経営学の概要とその最新の動向を知るために，学生のみならず社会人の方々にも大いに参考になるものと考えます。

　なお，1学部1学科6コース制でスタートした新経営学部は，2013年に完成年度を迎え，4年間の経験を踏まえて一定の手直しを行うこととなりました。すなわち「作新学院」は，本学の兄弟校である作新学院高等学校を中心に，全国的に「スポーツの作新」として名を馳せています。そこで，「スポーツマネジメント」にひとつの重点を置くことによって，学部としての特徴を出そうという観点から，スポーツマネジメントを学科として独立させ，経営学科とスポーツマネジメント学科の2学科体制にするとともに，経営学科のコースを，「ビジネスマネジメント」「会計・情報マネジメント」「コミュニティマネジメント」（公共経営・非営利経営・観光まちづくりを含む）の3コースに再編し，2014年4月より新たなスタートを切りました。

　最後に，本書の出版にあたり，厳しい出版事情にもかかわらず，本書の趣旨をご理解いただいた学文社代表田中千津子氏，ならびにご支援をいただいた本学関係各位に，心より感謝申し上げます。

2015年1月7日

作新学院大学 経営学部「新経営学」研究会
代表　那須野　公人

目　次

はしがき　i

第1章　経営学を学ぶ―その成立と展開―　1
1. 経営学とは　1
2. 各国の経営学の成立　3
3. 資本主義発展の担い手としての企業者　8
4. 経営学の諸概念―経営・管理・企業・事業―　10
5. 経営学部の教育体系　13

第2章　企 業 論　19
1. 企業と私たち　19
2. 企業と会社と法人と　22
3. 株式会社の制度的特徴　28
4. 企業における普遍課題　33

第3章　社会に対する企業の責任　37
1. 企業と社会　37
2. 企業における倫理　38
3. 企業の社会的責任と企業倫理　48
4. 企業の社会的責任に関する近年の動向　57

第4章　マネジメントの理論　67
1. ファヨールのマネジメント　67
2. ドラッカーのマネジメント　79

第 5 章　グローバル化と現代のものづくり ── 89
1. 大手家電メーカーの現状　89
2. ものづくりのグローバル化　92
3. 垂直統合から水平分業へ　101
4. デジタル化・モジュール化と製品のコモディティ化　106
5. 「ものづくり」を考える　108

第 6 章　企業経営と会計情報 ── 113
1. 経営状態を具体化する会計情報　113
2. 企業外部の利害関係者が求める会計情報　115
3. 貸借対照表と損益計算書　121
4. 会計監査　131
5. 財務会計以外の会計学　134

第 7 章　企業の税金 ── 139
1. 本章のねらい　139
2. 税金のあらまし　140
3. 企業にかかる税金　145
4. 法人税の基礎的事項　152
5. 今後における重点論題：法人税率引き下げの是非　155

第 8 章　経営情報 ── 161
1. 経営と情報システム　161
2. 情報化と SCM　167
3. 進化する情報社会と経営　171
4. 計量的情報システム　178

第9章　公共経営論 ——————————————— 185

1. 日本の公共政策の主要課題　185
2. 公共経営とは―行政機関と民間企業　193
3. 新公共経営　197
4. 公共経営の手法と公共サービス　199
5. 公民パートナーシップ (PPP)　205
6. 公共経営における課題と今後
   ―新たなパートナーシップ構築のために　213

第10章　「新しい公共」の登場と「公」「共」「私」の再編成 ——— 219

1. 「企業経営」「公共経営」「地域経営」の異同を考える　219
2. 「公共」の「公」および「共」への分離　222
3. 「新しい公共空間」とは何か　227
4. 「協働」のマネジメントと「地域経営」　236

第11章　観光まちづくりの世界 ——————————— 243

1. 「観光まちづくり」って何をすること　243
2. 住民による地域経営としてのまちづくり　245
3. 観光まちづくりの実践　251

第12章　スポーツマネジメント ——————————— 259

1. スポーツマネジメントとは　259
2. 売れるスポーツのモノづくり　262
3. 栃木県のプロスポーツ　265
4. 地域スポーツとスポーツ政策　267

第1章　経営学を学ぶ―その成立と展開―

1 経営学とは

　経営学は，資本主義の時代に成立した社会科学の中では比較的新しい学問です。たとえば，類似の学問であり資本の流通過程を対象とする商業学は，大航海時代の17世紀後半に生まれました。社会総資本(たとえば一国の経済)を対象とする経済学は，産業革命前後(1760年から1830年ごろ)に生まれています。そして少数の巨大企業(社会総資本に対する個別資本)が，市場を支配する20世紀初頭に，経営学は生まれます。

　商業学の成立の指標となる書物としては，フランスのサバリーが1675年に書いた『完全な商人』があります。また経済学では，イギリスのスミスの『諸国民の富』が1776年に，フランスのセーの『経済学概論』が1803年に，ドイツのマルクスの『資本論』第一巻が1867年に公刊されています。

　それに対して経営学は，1911年にドイツのシェアーが『一般商業経営学』を，同年にアメリカのテイラーが『科学的管理の諸原理』を1916年にフランスのファヨールが『産業ならびに一般の管理』を書いています。

　このように，商業学・経済学・経営学の誕生には約百年のタイムラグがあります。資本主義の成立と展開の中で商業学，経済学，経営学は生まれてきますので，それらは，資本主義固有の学問ということができます。もともと資本主義は，生産手段を所有する資本家が生産手段から自由な労働者を雇い生産を行う制度です。労働者の生産物は生産手段を所有する資本家のものとなり，その代わりに労働者は労働の対価としての賃金を資本家から受け取ります。現代では影響力をもつ資本所有者は銀行や保険会社などの機関投資家が主力で，資本家概念も複雑となっていますが，その本質は変わりません。毎年春先に春闘がありますが，あれは資本と労働が創りだした成果をどのように分け合うかとい

う闘いなのです。

　さて資本主義の発展は技術(労働手段の体系ないしは客観的法則性の意識的に適用されたもの)の発明・発展を基盤としています。労働手段が道具から機械へ移行するとともに，巨大な生産力が生まれます。そして技術の発明と実用化は資本主義を少数の資本による生産の集中という現象に導きます。なぜなら巨大な技術は多くの労働者をひとつの場所で働かせることなしには十分に機能しないからです。

　今日実用化されている技術は，その多くが19世紀の後半以降に生まれています。発電機が1867年に，内燃機関が1877年に，蒸気タービンが1883年に，電車は1879年，自動車が1885年，火力発電所が1881年，水力発電所が1891年に発明されているのです。動力を人力とする道具から動力を機械力とする機械への労働手段の発展は，社会にきわめて大きな生産力を提供することになります。株式会社という制度が発展していくのも，このような生産手段の大規模化と関連があります。そして巨額の資本と大規模な労働を固定化する大企業中心の社会が生まれます。

　大企業の誕生をアメリカについて見れば，その創成期にエジソンがかかわった電機を中心とした複合企業ゼネラル・エレクトリックが1878年に，アメリカ最大の財閥家ということができるロックフェラーが創ったスタンダード・オイル・トラストが1879年に，ヘンリー・フォードが創設したフォード自動車は1903年，世界最大の自動車会社であったゼネラル・モーターズは1908年に生まれています。

　そしてこの時期に資本主義の自由競争は独占的競争期へと移行し，競争に勝った企業が破れた企業の市場を自らのものとします。たとえばアメリカにおいては，1904年に製造業の11%が労働者の70%を雇用，総生産の80%を占有します。しかも工場総数の1%が，労働者の25%を雇用，総生産の38%を占有しています。がむしゃらに生産を行って市場競争を戦ってきた企業のうち競争に勝ち市場を独占ないし少数の企業で独占しうる企業にとっては不完全ではあっても企業活動における「計画可能性」が生まれます。基本は自由競争，

国家がその生産活動を規制しない無政府生産のもとでの計画こそが経営学成立の基盤です。

　ファヨールの『産業ならびに一般の管理』の管理の定義は計画を出発点としていますし，テイラーの経営管理論も計画的生産を維持するための賃金制度とそれを保障する計画部という組織編成から始まります。

2 各国の経営学の成立

　経営学は資本主義の先進国ドイツとアメリカで生まれます。またフランスにおいては，経済学の中で経営学の中心概念である企業者の問題が展開されます。その成立の背景をみてみます。

(1) アメリカ

　移民の国アメリカの場合は，1860年から1910年にかけての半世紀で人口が4倍になるとともに，賃金労働者は7倍，農業生産物価格はなんと20倍になりました。

　産業規模の発展に対して労働力は相対的に不足して，機械の採用が促進されます。雇用関係も内部請負制度から直接雇用制度へと変更が進みます。これは機械化による熟練の解体，機械への「熟練の移転」を背景にしていますが，内部請負制度とは熟練労働を媒介にした内部請負親方と弟子との雇用関係です。親方といえば，今日本で誰でも思いつくのは相撲部屋です。そこには近代的な雇用関係はなく，親方が部屋の中で弟子を育てるシステムです。その時代にさかのぼれば資本は親方との間で雇用契約を結べばよく，労働の管理の問題は親方に任されます。

　作業場内への機械の導入で，熟練は徐々に機械（熟練の移転）に移転・吸収されて，内部請負制度は徐々に解体され，資本が直接に労働者を雇う直接雇用制度が確立されてきます。そこでの管理の主役として内部請負親方でも資本家でもなく技術者が登場してきます。技術者はそのメンタリティーからして，労働

者階級とは少し異なっています。比較的良家の出身で，高い教育も受けているのが一般的です。この後取り上げるテイラーも，中流家庭に生まれ，ハーバードにも合格しています。目の疾患で進学は諦めましたが。

そこで経営学，といっても最初は工場の管理(マネジメント)の問題が生まれてきます。先に述べたように19世紀の後半には，生産と資本が少数の企業・工場に集中して，ひとつの資本のもとで多くの労働者が働くようになります。そこでの最初の管理の課題は，労働の成果の配分についての賃金問題です。その問題に取り組んだのが，「アメリカ機械技術者協会」に集った技術者たちです。彼らがアメリカの経営学の基礎を造りました。

今日質量ともに，アメリカの経営学は世界の経営学をリードしています。ノーベル経済学賞の経営学分野からの受賞者(記述的および規範的意思決定論)はすべてアメリカから出ています。教育においても，1881年に今日のアメリカのトップランクのビジネス・スクール(経営大学院)であるペンシルベニア大学ウォートン・スクールの前身(商・経営学部)が生まれますし，1908年にはハーバード大学に全米で初めての大学院レベルのビジネス・スクールが生まれます。現在まで経営学研究の学部・大学院はアメリカでは他の学部を凌駕し，名実ともにアメリカはビジネスが社会を主導する国であるということができます。

アメリカの経営学はマネジメントと総称されますが，それでも，経営理論は多様であり，それをクーンツは，マネジメント理論のジャングルであると述べその統一を図ろうとします。それにたいしてサイモンはそれを学問の分業であり，そこに学問の発展があるとクーンツの主張に真っ向から反対しました。とはいえ多様な経営理論がアメリカにおいては展開され，それがアメリカ経営学の発展を示しているといえます。

(2) ドイツ

ドイツでは，1898年に商科大学がライプチッヒ，アーヘン，ウイーン，ザンクトガレンに創設されます。そこで商科大学にふさわしい新たな中心科目が模索されます。その創設に重要な役割を果たしたのも，ライプチッヒ商科大学

卒業生のシュマーレンバッハとニックリッシュです。アメリカと違って，現場の技術者ではなく大学の研究者によってその成立が模索されます。

　アメリカの場合は，現場の技術者がかかわったことからまた，生産管理・労務管理の合理的な手段が追求されるのに対して，ドイツでは，私的な利潤を追求する学問が科学として成立するか否かが問われます。とくに経済学者の側からは，経営学否定論が展開されます。

　また経営学の成立には，先に述べた先行する学問である商業学と経済学とがかかわってきます。最初に経営学に対して，その研究は経済学の中で行うことができるという主張が現れます。ワイヤーマン=シェーニッツは，経営学は，経済学(国民経済学・社会経済学)のなかで「私経済学」として展開すべきと主張します。アメリカの経営学の考え方を体現する哲学に，プラグマティズムがあり，それは実践に役立つならば真であるという考え方ですが，ドイツの場合は，価値判断を許さない，没価値的な新カント派の影響があります。

　そのような理論科学の考え方に対して，ライプチッヒ商科大学の第1回卒業生である上記2人の学者が反論します。そのひとりシュマーレンバッハは，新しい科学(経営学)は技術論，目的=手段の関係を取り扱かうが，(社会科学的)技術に関する科学すなわち，理論科学に対するいわば応用科学であるとの立場をとります。また私的な利潤追求の学問(Profitlehre)であるという指摘に対しては，もうひとりのニックリッシュが，利潤は一定の経済的法則性の中で意義をもつのであって，決して私的な資本のための金もうけを指導する学問ではないと反論します。

　これはのちほどみるドラッカーの利潤に対する考え方とも関連します。そして，経済学を意識して私経済学，個別経済学などと呼ばれていたドイツの経営学は1922年にニックリッシュによって国民経済学に対する経営経済学の並立が宣言され，その後，ドイツの経営学は，経営経済学と呼ばれて発展していきます。

　ドイツ経営学の成立を概観すれば，商人技術の寄せ集めであった商業学を経済学の科学的な方法を援用し，科学としての経営学すなわち経営経済学を作っ

たということができます。

(3) フランス

　フランス経営学の創始者は，鉱山技術者のファヨールです。比較的経営学の後進国といわれることの多いフランスですが，フランスは経営学の重要な概念，「企業」「企業者」を生んだ国です。またアメリカ経営学の主流である経営管理過程論の出発点はフランス人ファヨールであるとクーンツはいっています。このようにフランスはエポック・メイキングな国なのです。

　ファヨールについては，のちほど第4章で取り上げますが，フランスの産業革命期にまでさかのぼると，1789年にフランス革命がはじまり，ルイ16世，次いでマリー・アントワネットが断頭台の露と消えてフランスは共和制になります。その後ナポレオンの治世となり，1814年のブルボン王朝の王政復古期がはじまります。この時期，レ・ミゼラブルの主人公ジャン・バルジャンは縫製工場を経営しますが，このような企業家が台頭する時代です。

　企業家でもありフランス最初の職業経済学者にセーがいます。彼は1803年に『経済学概論』を書きますが，旧知のナポレオンにその政策に沿うような書き換えを命じられそれを拒否して官職を追われ，地方で紡績工場を経営します。まさに企業家です。1815年のナポレオンの失脚後パリにもどり，その著書の改訂を行います。そしてフランスにおける最初の商科大学(現在のパリ商科大学 -ESCP-)の創設期に関わるとともに，1819年に工芸学院(現代の国立工芸学院 -CNAM-)に開設された産業経済学講座の教授となります。そして経済学の中で企業者や管理の問題を取り扱います。企業者論の大家として知られるシュンペーターは，フランスの経済学者ワルラスを信奉しており，セーを含めて経済学者が管理(経営)の問題を取り上げたのがフランス経済学の特徴であると述べています。

　またフランスはその革命前後に，産業革命期に必要となる技術者養成の学校を数多く創りました。たとえば，土木学校(1747年)，鉱山学校(1783年)，理工科学校(1794年)，工芸学院(1794年)がそれです。フランスでは世界最古の部類

に属する大学，12世紀にすでに存在していたパリ大学を拡充するのではなく，上記のような各々の目的に即した学校が創られたのです。それらは，現在でもフランスのビジネス・エリートを養成する機関として存在しています。

　たとえば，1999年，日本の大企業経営者と比較すると異例に若い45歳で，経営危機に見舞われていた日産自動車にフランスのルノーから送り込まれたカルロス・ゴーンは，理工科学校と，パリ鉱山学校を卒業しているといえば分かりやすいでしょう。

(4) 日　本

　日本の経営学は輸入の学問であるといわれます。戦後の日本経営学会の牽引者の一人，一橋大学名誉教授の古川栄一教授はそれを，「血はドイツ，肉はアメリカ」(経営学史学会2012年全国大会：於明治大学，三戸公立教大学名誉教授記念講演)といわれたということです。そのように，わが国の経営学は，ドイツとアメリカの経営学に強い影響を受けて成立，発展しているのです。経営学創成期，日本の学者はドイツに留学して経営学を学びました。戦後はアメリカの実質的な支配のもと，アメリカ経営学が大量に日本に流入しました。

　一般にドイツの経営学は経営経済学(Betriebswirtschaftslehre)，アメリカの経営学は経営管理学(Management)といわれます。したがって，わが国においてもドイツを中心に研究する学者とアメリカを中心に研究する学者とが多数派を形成していましたが，その双方を統一しようとする試みもなされ，いくつかの特徴的な理論も生まれました。それは日本独自の経営学と言えます。

　わが国の理論の代表的なものは，①経営経済学説，②企業学説，③経営学説，④個別資本学説です。

　ドイツ流の経営学の影響を強く受けた①の代表者は，若くして米コロンビア大学に学ばれた池内信行元関西学院大学教授です。経営学は経営経済学でなければならないという主張は，ドイツの経営学を体現した理論といってよいでしょう。

　②の自らの経営学を「企業学」と主張されたのは，藻利重隆一橋大学名誉

教授です。営利原則(利潤)を積極的に肯定しながら，それを無期限持続的な企業維持原則に転嫁して，私的利潤の追求から解放し，利潤が社会的なもの，社会発展のためのものであって企業の利潤追求はなんら恥ずべきものではないという主張をされました。

③の京都学派西田哲学の影響を受けて独自の経営学を主張されたのは，山本安次郎元京都大学教授です。教授は，アメリカの経営学とドイツの経営学を究めて，「行為的主体存在」という，西田幾多郎教授の哲学を経営学に援用されて日本の理論に根差した経営学を打ち立て，それが「本格的経営学」として，一部の学者に強い影響力をもっています。

④の代表者は中西寅雄元東京大学教授です。これは，日本の社会科学で強い影響力のあるマルクス経済学に依拠した経営学です。経済学が社会総資本を対象とする以上，その構成単位である個別資本の運動を対象とする経営経済学が成立するという根拠の上に展開された理論です。

上記，①から④に対応した文献
① 池内信行(1956)『経営経済学総論』森山書店。
② 藻利重隆(1956)『経営学の基礎』森山書店。
③ 山本安次郎(1961)『経営学本質論』森山書店。
④ 中西寅雄(1931)『経営経済学』日本評論社。

3 資本主義発展の担い手としての企業者

『もし高校野球の女子マネージャーがドラッカーの「マネジメント」を読んだら』(ダイヤモンド社，2011)が良く売れて，ドラッカーの名前は高校生にまで知られるようになりましたが，専門的な観点からドラッカーを読むと，そのキーワードは「企業者職能」(アントルプルヌーリアル・ファンクション)です。

産業革命期(1760年代-1830年代)に歴史の主役として登場するのは，企業者(アントルプルヌール)です。いつのころからか，わが国では「起業家(者)」と

いう表記が多用されていますが，本来「企業者」は歴史的に重要な概念です。企業者職能としてのイノベーションについては，シュンペーターが展開していますので，シュンペーターの言葉であると理解されているかもしれません。しかしシュンペーターはドラッカー同様にアメリカに渡ったとはいえもともとドイツ語圏の学者ですから，ドイツ語の著作ではウンターネーマー（Unternehmer）という用語を使っています。これは英語に直訳するとアンダーテイカー（undertaker）です。このアンダーテイク，は英語の意味としては何かを引き受けるということですが，その本質は「危険」（risk）を引き受けるということなのです。

たとえば，以前ホンダの副社長だった藤沢武夫さんの講演を聞いたときのことです。じつは，戦後二輪車のメーカーは250社もあったということです。たしかに小型のエンジンをつけた自動の二輪車は原動機付自転車というように，自転車に原動機をつければ自動二輪車になります。しかし品質がよく価格競争にも勝った4社（ホンダ，ヤマハ，スズキ，川崎重工）のみが今生き残っています。この4社だけが倒産の「危険」を回避できたのです。したがって，企業は本来的にリスクテイカー（risktaker）なのです。

アントルプルヌール（企業者個人）は，株式会社制度の発展で制度化するとアントルプリーズになります。個人企業家から発展した制度としての企業の成立です。もともと企業者も企業もフランスで生まれた言葉ですから，英語では，アントルプルヌール（entrepreneur）はそのまま使い，アントルプリーズ（entreprise）はeとrをひっくり返してエンタープライズ（enterprise）と読み広くつかわれるようになったのです。

さてそれでは，企業者職能ですが，経営者の職能（仕事）は，ドラッカーによると，企業者職能と管理職能に分かれます。管理職能は企業の現在の仕事を処理する職能すなわち，財務管理，生産管理，労務管理，それらを総合する経営管理などから成りますが，企業者職能は，企業の明日を創る職能で，マーケティングとイノベーションから成ります。マーケティングは市場を作りだす職能で，イノベーションは現状に満足せずに，つねに新しいものを作りだす職能

すなわち革新です。それなくしては，企業の存続と発展はあり得ません。

世界最大の自動車会社ゼネラル・モーターズが倒産の危機に瀕し(とはいえ現在は法的に社会的に影響力の大きい会社をつぶすことはしません)，同じく日本ではナショナル・フラッグ・キャリアーであった日本航空も倒産の危機に瀕しますが，つぶれることはなく再生されました。しかしこのような企業は，企業者職能を実践できなかったといえます。

さて企業者概念の成立から，1世紀を経て，経営者・管理者の概念が確立され経営学も生まれます。この点は紙幅の関係から第4章に譲ります。

4 経営学の諸概念―経営・管理・企業・事業―

(1) 用語の検討① ―administration と management―

1908年にアメリカのハーバード大学に，経営学修士と訳される，MBA (Master of Business Administration)の学位を出す大学院修士課程が生まれました。その後1936年には同大学に行政学修士と訳すことができる，MPA (Master in Public Administration)も生まれました。

同時期，テイラーの著作は，*Shop Management*(『工場管理』1903)，*The Principles of Scientific Management* (『科学的管理の諸原理』1911)というように，Management をわが国では『管理』という用語で表わすのが一般的です。ドラッカーは，マネジメントは，アメリカ英語特有の言葉であってイギリス英語にすら訳せないと言っています(ドラッカー 1974：7)。たしかにフランス，ドイツではマネジメントという用語そのものはなく，フランスにそれが入ったのは，1920年代のことです。そのため，1910年代にフランス語で翻訳された『科学的管理の諸原理』*The Principles of Scientific Management* は，*Organisation Scientifique du Travail* という表題となっています。しかし今日では，マネジメントが，フランスでもよくつかわれるようになっています。それはアントルプリーズが英語で使われるようになったのと類似のことといえます。

ちなみに，フランスのマネジメント・スクールは，Ecole Supérieur de

Commerceという名称を今日でも使っていますが，そのひとつ，パリ商科大学(Ecole Supérieur de Commerce de Paris-ESCP-)はその英文名称を，Paris Graduate School of Managementとしています。

　フランスでは，ファヨールの *Administration industrielle et générale* が，（邦訳『産業ならびに一般の管理』）が1916年に雑誌論文の一部として，翌年に単行本として出版されます。administrationという用語自体は，フランスでは，① 管理と② 行政とに訳し分けられています。前者はまさにファヨールの著作のように，「産業ならびに一般の管理」であり，後者は，フランスの代表的なグランド・ゼコールのひとつÉcole national d'administrationが「国立行政学院」とされるように，管理と行政との2つの意味を含んでいます。アメリカの場合も，administrationだけで使われる場合は，行政や政権を指す場合が多く，たとえばオバマ・アドミニストレーションといえばオバマ政権を指すのです。

　managementという用語は，アメリカ経営学を表す用語として使われていますが，先に話題にしたドラッカーは「マネジメント」という用語を外国語に訳すのは困難であるといっているところから，ドラッカーの著作，*Management* はそのまま，『マネジメント』としてわが国で出版されたのです。

(2) 用語の検討② —entrepriseとbusiness—

　もともと企業という用語は，カンティロン，セーに代表されるフランス経済学が創った用語です。セーがいうように，英語には企業entrepriseという言葉はなかったのです。英語ではbusiness administrationのbusinessを企業と訳す例がみられますが，厳密には企業と事業とは意味が異なります。私的利潤を追求する企業制度のもとで事業が展開されることが多かったので，事業に利潤追求と商品生産という二重の意味が付与された結果，事業を企業と読みかえることが横行し，その結果，ドラッカーの訳者も含めて，日本ではbusinessを企業と訳すことも許されてきたという事情がありますが，businessは事業と厳密に訳すことをここでは主張したいと思います。ドラッカーの原文にも，business, enterprise, business enterpriseが混在していますので，それを区別

なく訳すと混乱が生じます。その事例は，第4章で指摘します。

　もともと，米語では，ドイツ語の企業を意味するUnternehmungと同じ，Undertakingとするのが正しい用法といえますし，英語，ドイツ語，フランス語では，企業，事業，経営を厳格に区別しています。したがって企業家は，それぞれ，undertaker, Unternehmer, entrepreneurです。

　たとえば，英語のbusiness manは，フランス語のhomme d'affaireに相当し，それは事業家ないしは実業家と訳すのが正しいといえます。business manとentrepreneurは違う性格の用語です。

　したがって，次節の1)と3) 4)のbusinessは，前者を狭義の企業，後者を事業と読み分けることとしたいと思います。ハーバードが創った経営大学院は，事業経営専攻と読み，その後生まれた行政大学院は公共経営専攻と読みたいのです。

　たとえば，ドラッカーは，business enterpriseという用語を多用していますが，わが国で戦後長く禁止されていた持ち株会社制度の解禁以降，持ち株会社と事業会社の区別をしていますが，まさにドラッカーの多用するbusiness enterpriseは文字通り事業会社と読めば理解しやすいと思います。

　以上の考察から，アドミニストレーションを含めて，マネジメント，ビジネス，エンタープライズという経営学を理解するために必要な英語の意味が明らかになりましたが，たとえば，このようにいえばその関係がわかると思います。すなわち，

　An entrepreneur (An enterprise) is managing a business.
　企業者(企業)が事業を経営している。

　そうすれば，企業は事業主体，事業は客体，企業の対象と読むことができます。そして，Businessが多くは，もともと営利を目的として展開されたために，それをProfit Businessとして，また営利を目的としない事業をNon Profit Businessに分けて考えることができると思います。後者は現在よく使われるNPO(Non Profit Organization)と類似の概念です。

5 経営学部の教育体系

さて,以上の考察を踏まえて,経営学部の教育体系を考えます。戦後,神戸大学にわが国最初の経営学部が生まれました。私学最初の経営学部は,明治大学に商学部に並立して生まれました。もちろん経営学という名称をもつ学部であっても経営学だけで学部教育のカリキュラムを構成しているわけではありません。たとえば東京大学経済学部がそのなかに経営学科を設置し,一橋大学も商学部の中に経営学科を設置しているのは,その名称の伝統から経営学部の設置自身が容易ではなく,経済学部,商学部の中で経営学教育がその根幹として存在していることを表しています。

本学は,経営学部の名称の英文表記を,School of Business and Public Administration としてきました。それは経営学部の教育体系を広くとらえているからです。経営学の先進国アメリカでは,たとえば私が以前訪れたことのあるオハイオ州のクリーブランド周辺の大学は,日本語にすると同じ経営学部ながら,

University of Akron : College of Business Administration

Case Western Reserve University : School of Management

John Carroll University : School of Business

となっていました。

カリフォルニア州立大学(California State University : CSU)は,その経営学部の名称を School of Business and Public Administration としていますが,本学もそれと同様です。

本学経営学部は,その内容からみると企業経営,公共経営,スポーツマネジメント,観光,経営情報,会計ファイナンスという6つの分野を含んでいます。それは,

1) Business administration

2) Public administration

3) Sports business management

4）Tourist business management
　5）Management information technique （system）
　6) Management accounting and finance technique （system）
と表記することが可能です。
　しかし経営学部である以上，それは伝統的な学問教育体系の上にあり，そこには，経営学基礎論(経営学総論)，企業論，経営管理総論，経営管理各論(労務管理・人的資源管理論，生産管理論，財務管理論)，マーケティング論，理論史と実践史としての経営学史，経営史が置かれます．

(1) 企業経営と公共経営

　この2つは本学経営学部の基盤を，またわれわれが構想する経営学の基盤となります．前者は営利を目的とする経営，後者は営利を目的としない経営といえばその区別が明瞭です．近年その用語が市民権を得るようになったNon Profit Organization(NPO)は，この区別を言い当てています．企業は，Profit Organization，すなわち営利組織なのです．

　先にも述べたように，ファヨールの著作の題名は，『産業ならびに一般の管理』であり，その表題を厳密に理解すると営利組織の管理(administration industrielle)と非営利組織の管理(administration générale)とを共にその対象に含むと理解されます．

　また，ドラッカーは，工場管理に基礎を置くテイラーの科学的管理は，その最初の適用が軍事工廠であって営利組織ではなかったということを特に強調しています．しかし経営学成立期にアメリカにおいて問題とされたのは，賃金支払いの問題であって，工場における資本と労働の成果の取り分についての戦いの解決方法の解明であったのです．

　テイラーの理論の中心的な問題であった「差別出来高制度」は，確かに当時の機械技師が関心をもった賃金問題でしたが，その本質は，課業すなわち一人の適正な仕事量を確定するために時間研究，動作研究を行うところから始まるのであり，それは，大学，行政組織などの事務組織の適正な仕事量を決定する

場合にも必要であり，科学的にはその職場の仕事の量と人員配置に当たっての基本的作業となります。いずれにせよ，管理は管理すべきその対象を正確に把握することが必要不可欠であることをテイラーは主張しているのです。

(2) 事業別経営学—スポーツ経営学と観光経営学—

　事業は企業が行う仕事の対象ないしは客体です。本学の場合，スポーツと観光に特化して事業経営を構想していますが，それは，企業ないしは非営利組織の経営の対象・客体を表しています。たとえば公共性の高い事業として，現在のJRの前身である日本国有鉄道は，国が運営していた鉄道事業でした。民営化され経営の主体が変わりましたが，その対象は変わらず鉄道事業です。電力も極めて公共性の高い事業で，たとえば原子力発電の推進も国の原子力政策と深い関わり合いをもっています。また自治体の中にも観光・スポーツ振興に関する部門があります。事業別経営学は多様であるといえます。たとえば，それは，航空事業，流通事業などにも展開できます。おのおのの事業に関して事業法があるのは周知のことです。

　ドラッカーの翻訳者は企業の目的は利潤ではなく顧客の創造であると訳しました。しかしそのもとになる英語は，businessです。それは事業と訳すべきであって，事業(business)の目的は顧客の創造，企業(enterprise)の目的は利潤であるとすれば矛盾がありません。ちなみにドラッカーはその著書の中で，business enterpriseという用語も多用していますが，これは事業を行う企業すなわち事業会社とすれば無理のない訳になります。

(3) 経営情報と会計情報

　特にここでは，情報と会計の問題を経営情報システムと会計情報システムという観点から取り上げたいと思います。それらは経営的意思決定(management decision)の手段ないしは技法であると考えます。

　サイモンは，経営(managing)を意思決定(decision making)とほぼ同義であると考えました(Simon, H. A. 1960：1)。その背景は，生産過程のオートメーショ

ン化が進み，また企業活動のグローバル化が経営学の関心を統制から計画の領域にシフトさせてきたことを反映しています。すなわち生産過程が機械化されると，直接労働を統制することの必要性は少なくなります。たとえば最近の多くの食品工場は，ほぼオートメーションが実現しています。むしろトップマネジメントの意思決定の良し悪しが，企業の命運を支配します。

　手段，道具と理解されても，そのことが学問体系として軽視されるということではありません。ちなみにサイモンは意思決定を情報収集から精査，二者択一にいたる分析，決定にいたる過程(ibid：2)であるととらえています。

　ファヨールは，管理(administration)を計画，組織，命令，調整，統制とし，これを後世の学者が管理5要素説と名付けました。筆者はこれを，計画，決定，統制としたいと思います。計画の最後に決定を含ませるのはブラウンでありこれを踏襲したいのです。このように理解すれば，サイモンの主張を補強することができますし，管理の最も重要な要素を決定とすることができ，その道具としての会計，経営情報を考えることができます。サイモンの主張の技術的背景には，生産現場のオートメーション化，管理の場でのコンピューターの導入があります。彼の場合，AI(人工知能)の領域を取り扱い，最終的には管理的決定のオートメーション化を構想し，この領域で初めてのノーベル経済学賞を受賞しました。

(4) 本学の経営学部経営学科とスポーツ・マネジメント学科

　さて，本学経営学部は，2013年度末まで，経営学科一学科のなかに緩やかな括りとしての6コースを置いていました。上記の経営学の体系の説明で明らかなように，経営学という名のもとに比較的広い学問領域を包摂させたのです。

　現在の本学経営学部の編成は，経営学科とスポーツ・マネジメント学科の2学科制をとり，特に上で述べた事業別経営学のなかのスポーツ経営学を独立させた形になっています。フランスでも，観光，交通，不動産を研究するコースが経営学研究単位の中で独立して存在しています。　スポーツ・マネジメントは，より詳しくいえば，スポーツ・ビジネス・マネジメントというのが正しい

といえます。ビジネスは日本語では事業です。事業は，マネジメントの対象です。すなわち，事業を経営するという言い方があります。ドラッカーのいう，managing a business がそれです。このビジネスは，営利事業（profit business）と非営利事業（non profit business）の2つがあります。

私企業が営むスポーツ事業は営利事業であり，国や地方公共団体が管理や運営をするスポーツ事業は非営利事業です。サッカーにおいてはJリーグが生まれましたが，それまでは，企業がサッカーチームをもっていました。企業のサッカーチームは，それ自体が利益を稼ぎ出すものではなく，むしろ宣伝のために行われるもので，それを維持するために費用が発生し，まったく営利事業にはならないのが一般的です。

しかしプロ野球を例にとると，ソフトバンク・ホークス，読売ジャイアンツのように，プロ野球チームは企業の名前を冠していますが，それ自体は，収益事業なのです。多くの野球チームが売り買いされている現実があります。収益があがらなかったチームを買って補強して優勝することによって，宣伝効果をあげたり収益をあげたりしているソフトバンク・ホークスのようなチームはこの分野の研究のよい事例です。このような点を学生諸君が自主的に考えてみることが，まだ完成していないスポーツ・ビジネス・マネジメントを学ぶ意義です。

それは一般経営学，すなわち，経営学総論，経営管理総論，経営史，経営管理各論（財務管理，労務管理，生産管理など），マーケティングなどを前提として展開されますので，経営学科及びスポーツマネジメント学科共通の基本科目の上に展開されています。

〔設問〕
1. 経営学の成立について述べなさい。
2. アメリカ経営学とドイツの経営学の違いについて述べなさい。
3. 企業・事業・経営の概念の違いを明らかにしなさい。

（日高定昭）

参考文献

Drucker, P. F.(2010) *The Practice of Management*, Harper & Brothers, 1950, fourth printing.
Drucker, P. F.(1950) *The New Society*, Harper & Row, publishers, Inc.
Simon, H. A.(1960) *The New Science of Management Decision*, by school of Commerce, Accounting, and Finance, New York University, Printed by: American Book-Stanford Press, Inc.
池内信行（1956）『経営経済学総論』森山書店。
クーンツ，H.編，鈴木英寿訳（1968）『経営の統一理論』ダイヤモンド社。
シェーンプルーク，F.著，古林喜楽監修，大橋昭一・奥田幸助訳（1970）『経営経済学』有斐閣。
シュンペーター，J. A.著，清成忠男編訳（1998）『企業家とは何か』東洋経済新報社。
ドラッカー，P. F.著，現代経営研究会訳（1956）『現代の経営』（上・下巻）自由国民社。
ドラッカー，P. F.著，現代経営研究会訳（1957）『新しい社会と新しい経営』ダイヤモンド社。
ドラッカー，P. F.著，野田一夫・村上恒夫訳（1974）『マネジメント』（上・下巻）ダイヤモンド社。
中西寅雄（1931）『経営経済学』日本評論社。
ファヨール，H.著，山本安次郎訳（1985）『産業ならびに一般の管理』ダイヤモンド社。
藻利重隆（1956）『経営学の基礎』森山書店。
山本安次郎（1961）『経営学本質論』森山書店。
レン，D. A.著，佐々木恒男監訳（2003）『マネジメント思想の進化』文眞堂。

第4章のドラッカーの項は，英語の原典を参照文献とします。
本章では学生諸君の便宜を図るために，翻訳書を取り上げています。

第2章 企 業 論

1 企業と私たち

　まずは，あなたの朝起きてから現在までの行動を振り返ってみてください。顔を洗う，朝ご飯を食べる，新聞やテレビをみる，身支度をする，大学に行く，そしてこのテキストを読んでいる……。いかがですか。もう，ピンときましたよね。そうです，あなたの行動すべてには"モノ"（パンに洋服に電車やバスなど）が必要だったはず。これらはいずれも企業の生み出す商品（財やサービス）です。私たちは商品を消費しながら生きています。つまり私たちは企業と離れて生活することはできません。私たちの衣食住（加えて余暇）のすべてが企業と関わっているのです。

　さて，あなたは日本に企業というものが，どれくらいあるか知っていますか。国税庁の会社標本調査[1]によれば平成24年度では253万5,272社ありました。では，この数字を多いと思いますか，それとも少ないと感じますか。他の主要国と比べてみますと，アメリカの法人数は約225万社，ドイツ，イギリスは62～63万社，フランスは94万社ですから，日本の約253万社という法人数は国際的にみて相当多いといえるでしょう[2]。

　ではつぎに，これらの企業はどのような事業や営業を展開しているのでしょうか。主だった業種を挙げてみましょう[3]。

① 農林水産業，② 鉱業，③ 建設業，製造業（④ 繊維工業，⑤ 化学工業，⑥ 鉄鋼金属工業，⑦ 機械工業，⑧ 食料品製造業，⑨ 出版印刷業，⑩ その他の製造業），⑪ 卸売業，⑫ 小売業，⑬ 料理飲食旅館業，⑭ 金融保険業，⑮ 不動産業，⑯ 運輸通信公益事業，⑰ サービス業，⑱ その他の法人

いかがですか。たくさんありますね。この各業種（たとえば，① 農林水産業）に，産業分類（たとえば農業，林業，漁業，水産養殖業）を当てはめていけば，さらに多様性を帯びます。

ところで，あなたは将来，どんな企業に就職し，どんな仕事をしたいと思っていますか。参考として，リクルートが2011年3月卒業予定の大学生並びに大学院生を対象に実施した『就職ブランド調査』の公開情報から，具体的な企

表2-1 大学生・大学院生の就職志望企業ランキング：トップ20

2010年順位	2009年順位	働きたい企業名	順位変動
1	—	JTBグループ	—
2	1	東海旅客鉄道	-1
3	2	東日本旅客鉄道	-1
4	—	日本郵政グループ	—
5	3	全日本空輸	-2
6	18	オリエンタルランド	12
7	8	三井住友銀行	1
8	11	バンダイ	3
9	4	みずほフィナンシャルグループ	-5
10	7	東京海上日動火災保険	-3
10	6	三菱東京UFJ銀行	-4
12	5	三菱UFJ信託銀行	-7
13	16	明治製菓	-3
14	13	三井住友海上火災保険	-1
15	10	ベネッセコーポレーション	15
16	22	西日本旅客鉄道	6
17	8	NTTドコモ	-9
18	16	日本放送協会	-2
19	12	三井物産	-7
20	41	カゴメ	21

出所) リクルートホールディングス『就職ブランド調査2010』から引用作成。

業名をいくつか挙げてみましょう。あなたにお馴染の企業がきっとあるはずです。そういえばリクルート社も、とても有名な企業でしたね。あなたたち大学生・大学院生の卒業・修了者のほとんどが企業に就職します。この意味からも企業は重要な役割を担っているといえます。

このへんで、企業の基本的なイメージを他の経済主体(家計と政府)との関係から描いておきましょう。

図2-1をみてください。家計(消費者)と企業、そして政府は私たちの社会を構成する重要な経済主体です。家計は企業で働き、企業は家計に給与を支払います。家計と企業は各種税金を納め、政府はその税金を使い家計や企業に向け公共財(道路・警察・消防など)を提供するという関係になっています。家計の目的は「効用(幸福感)の最大化」です。多くの人びとはより安い金額で、より満足度の高い商品を手に入れたいと考えています。一方、企業は「利益(利潤)の最大化」を目的としています。利益の最大化は、家計や政府にできるだけ多くの商品を販売することにより達成されます。そして、政府の主たる目的は経

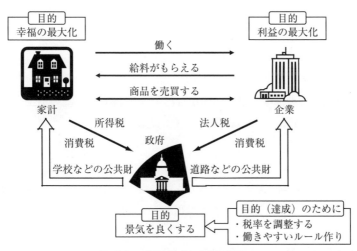

図2-1　経済社会の活動主体
出所) 山岡道男・淺野忠克 (2010：59) から引用作成。

済成長を促すことです。家計が幸福を,企業が利益を最大化するためには経済成長,つまり景気の浮揚が必要です。景気が上向けば,企業は大きな利益をあげ,多くの従業員を雇用し,彼らの給与を増やすことができます。当該従業員は増えた給与に応じ企業の商品を積極的に買うようになります。このプロセスにおいて家計からは所得税,企業からは法人税(および消費税)[6]等が政府に納付されます。これにより政府は,企業の経営活動に資する道路等の公共サービスを提供したり,企業が将来的に有能な人材を雇えるよう学校教育の充実を図ったりしています。[7]このように家計,企業,政府が三位一体であるとき私たちの経済社会は程よく循環しているといえるでしょう。[8]

繰り返しになりますが,企業は私たちの生活に必要な商品(財やサービス)を提供するだけでなく,多くの人びとを雇用し,さらには各種納税により国家財政の大きな部分を負担しています。また近年においてはこうした経済主体としての役割のみならず,社会的諸課題(国際・環境・人口・地域・教育・健康・文化・スポーツ等々)を解決するための重要な担い手となっています。

2 企業と会社と法人と

- 「私は卒業したら有名な企業に就職したいと思います」
- 「うちのお父さんは○○会社の社員だよ」
- 「東京地検特捜部は○日,法人税計約1億5千万円を免れたとして,当該会社社長Aを法人税法違反の罪で在宅起訴した」……。

私たちは,このような話題を毎日のように見聞きします。企業や会社,そして法人という言葉は何気なく用いられ生活に溶け込んでいます。それでは,これらの概念を区分する拠りどころとは何でしょうか。以下でみていきましょう。

(1) 企業活動と制度

企業とは計画的かつ継続的に経済活動を行い利潤獲得を追い求める組織です。[9]

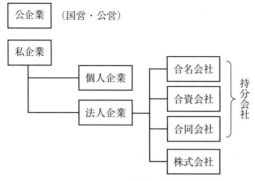

図 2-2　企業の種類
出所）筆者作成。

　これをつとめて抽象化していえば，「利潤の追求を目的とした経済組織」となります。現行法（商法・会社法）は，企業活動を促すため次の8つの企業形態を設けています。[11]

　① 個人企業，② 組合，③ 匿名組合，④ 有限責任事業組合，⑤ 合名会社，⑥ 合資会社，⑦ 合同会社，⑧ 株式会社

　これらは法律が企業における経営活動の発展段階に応じて用意した制度です。[12]

(2) 個人企業と法人企業
① 個人企業

　唐突ですが，ある朝あなたの「企業家精神(entrepreneurship)」が目覚めたとしましょう。ほどなくして，あなたは何かしらの企業活動を始めます。このときはまだ，会社の設立登記等の法律的な手続きは一切していません。このことは法律的に個人企業を始めたとみなされます。個人企業において事業主であるあなたは，経営に関するすべての業務執行（意思決定＋行動）を自分ひとりですることができます。したがって，儲けはすべて自分のものにすることができ

ます。しかし反面，損失も自分ひとりで背負い込むことになります。

　あなたが事業を始めたとき，あるいはその後の広がりをみて，銀行等から借金をしていたとしましょう。しかし運悪くあなたの事業は失敗に終わります。ここでもし借金返済ができなければ，銀行等の債権者は営業用の財産(車輛など)の差し押さえができるのはもちろん，あなたの私的財産まで差し押さえることができるのです。[13]

② **法人企業**[14]

　さて，あなたが始めた事業が順調に推移した場合を計ってみましょう。思いのほか商売がうまくいき，もはやあなたひとりでは注文等をこなしきれなくなりました。そこであなたは，雇用契約に基づき従業員として人ひとりを雇うことにします。企業活動の従事者が，あなたひとり(個人)ではなくなるわけです。しかし，これを外部から見れば単なる人の集まりにすぎません。外部者との取引においては，あくまでもあなた個人が契約を交さなければなりません。企業の名前(商号［屋号］)で，外部者と取引をしたり，財産を所有したりすることはできません。[15]

　ここであなたは，ある税理士から「会社(法人企業)にすれば経営の円滑化が図れるよ」というアドバイスをもらいます。さらに，個人企業に比べ会社には，(A) 税務上，圧倒的に有利である，[16](B) 経営者や家族に役員報酬や給与を支払える，(C) 個人財産を守れる，(D) 優秀な人材が集まりやすくなる，そしてなによりも(E) 社会的な信用が得られる(たとえば融資が受けやすくなる)といった具体的なメリットがあることを知りました。こうした理由から，あなたは会社を設立(いわゆる法人成り)することに決めたのです。[17]

(3) 会社の意味

　会社は法人登記により設立されます。そして会社法([法人格] 第3条　会社は，法人とする)により法人としての資格である法人格が与えられます。[18]法人とは自然人(人間)以外で，権利・義務の主体となり得るものを指します。要する

に法律上は人間のごとく扱われる組織体であり，付与された法人格により人間のごとく取引等をすることが認められるのです[19]。

会社は法律的な意味において，「営利を目的とする社団法人」といわれています。会社の特徴は，この営利・社団・法人という3つの性格により要略できます。営利(性)は2つのポイントにより説明できます。ひとつは「会社が経営活動を通じて利益を上げることを目的としている」ということ，もうひとつは「出資者たる社員[20]に対しその利益の分配をしなければならない」ということです。社員は会社から経済的な利益を受ける権利(自益権)をもっています。具体的には「剰余金配当請求権：会社から利益の配当を受ける権利」と「残余財産分配請求権：清算後に残った財産を(株式の数に応じて)貰い受ける権利」の2つです。つぎに社団とは，ある一定の目的のもとに集まった人による組織体です。端的に表現すれば，利益獲得を共通目的とした「社員の団体」つまり「出資者の集まり」といったところです。

このようにして会社は，社団を前提に利益を上げ分配するという営利性を宿命づけられているのです。なお，紙幅の都合により法人については再応しません。

(4)〈新〉会社法と会社形態

会社法とは文字どおり会社を規定する法律です。2005(平成17)年に抜本改正(施行は2006年5月)され，それまでの商法第2編，商法特例法，有限会社法等がひとつの法典(いわゆる新会社法)としてまとめられました。以前は会社形態(合名会社・合資会社・有限会社・株式会社)ごとに法律が分散(条文，法令の点在的あてはめ)していましたが，この改正により会社法に一本化されたわけです[21]。

また本改正の狙いは起業の促進を図ることにもありました。このため会社設立に関する種々規制も大幅に緩和されました。主な改正点を摘記します[22]。

(ア) 有限会社法が廃止され，有限会社は実質的に株式会社に吸収されました[23]。

(イ) 最低資本金制度(株式会社：1,000万円以上，有限会社：300万円以上)

が撤廃されました。
(ウ) 合同会社 (日本版 LLC : Limited Liability Company) が新設されました。

　現下, こうした改正企図とは裏腹に, 長引く景気の低迷や企業収益の悪化などの理由から, 新規株式公開企業の数が減少するとともに, 人びとの起業意欲も下向いたままです。しかし起業家やベンチャー企業は経済の点火装置と位置づけられており, いつの世にも社会における革新の旗手となる存在です。近時における経済の閉塞感を打ち破るためにも起業家やベンチャー企業を孵化 (インキュベーション) し成長へと導くことは非常に重要な課題です[24]。こうしたなか最近にわかに活気づいているのがシニア世代による起業です[25]。超高齢という難問が重くのしかかる社会に, 一筋の光明が差しこんでいるといえましょう。若い世代も企業への就職を望むだけでなく, 気概をもって起業するという道があってもよいと思います。

　さて, あなたは所属ゼミナールの担当教員の声に感化され, 自分の得意分野

表2-2　各会社形態の基本的特徴

区分	合名会社	合資会社	合同会社	株式会社
最低持分額	なし	なし	なし	なし
出資対象	金銭, 現物, 信用, 労務	金銭, 現物, 信用, 労務	金銭, 現物, 信用, 労務	金銭, 現物
内部関係	組合運営	組合運営	組合運営	会社法運営
責任形態	無限責任	無限責任 有限責任	有限責任, 権限の柔軟設定	有限責任
社員入退社	総社員同意	総社員同意	総社員同意	買受・譲渡
納税	あり	あり	あり	あり
配当	あり	あり	配当自由設定	あり

注) 有限責任とは, 出資の範囲内の責任しか負わず, 無限責任とは出資の範囲内で返済できないときは個人財産まで責任が及ぶことをいいます。
出所) 松田修一 (2010：182)

で一旗揚げようと会社設立を目論んだと仮定します。その際、どのような会社形態を採ればよいのでしょう。会社法では、① 合名会社、② 合資会社、③ 合同会社、④ 株式会社という４種類の会社が認められています。このうち、① 合名会社、② 合資会社、③ 合同会社は同様の性格を有しているため、共通の規定により規律されています。当該３つの会社は併せて「持分会社」と呼ばれています。[26] 以下、簡潔に整理します。なお、④ の株式会社については次節において詳述します。

① 合名会社

　出資者を募る単純な方法です。それは個人の貯蓄を合わせたものであり、いわば複数の個人企業の結合体です。ですから、合名会社と個人企業は基本的な経済関係において大きな違いはありません。ひとつだけ異なるのは出資者が複数になることから共同企業と位置づけられ、会社法上の会社に分類されることです。無限責任社員（社員＝出資者）が複数になり、連帯で責任を負います。したがって社員は血縁関係やごく親しい間柄による構成にならざるを得ません。無限責任社員は連帯責任を負うのと同時に、会社の経営に携わり、会社を代表する権利をもちます。出資者自ら経営を行う（金を出し、経営もする）という点は、個人事業と変わりません。出資も経営も社員の個性に基づくことから人的会社と称されます。合名会社の規模を大きくすることには自ずから限界があります。なぜなら出資者を多く募るということは、経営における意思決定の迅速性を損なわせ、混乱をももたらしかねないからです。[27]

② 合資会社

　合名会社の社員と同様の無限責任社員と会社債務の弁済責任を出資額とする有限責任社員から構成されます。つまり、出資とともに経営に関わる無限責任社員と、出資をし利益の分配は受けるが経営には参画しない有限責任社員から成る組織です。この形態は合名会社に比べ資本が集まりやすく、経営規模も大きくすることができます。しかし経営には口を出さずに金だけを出す人はそれ

ほど多くはありません。また，会社に不測の事態が生じた場合等には，無限責任社員は多大な責任を負わなくてはなりません。無限責任社員の責任能力が疑問視されれば，たちまちのうちに経営活動は制限され成長が停滞することになるでしょう。このように合資会社も合名会社と同様，経営活動が人的条件に依拠しているという意味合いから人的会社として特徴づけられます。[28]

③ 合同会社

　2005年に新しく生まれた会社形態です。アメリカのLLC（limited liability company）をモデルにしていることから日本版LLCと呼ばれています。[29] 合同会社は有限責任制の組織であり，出資した社員全員が経営を担います。ただし，定款に記載（～効力が発生）することにより出資のみの社員も認められます。定款自治に重きをおくことにより内部自治が担保され，意思決定や運営方法等に関する社員の裁量範囲が広く経営の効率化が図られます。こうした特徴から，共通目的をもって経営資源を集結する共同事業に適した組織体であるといえます。事業が成長し，多くの資本や従業員の追加雇用が必要になった際には，株式会社への変更もできます。[30]

　合同会社は権限や利益の配分を出資額に関係なく自由に定めることができます。たとえば「大学発ベンチャー」において出資が少ない大学教授に意思決定の権限を大きくし，実際の貢献に応じて利益が配分できるようになりました。ただ，合資会社との差異があまり見出せず，今後日本において定着するかどうかはもう少し観察が必要です。[31]

3 株式会社の制度的特徴

　企業が経済社会を支える重要な存在であることは，言をまちません。そしてその経済活動の多くは，株式会社という会社形態によっています（表2-3参照）。それゆえ株式会社は，経営の効率化を図り，利潤を獲得し，ゴーイング・コンサーン（継続的事業体）として存続することが使命となります。また今日の株式

表 2-3 　組織別・資本金階級別法人数

区分 （組織別）	1,000万円以下 社	1,000万円超 1億円以下 社	1億円超 10億円以下 社	10億円超 社	合計 社	構成比 %
株式会社	2,074,990	324,677	17,151	5,651	2,422,469	95.6
合名会社	4,035	181	2	1	4,219	0.2
合資会社	20,706	760	0	1	21,467	0.8
合同会社	20,598	169	29	8	20,804	0.8
その他	47,214	17,333	1,154	612	66,313	2.6
合計 構成比	2,167,543 (85.5)	343,120 (13.5)	18,336 (0.7)	6,273 (0.2)	2,535,272 (100.0)	100.0 —

出所）国税庁 長官官房 企画課（2014：14）

　会社は，社会に対する影響力の強大さゆえに，社会的な規範（とりわけ法規範）を遵守し経営行動をとるべき旨がますます重要になっています。本節はこうした点に鑑み，株式会社の制度的特徴（構造や機能：カタチやハタラキ）を明確にしてみようと思います。

(1) 定　　義

　株式会社とは，一般に多数の株主から出資を受け，これを管理し運営するなどの事業活動を営むことによって利益を獲得し，その利益を出資者たる株主に分配することを目的とする組織体です。株式会社は，いわゆるカンパニー・キャピタリズム（会社中心型の資本主義）の名のもと永きにわたり日本経済を支えてきました。

　株式会社を会社法に基づき定義し直せば，次のように表すことができます。すなわち，株式会社とは，(A) 営利を目的とした社団法人であり，(B) 会社の債権者（＝会社の債務）に対し株主が自己の出資額の範囲でしか責任を負わず（株主有限責任の原則），(C) 誰もが容易に参加できるよう株式を発行し，その自由譲渡が認められている（株式譲渡自由の原則）物的会社であります。[32]

(2) 制度的有利性

　株式会社形態の企業が今日の経済社会において最も繁栄している理由とは何でしょうか。それは，経済活動を営むために必要な資本を調達する点で，最も有利であったことにほかなりません。そうした有利性は，(A) 株式制度を利用した企業所有権の分割より，多数の出資者を募ることができたこと，及び(B) 出資者の責任が出資額を限度とする有限責任であることから生じています。このことは個人企業が法人企業(大企業)へ発展していく過程に鑑みれば，よりいっそう明らかです。現在において世界的に名高い巨大企業であっても，その大半は事業主自らが自己資金を出し，そして自らが経営をする個人企業として開始されています。創業初期，事業規模を広げるための財源は，利益の再投資や血縁者・知人等からの出資によってまかなわれています。これで足りない場合には銀行等の金融機関から調達されます。しかし，こうした方法で集められる金額には限界があり，さらに多くの資金を調達するには人的関係によらない人びとにも出資を求めるほかありません。そのような資金調達を可能にしたのが株式会社の制度でありました。[33]

　株式会社制度が，(A) 企業の所有権を分割し株式とする，(B) その販売により資金調達を行う，(C) 株式を購入した株主に対し企業活動からの利益を分配するという方式をとることは既に述べました。当該制度は自分で事業をするには能力に恵まれない人や十分な資金をもたない人でも，出資を通じて企業活動からの利益の分配に与れるようにしたのです。まして出資者は，もし仮に事業が失敗し倒産に及んだとしても，自己の出資額をあきらめるだけで済みます。個人財産を差し出してまで会社債務を弁済する必要がないという「有限責任制度」の採用は出資者に相応の安心感を与えるものでした。こうしたことから株式会社制度は，人びとが余剰資金を運用する対象として広く普及するようになりました。多数の出資者による少額資金が企業へと集中し，その飛躍的な成長を可能にしたのです。近年においては情報通信技術の進化に伴う株式市場の発展により，株式会社の資金調達はますます促進されています。[34]

(3) 制度的デメリット

　実をいえば株式会社の資金調達方式は、会社関係者の間で利害を対立させる危険性をはらんでいます。まず株主数が増加すれば株主全員による業務執行はできなくなります。すると、経営業務を執行する一部の者と、他の一般株主の間で分化が進みます。こうして経営業務にかかわらない一般株主が、経営陣による業務執行の誠実性に対して不信を抱く可能性が生じるのです。また有限責任制度によれば、会社が仮に倒産しても株主は自分の出資額を失うだけです。会社の債務をすべて弁済する責任はありません。これにより債権者は株主の個人財産を当てにすることができず、会社財産からのみ債権の回収を図らねばなりません。もしも、その財産が配当によって過大に流出したとすれば、債権者の権利は著しく害されることになります。こうして有限責任制度は株主に比べた債権者の立場を相対的に不利なものとし、両者間の利害の衝突を生み出すことになるのです。[35]

(4) 類別と統治制度

　ここでは株式会社の種類と、各会社が選択する統治制度(取締役や監査役会などの機関設計)を整理します。[36]会社法はまず、株式会社を公開会社と非公開会社に分けます。非公開会社は株式譲渡制限会社とも呼ばれます。発行する全種類の株式について、他人への譲渡に先立ち会社の承認を要する旨の制限を課しています。一方の公開会社とは、そうした譲渡制限を課さない株式を(1種類でも)発行している会社を指します。さらに株式会社は表2-4にある資本金と負債の金額によって、大会社とその他の中小会社に分けられます。

　これらのうち、今日の経済社会において大きな役割を果たしているのは大会社たる公開会社です。このことを考慮し当該会社の統治制度を以下で概観しましょう。図2-3を見てください。(A)は監査役会設置会社、(B)は委員会設置会社と呼ばれます。対象会社は(A)と(B)、どちらかの機関設計を選ぶことができます。また図示されているのは、それぞれの会社の統治制度の仕組みです。以下、分けてみていきます。

表 2-4 株式会社の種類と機関設計［機関の設置］

	大会社（資本金 5 億円以上，または負債 200 億円以上）	中小会社（資本金 5 億円未満かつ負債 200 億円未満）
公開会社	①取締役会＋監査役会＋会計監査人 ②取締役会＋三委員会＋会計監査人	③取締役会＋監査役 ④取締役会＋監査役会 ②取締役会＋三委員会＋会計監査人
非公開会社 （＝株式譲渡制限会社）	⑤取締役＋監査役＋会計監査人 ⑥取締役会＋監査役＋会計監査人 ①取締役会＋監査役会＋会計監査人 ②取締役会＋三委員会＋会計監査人	⑦取締役 ⑧取締役＋監査役 ⑨取締役会＋会計参与 ③取締役会＋監査役 ④取締役会＋監査役会 ②取締役会＋三委員会＋会計監査人

出所）桜井久勝（2012：14）

(A) 監査役会設置会社

株主総会において選任された取締役により取締役会が構成され，そこで選任された代表取締役が会社を代表して業務を執行します。取締役会は会社の業務執行に関する意思決定をするとともに代表取締役の業務執行を監督します。要するに，取締役会は代表取締役を取り締まるわけです。そして株主総会におい

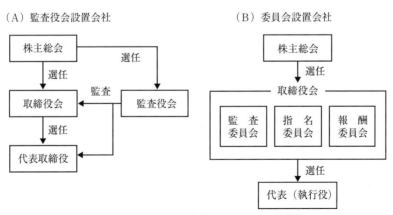

図 2-3 株式会社の統治制度

出所）桜井久勝（2012：14）

て選任された監査役で構成される監査役会も取締役及び代表取締役の業務執行を監査します。取締役の任期は2年、監査役の任期は4年とされています。なお、大会社は監査役会の監査以外に会計監査人(公認会計士または監査法人に限られる)による会計監査を受けなければなりません。会計監査人の任期は1年となっています。

(B) 委員会設置会社

社外取締役を過半数とする3人以上の取締役によって構成する委員会を、取締役会の内部に設置します。委員会は監査・指名・報酬の3種であり、これにより監査役制度はとりやめとなります。会社の業務執行は執行役及び代表執行役が担い、取締役会は専ら執行役を監督することに注力します。監査委員会は取締役と執行役の職務の監査と会計監査人の選任を行います。指名委員会は株主総会に上程する取締役候補案を練ります。報酬委員会は取締役と執行役の報酬を決定します。委員会設置会社の取締役と執行役の任期は1年となっています。

4 企業における普遍課題

本章を結ぶにあたり前節に引き続き株式会社制度に焦点をあて、企業における恒久的な課題について考えたいと思います。まずは現代の支配的な企業形態たる株式会社について、繰り返しを厭わず約説をします。株式会社は経営者が株主から拠出された資金と債権者から借り入れた資金を運用し、獲得した利益を配当として株主に分配するという組織でした。この会社の株主と経営者は、資金の委託者と受託者の関係にあります。つまり、株主が自分の出した資金の管理・運用を委託する者(主人: principal)であるならば、経営者は当該資金の管理・運営を権限移譲され株主の最大利益のために尽力する受託者(代理人: agent)という間柄です。このような委託者と受託者の仲をエージェンシー関係といいます。経営者は受託者であるということにより、株主から委託された資金を手堅く管理するだけでなく、株主利益の最大化に向け全精力を傾け経営活

動を展開するべき旨が義務づけられて(一般に受託者責任：stewardship といわれる)います。

　しかし経営現場の実情に長けた経営者は，それに疎い株主(情報の偏在性)のために予定された職責を全うしようとするでしょうか。大抵の場合，その期待は薄いと思われます。すなわち経営者は株主の利益より自己の(個人的な)利益を優先する可能性が高いからです。たとえば経営者は自己の役得により，過大な交際費の支出や企業資産の私物化を目論むことが予想できます。あるいは自己の名声のために無駄な投資をしたり，保身のために失敗を恐れて保守的な経営に終始したりするかもしれません。これらはいずれも株主の利益を逸失する動きといえます。このような若干の例からも明白なように，株主が経営者行動の健全・効率性に対し疑義を抱くことが常態としてあり，株主と経営者の間には利害の衝突が生起する可能性が絶えずつきまとっているのです。そしてこうした会社関係者間の利害の対立を解消するためには，何らかの人為的なメカニズムが必要になります。[37]

　さて，ここに至りあなたは企業をどのように捉えていますか(あなたの企業観)。思い浮かべるイメージは人によってさまざまだと思います。主体である個人が客体である企業を，いかに認識・考察し本質を捉える(抽象化する)のか。このことは，いわば企業論の中心命題といえます。[38]

　いわずもがなのことではありますが，今日の企業はかつて存在した所有者＝出資者［株主］の利潤を獲得することのみを〈目的〉に，財・サービスの提供を〈手段〉として行うといった古典・伝統的企業とは性格を大きく異としています。[39] すなわち現代企業はその規模や影響力の増大さゆえ，多様な利害関係者たち(stakeholders)によって成立しているのです。したがって上述の経営者による利己的な経営行動等は，株主をはじめ債権者，従業員，顧客，税務当局，そして地域住民(ひいては地球環境)等々，多くの人びとに甚大な損害を及ぼすかもしれません。

　企業に関する理解を深め，企業や経営者の動向に気を配り，ことあらば批判を加える姿勢。このことは私たち現代人に課せられた重要な務めといえましょう。

〔設問〕次の問いに答えなさい。
1.「企業の社会的な役割」とは何か，説明しなさい。
2.「個人企業と法人企業」の違い（特に制度面）について説明しなさい。
3.「株式会社」の特徴（法的構造と機能）について説明しなさい。

(前橋明朗)

注・参考文献

1) 国税庁 長官官房 企画課 (2014)「平成24年度分 会社標本調査―調査結果報告―『税務統計から見た法人企業の実態』」p.11. 国税庁ホームページ, http://www.nta.go.jp/kohyo/tokei/kokuzeicho/kaishahyohon2011/pdf/kekka.pdf（2014年6月20日閲覧）。
2) 内閣府ホームページ, http://www.cao.go.jp/zeicho/siryou/pdf/kiso10d.pdf#page=19 （2012年11月25日閲覧）。
3) 国税庁は会社等の業種について「日本標準産業分類（総務省）」を基に17分類し，企業組合，相互会社及び医療法人を「その他の法人」とし，合わせて18分類している。国税庁ホームページ, http://www.nta.go.jp/kohyo/tokei/kokuzeicho/kaishahyohon2002/menu/00.htm（2012年12月29日閲覧）。
4) たとえていえば，"経済という舞台"を演じる3人の主役（アクター）たち。
5) 山岡道男・淺野忠克 (2010)『アメリカの高校生が読んでいる税金の教科書』アスペクト，p.57。
6) 消費税法は納税義務を「事業者」に課している（第五条：事業者は，国内において行つた課税資産の譲渡等につき，この法律により，消費税を納める義務がある）。従って，納税義務を負うのは事業者であり，家計（消費者）ではないことに留意すべきである。三木義一 (2012)『日本の税金（新版）』岩波書店，p.86。
7) 山岡・淺野 (2010)『前掲書』pp.57-58。
8) 無論，ここで示したものは理念モデルであり現実の経済社会においてはさまざまな規制が要用であることは言をまたない。また，2011年度内に決算期を迎え，2012年7月末までに税務申告をした法人（約275万社）のうち，黒字申告（つまり納税できる）の割合が4分の1程度であるという極めて厳しい現状も指摘しておきたい。『日本経済新聞』2012年10月17日付。
9) 3つの経済主体（家計・企業・政府）が，商品（財・サービス）を生産・分配・消費する活動のこと。
10) 岩井克人 (2009)『会社はこれからどうなるのか』平凡社，p.72。
11) 宍戸善一 (2011)『会社法入門［第6版］』日本経済新聞出版社，p.19。
12)「人を使う」～「仲間（共同経営者）を募る」～「会社の名で取引する」～「出資を募る」～「小規模事業主も有限責任を享受する」等。
13) 宍戸 (2011) 前掲書, pp.19-20。
14) しいていえば，法人化された企業は「会社」と捉えられる。岩井 (2009) 前掲書, p.78。

15) 宍戸（2011）前掲書，p.20。
16) たとえば現行制度では欠損金（赤字）を最大9年間，繰越控除することができる。
17) 会社のメリットの一般理解としては，「資本と労力を結集し，大規模な事業を展開できる」といったものがある。尾崎哲夫（2011）『はじめての会社法（第8版）』自由国民社，p.12。
18) 会社の基礎的・重要事項を法務局に登録する制度。設立後には税務署や社会保険事務所等への各種届出が必要となる。
19) 尾崎哲夫 条文解説（2012）『条文ガイド六法 会社法』自由国民社，p16。
20) 一般に呼称される「社員」は厳密には「従業員」を意味する。ここでは社員を株式会社における出資者〈株主〉と想定している。
21) 尾崎（2011）前掲書，p.18。
22) 牛丸元（2013）『スタンダード企業論』同文舘，p.8，宍戸（2011）前掲書，p.31。
23) 旧有限会社は「有限会社」という商号が付いた株式会社（特例有限会社）として活動することになる。尾崎（2012）前掲書，pp.15-16。
24) 日本公認会計士協会東京会はベンチャー企業の定義はさまざまであるとしたうえで，「革新性という特徴をもった（または，もつための努力をしている）中小企業」ととらえている。日本公認会計士協会東京会編（2011）『起業家・ベンチャー企業支援の実務』ぎょうせい，p.3。
25) 『日本経済新聞』（2011）「60歳以上，開業者の7.7％」1月5日付。
26) 尾崎（2012）前掲書，p.15。
27) 亀川雅人・鈴木秀一（2011）『入門 経営学（第3版）』新世社，pp.75-76。
28) 同上書，pp.77-78。
29) アメリカのLLCは会社構成員自体に課税される（これをパス・スルー課税という）。これに対し日本版LLCは会社・法人に納税義務がある。日本版とする所以はここにある。松田修一（2010）『ベンチャー企業［第3版］』日本経済新聞出版社，p.183。
30) 亀川・鈴木（2011）前掲書，p.83。
31) 松田（2010）前掲書，pp.182-183。
32) 広瀬義州（2012）『財務会計（第11版）』中央経済社，p.13。
33) 桜井久勝（2012）『財務会計講義（第13版）』中央経済社，pp.5-6。
34) 同上書，p.6。
35) 桜井久勝・須田一幸（2012）『財務会計・入門（第8版）』有斐閣，p.8。
36) 会社としての意思決定・実行権限を与えられる自然人ないし自然人の集まり。
37) いまや世界的に議論されているコーポレート・ガバナンス（企業統治と訳される）を意味する。近年は周辺諸理論（社会的責任論：CSR・企業倫理・法令遵守等）との重層的な議論に発展している。
38) 真偽（真実か否か）を判断するために必要な言説のこと。
39) 三戸浩・池内秀己・勝部伸夫（2012）『企業論（第3版）』有斐閣，p.5。

第3章　社会に対する企業の責任

1 企業と社会

　現代社会を特徴づけ，方向づけてきたものは諸活動を通して，経済的・社会的に圧倒的に大きな力をもつ企業という組織体の存在であり，その影響は政治・教育・思想・文化など多くの領域に渡ることは，今日では誰もが感じている事実です。

　資本主義においては，社会的に必要である財やサービスは，私的企業(private business)において利潤獲得という目的の手段として生産が行われます。したがって企業は営利を目的とした生産単位として理解されています。すなわち，企業は，財またはサービスを生産ならびに販売し利益を得る経済単位＝(組織

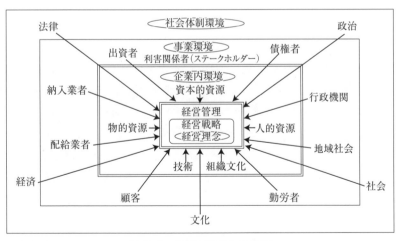

図3-1　企業と社会との関係

出所）中村瑞穂（2007：157）

体)であり，その活動は意識的計画的に推進され，さらに労働者の継続的雇用と，機械や設備の長期的反復的投資により「継続事業体」(going concern)として把握されています。

一方，社会とは2人以上の人間が集合した構造をもち，コミュニケーションを介した各人の思考・行為の関係性の総体をいいます。そこにおいて，企業活動の結果は，従来，利益の極大化，顧客の満足，株主価値の拡大，といった限られた関係者への貢献を求められていましたが，企業の業績は社会との相互的関係性の中で実現されることが前提として周知されてくると，企業は唯単体としての存在ではなく，全体社会の中に存在する一組織体，市民としての企業(企業市民)と理解されるようになってきました。

現代社会の制度的構造の中枢に位置する企業の側から，その主体的活動を取り巻く環境を展望するならば，その基本的構造は以下のように示すことができます。

2 企業における倫理

(1) 企業倫理の展開

1950年代のアメリカでは，すでに企業を私的企業というよりは，多数の利害関係者(2節(2)を参照)から構成された「社会制度」(social institution)(社会を形成し維持しているしくみ，およびそこから生じる社会的規範の全体)と見なす考えが台頭し，外部環境の複雑さが増大するにつれ，企業経営者も，単に所有者利益および自己利益のためにのみ権限を行使することはほとんど不可能となりました。すなわち，企業経営にかかわる参加集団の要求をも考慮しなければならない自覚を社会から強く要求されたことにより，経営者は企業の新しい存在意義を模索することに迫られました。以下ではアメリカにおける具体的な動向を概観します。

1960年代は，アメリカにおける経営教育に「企業倫理」(business ethics)と「経営社会政策」(corporate social policy)が登場し，経営者には，社会における

企業そのもののあり方や企業活動を再考することが促されました。その後，アメリカでは，政治ならびに経済界における不正や腐敗，そしてそれにかかわる好ましくない事件等の経験を経て，1970年代以降，企業活動に社会的価値や道徳性が問われ，企業倫理の積極的な取り組みが社会の強い関心となり注目されることとなりました。

　企業倫理は，一方では，哲学ないし倫理学の分野から応用倫理学の一領域として，他方，経営学からと，双方から展開され，具体的な倫理的行動基準が示され，既成の原則や規則では対応が困難である現実の問題に対して期待されるようになりました。経営学は，社会科学の一分野として主に企業を研究対象としており，そこでの理論体系は，企業の機能ならびに構造の究明が主でしたが，企業が，企業と社会という枠組みで捉えられるようになると，その社会的性格に関する理解は避けることができません。アメリカで具体的にその領域を扱ってきたのは，1960年代から企業と社会との間の関係を，経営学の一分野として体系的に分析・研究する「企業と社会」(business and society：B&S)の理論，あるいは「経営における社会的課題事項」(social issues in management：SIM)の研究です(中村 1995：407-708)。そこにおいて，「課題事項」(issue)，「利害関係者」(stakeholder)，さらに「制度化」(institutionalization)(3節(3)を参照)等の諸概念が確立され，企業倫理の実践に向けて始動し始まりました。

　本章では企業倫理を，企業内部における業務遂行，ならびに業務の対外的展開に関し，可能な限り，普遍的な価値基準にもとづく社会的規範に適合する行動を実現することと，定義することとします。

　ところで，わが国においては，2000年に入ってから，「企業の社会的責任」(corporate social responsibility：CSR)という語が，経済界・企業界に広く知れ渡ったこととも関連し，企業倫理の重要性は一層求められるようになりました(企業倫理と企業の社会的責任との関係については後述します)。

(2) 利害関係者と課題事項

　企業を取り巻く社会的環境を構成する要因のうち，個別企業がその活動を介

して直接的に接触し，相互に影響を与え合う関係にある具体的な社会的主体を，利害関係者ないしステークホルダー(stakeholder)といいます(本章では利害関係者とします)。利害関係者はフリーマンにより「企業活動の達成に影響を与えるか，もしくは被るかするいずれかの個人または集団」(Freeman, R. E. 1984 : 46)と定義され，具体的には消費者(顧客)，従業員，株主，債権者，仕入先，得意先，地域社会，行政機関，そして自然環境(環境主義者)などが利害関係者として理解されています。図3-1の「事業環境」に記載されているものと加えて自然環境がそれに当たるわけです。企業は，社会の中で単独で事業活動をしているわけではなく，利害関係者と常に相互に経済的・社会的関係性をもっている

表 3-1　企業倫理の課題事項―関係領域と価値理念―

〈関係領域〉	〈価値理念〉	〈課　題　事　項〉
①競争関係	公正	カルテル，入札談合，取引先制限，市場分割，差別対価，差別取扱，不当廉売，知的財産権侵害，企業秘密侵害，贈収賄，不正割戻，など。
②消費者関係	誠実	有害商品，欠陥商品，虚偽・誇大広告，悪徳商法，個人情報漏洩，など。
③投資家関係	公平	内部者取引，利益供与，利益保証，虚偽，損失補填，作為的市場形成，相場操縦，粉飾決算，など。
④従業員関係	尊厳	労働災害，職業病，メンタルヘルス障害，過労死，雇用差別(国籍・人種・性別・年齢・宗教・障害者・特定疾病患者)，専門職倫理侵害，プライバシー侵害，セクシャル・ハラスメント，など。
⑤地域社会関係	共生	産業災害(火災・爆発・有害物漏洩)，産業公害(排気・排水・騒音・電波・温熱)，産業廃棄物不法処理，不当工場閉鎖，計画倒産，など。
⑥政府関係	厳正	脱税，贈収賄，不正政治献金，報告義務違反，虚偽報告，検査妨害，捜査妨害，など。
⑦国際関係	協調	租税回避，ソーシャルダンピング，不正資金洗浄，多国籍企業の問題行動(贈収賄，劣悪労働条件，公害防止設備不備，利益送還，政治介入，文化破壊)，など。
⑧地球環境関係	最小負荷	環境汚染，自然破壊，など。

出所）中村瑞穂（2001a：6）

ことは，今日では明白となっています。ただし，企業により主となる利害関係者，またそれとのかかわり方が異なるので，企業ごとに利害関係者を特定・把握することは重要なことです。このことは課題事項とも大きな関連性をもってきます。

　課題事項とは，企業が活動を行う際，その内外に存在する，主に，負の起こりうる事象（＝潜在的な負の事象）のことであり，各利害関係者に対応する価値に基づき適切な対処がなされない場合，重大な問題へと発展する（顕在化）可能性のある事項を指します。したがって課題事項は，より詳細に抽出され検討されなければならず，課題事項と，それに関連した利害関係者に対する分析・研究が必須となります。すなわち経営に大きな影響を与える可能性のある状況を予知，予測し，常にその兆候を見逃さないように組織的に管理対応し，事態を未然に防ぐことが求められます。近年では，危機管理・事業継続計画（business continuity plan：BCP）にも「イシューマネジメント」として取り入れられています。[1]

　各利害関係者に存在する詳細な課題事項については表3-1を参照してください。（表の見方の例：消費者関係の項目では，具体的な利害関係者とは「消費者」ないし「顧客」などと理解し，企業が「誠実」という価値理念を重要視しないと課題事項の欄にあるような具体的な事象が重大な問題へと発展する可能性がある，というように理解してください）。

(3) 現代の企業に求められていること

　企業とは，財またはサービスを生産ならびに販売し，利益を得る経済単位＝（組織体）であり，その循環は，活動を通して発展的に存続させていかなければならないことを前提とする継続事業体であることは前に述べました。われわれが一般的に企業に求めていることを逆説的にいえば，技術革新を実現し，ニーズに応じた財・サービスの生産・販売を通して豊かなライフスタイルの提案・実現ということになりますが，近年ではさらに，安心・安全性・適格性・信頼性などが付与されることをも必須とし，それは「誠実さ」（integrity）や「責任」

(responsibility)の概念の付加が重要であることを意味します。

　しかし，現実には企業の「不祥事」(＝反社会的行為)があとを絶ちません。概して個人においては善悪の判断は可能であるのに，なぜ企業組織になると倫理的判断の不可，またはあいまいさから「不祥事」を起こしてしまうのでしょうか。

　企業倫理が問題視するのは個人の非倫理的事象ではなく，企業という組織の非倫理的事象です。すでに述べてきたように，企業は社会に存立基盤を置き，社会の中で唯一営利を目的として設立されたことを承認された組織です。そうであれば，社会規範を遵守して行動することは最低限のことです。一般的に不祥事の要因としては，従業員の単純なミス，無責任行為，個人の不正(公的または私的のいずれであっても)などがあり，また企業経営トップにおける誤った価値判断，経営理念，それに基づく不適切な経営戦略の策定，さらに不正をはじめとする負の要因を容認する企業風土(企業文化)の形成などが挙げられます。たとえ故意ではないミスであってもチェック体制の無機能化や，意図的に隠蔽を行えば，それは組織的，すなわち「企業ぐるみ」の不祥事とみなされてしまいます。そこには，当該企業における負の評判(reputation)に対する自衛的手段ゆえの行為としてであったり，企業活動における効率性(競争性)と公正性(倫理観)の均衡ないし優先問題が根底にあると考えられます。すなわち，企業活動の目的は利益の増大を図ることではありますが，この行き過ぎが社会における正当性を踏み外すことに繋がるのです。ただし，このことは，企業倫理ないし責任の概念が企業の利益追求を否定するものではありません。注意すべきことは，現実の事例からも明らかなように，ひとたび「不祥事」が顕在化すると，過去の信頼を回復することは非常に困難であるということです。

　一方，近年，コンプライアンスという語がさまざまな場面でよく使用されます。コンプライアンス＝法令遵守(compliance)(以下，法令遵守とします)とは，本来，現行の法令を守ることを意味します。わが国では，法令を至上とみなし法令違反でなければ許されるであろうという見解や，さらに敷衍して，企業倫理の取り組みを法令遵守と同一視する所論があります。法令遵守は前述したよ

うに法令を守ることでありますが,実際には遵守すべき法令の周囲に,法令で明確に規定されていない「グレーゾーン」が広く存在し,故意の不祥事の温床となりうるわけです。また,法令は顕在化した新たな問題,ないし事象に対して後追いで制定されることから,法令遵守のみでは不祥事防止に対する限界が指摘されます[3]。これらのことから,法令は必要最低限として理解されるべきであり,法令の届かないグレーゾーン領域に対応するものとしては各企業における倫理観ないし道徳観・価値観に期待されるのです。すなわち,企業倫理は不祥事発生に対して,事前的あるいは予防的,換言すれば課題事項に対応するものとして機能し,そこに組織内に企業倫理を確立・実践することの有効性が見出せるのです(中村瑞穂2001b)。

わが国において,特に1990年代以降,とりわけバブル崩壊後,企業に対するこのような考え方への転換は,企業の社会的責任論(第3節を参照)とも関連し,いたる所でその必要性が議論されるようになりました。以下では,企業における倫理観ないし責任概念が強く求められるようになったわが国の背景として,社会構造の変化を提示します。

① 株式所有構造の変化

1990年代から,それまでの株式持ち合い構造が大きく変化し,外国人持ち株比率が上昇しました。これは,企業経営に積極的に関与する株主,換言すれば「物言う株主」としての行動であり,日本企業の活性化と企業価値向上が期待され,外国人機関投資家の議決権行使行動の活溌化を意味します。具体的に,企業は機関投資家として投資利益を獲得するという受託者への責任を果たすために,株主資本利益率(return on equity:ROE)を高め,株価を向上させる経営を求められるようになったこと,また雇用差別や人権侵害などに対する社会的責任の取り組み強化,さらにその実践への監視力を高めていくことなどが求められるようになりました。

② 生産拠点の海外移転(foreign direct investment：FDI)

グローバル化とも関連し，生産拠点を市場に近づけることで輸送費用が節減できること〔「水平的外国直接投資」(horizontal FDI)〕や，生産費用の節減〔「垂直的外国直接投資」(vertical FDI)〕を理由に，企業の生産拠点の海外移転が進展しています。[4] 特にアジア地域に事業展開する日系企業の増加は著しいものとなっています。その際，進出企業は，現地の環境問題への取り組みはもちろんのこと，とりわけ新興国に存在する特有の社会的課題(たとえば貧困や人権，雇用，労働問題など)への配慮が要求されるようになりました。

③ 規制緩和の進展

国内でも規制緩和や規制改革が進展しており，企業の活動領域は広範になったことも挙げられます。従来，公的部門のみにより対応されてきた領域に最近では民間企業も参入してきています(例：医療分野や福祉分野など)。[5] したがって，企業には，当該業務の内容・使命を十分に理解し，倫理観に基づき，責任をもって行動することが求められています。

④ 市民意識の変化

わが国では，1950年代の大量生産・大量販売という社会構造，そして世界に類を見ない公害問題の経験を経て，1960年〜70年代に消費者の組織化が進み，80年代以降，消費者の権利意識の高まりが顕著になったことがいわれます。それは，企業業績により生活製品の多様化，選択肢の増加など利便性があり快適な生活環境を享受できる社会を実現したことではありますが，企業は，従来からの適正価格・高品質・高い有用性のみならず，安全・安心・「環境にやさしい」などといったとりわけ責任概念が付加された製品・サービスが求められるようになりました。

また，近年では，より高度複雑化する社会の中で，インターネットの普及をはじめとして，誰でも社会的相互性を通じて拡大していくソーシャルメディアにより消費者の情報量が一層増加し，それは同時に市民による情報へのアクセ

スが容易になったことをも意味し，内部告発^(6)の件数が増加したことも否めません。内部告発に関しては，1970年代まで合理的なシステムとされ世界からも注目されていた日本的雇用慣行の「崩壊」，多様性に対応した働き方としてワークライフバランス(仕事と生活の調和)の推進などにより，従業員の企業に対する忠誠心や帰属意識が希薄になったこと，さらに「公益通報者保護法」(2004年6月公布，2006年4月施行)の制定などにより，告発行為の障壁が低くなったことや，公益的損害を黙認しないという社会的潮流が理由でしょう。企業はこれらきびしい状況の中，社会に対する責任を意識しないわけにはいかなくなってきたことが挙げられます。

⑤ 市民社会組織の台頭(NPO・NGOの台頭)

　地球環境問題や地域社会問題の解決や持続可能な発展を求める議論や運動の広がりは，NPO〔非営利組織(nonprofit organization/not for profit organization)〕やNGO〔非政府組織(non-governmental organization)〕の設立を促進しました。ジョンズ・ホプキンス大学非営利セクター国際比較プロジェクトではNPOを

　 i 非営利 (nonprofit)：利潤を分配しないこと。ただし，活動の結果として利潤が発生しても，組織本来のミッション（慈善的目的）のために再投資すればよい，
　 ii 非政府 (non-governmental, private)：民間の組織であり，政府から独立していること。ただし，政府からの資金援助を排除しない，
　 iii フォーマル (formal)：組織としての体裁を備えていること，
　 iv 自立性 (self-governing)：他組織に支配されず，独立して組織を運営していること，
　 v 自発性 (voluntary)：自発的に組織され，寄付やボランティア労働力に部分的にせよ依存していること，

と定義しています。
　わが国では1995年の阪神淡路大震災後に，個人や任意の団体を含め，延べ100万人を越えるボランティアが復興のため集まったといわれ，これが契機と

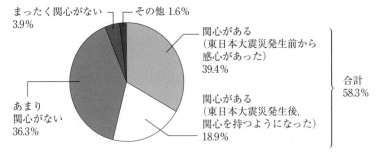

図 3-2 ボランティア活動に対する関心の有無（n=3,044）

出所）内閣府「平成 25 年度市民の社会貢献に関する実態調査」

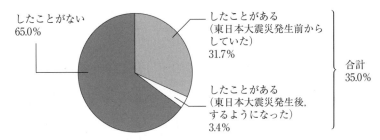

※平成 25 年 9 月 7 日〜 10 月 22 日に内閣府において全国に居住する満 20 歳〜 69 歳までの男女 10,000 人を対象に調査実施（回収率 31.3%）

図 3-3 ボランティア活動経験の有無（n=3,044）

出所）図 3-2 に同じ。

なり NPO 活動は活発になりました。国は，このような自発的な市民団体の活動が迅速に推進されるための新しい法整備の必要性に迫られたため「特定非営利活動[7]を行う非営利団体に特定非営利活動法人としての法人格を付与すること等により，ボランティア活動をはじめとする市民が行う自由な社会貢献活動としての特定非営利活動の健全な発展を促進し，もって公益の増進に寄与する[8]」ことを目的として特定非営利活動促進法（NPO 法）（1998 年 12 月行）を制定しました。これにより NPO は法人格が付与されることで，法人名で契約や資産の所有・管理ができるようになったり，また社会的信用が得やすいというメリットから活動がしやすくなりました。

表 3-2　特定非営利活動法人の認定数の推移

年　度	平成 10 年	平成 11 年	平成 12 年	平成 13 年	平成 14 年	平成 15 年	平成 16 年	平成 17 年	平成 18 年
認証法人数	23	1,724	3,800	6,596	10,664	16,160	21,280	26,394	31,115
うち認定法人数	—	—	—	3	12	22	30	40	58
年　度	平成 19 年	平成 20 年	平成 21 年	平成 22 年	平成 23 年	平成 24 年	平成 25 年	平成 26 年 9 月末	
認証法人数	34,369	37,192	39,732	42,385	45,139	47,541	48,983	49,1460	
うち認定法人数	80	93	127	198	244	407	630	709	

※上記表における認証法人数及び認定法人数は，各年度末の法人数を示す。
※上記表における平成 24 〜 26 年度の認定法人数には，仮認定法人数を含む。
出所）内閣府 NPO ホームページ「NPO を知ろう（統計情報）」。
（https://www.npo-homepage.go.jp/about/npodata/kihon_1.html　2015 年 2 月 25 日閲覧）

　また，NGO は国境を越え環境保護や権利擁護等の活動を活発に行っており，今や NPO・NGO は企業の重要な利害関係者となっている。それは社会に対して大きな影響力をもつ企業活動のあり方が問われ社会的責任を求める声の高揚を意味します。今後，NPO との協力関係をいかに築くかは，企業にとって大きな鍵となっています。図 3-2, 3-3，表 3-2 は内閣府により提示された「ボランティア活動に対する関心の有無」，「ボランティア活動経験の有無」ならびに「特定非営利活動法人の認定数の推移」[9]です。
　このように社会の構造変化は，企業にとってはより厳しいものとなってきています。かつてより企業は利益追求を目的として設立された(そしてそれが公に承認された)特殊な協働体系です。社会において利益追求が企業の目的であることは今日でも制度上明白な事実として広く受け入れられているだけでなく法的にも保証されています。しかし，法的に承認されてはいるが，社会全体の利益を否認する利益追求行為は，社会ないし利害関係者からの支持を得ることができず，したがって企業自身の維持・存続，発展・繁栄は制限されてしまうことになります。
　企業の目的・役割に対する考え方は，株主を唯一利害関係者とみなし「利潤の極大化」に代表される財務的視点のみから，企業と社会との関係を基本視座とし企業も社会もともに「持続可能な発展」(sustainable development)[10]を実現して行こうとする方向，すなわち非財務的視点をも加味することを与儀なくされ

てきています。それは企業に対して，企業を取り巻く社会環境の再考を促し，社会環境を構成する代理人またはその集団として利害関係者を理解することを必須とし，一利害関係者ないし集団の利益は，他の利害関係者ないしその集団の利益に立脚し成立し得ることから，企業を，道徳的主体(moral agent)と位置づけ，特定の利害関係者のみの利益を優先するのではなく相互の均衡を求めることが要請されます。この観点から企業は倫理の必要性を再認識する必要に迫られたのです。

アギュラーは倫理的企業(an ethical business firm)について「意思決定をし，実施行為を行うにあたり，自己の経済的利害と，それにより影響をこうむるすべての関係者——従業員，顧客，納入業者，投資家，その他——の利害とのあいだの適切な均衡を図れることにより，それらの関係者たちの尊敬と信頼を勝ち得てきているような企業」(Aguilar, F. J. 1994 : 16，水谷訳 1997 : 24)と定義しています。すなわち「企業の目的は，利害関係者間における利害を調整する媒体(vehicle)として役立つこと」(Evan, W. & Freeman, R. E. 1988 : 76)へと転換されたことを意味します。それはとりもなおさず企業活動が社会へ与える影響の大きさを自覚し，責任をもち，企業自身も社会的存在として利害関係者からの要求(社会的公正や環境への配慮など社会的価値観)に対して適切な意思決定をもって，応ずる企業ということになるわけです。

3 企業の社会的責任と企業倫理

(1) 企業の社会的責任とは

「企業の社会的責任」とは，"corporate social responsibility"の邦訳であり，簡潔には「社会に対する企業の責任」を意味し，CSRという呼称で周知されていますが，邦訳される各英単語が必ずしも一語のみに対応していないことには十分な注意が必要です。

「企業」ならびに「責任」と訳される単語について提示すると，「企業」と辞書上和訳される英単語は，corporate, corporation, business, enterprise, firm, companyなどがあり,同様に「責任」については,responsibility, liability, accountability, blame, duty, obligation, chargeなどがあります。これらの中であえて"corporate"または"responsibility"という単語を使用する意義については考慮する必要があるでしょう。

"corporate"すなわち"corporation"の邦訳を狭義から広義へと配列すると,「企業」/「大企業」/「法人企業」/「株式会社」/「巨大株式会社」/「大規模公開株式会社」であり,本来,企業の社会的責任議論では今日の「多国籍企業」(multinational corporation)さらには「グローバル企業」(global corporation)という理解(中村 2007:155-156)が適当でしょう。しかし,近年においては,社会的責任の取り組みは,小規模企業にまでもその必要性があることからすべての企業を対象とするという理解が一般的です。

また「責任」と邦訳される数多い単語の中から"responsibility"(「応答責任」)が使用されていることにも注意が必要です。これは義務や債務責任など,「しなくてはならない責任」ではないのです。すなわち企業にとって,企業の社会的責任の取り組みは任意ということになります。しかし,遂行する/しないの意思決定は,各企業の経営トップの判断に委ねられているとはいえ,企業が求められている責任を敏感に察知し,応じなければ結果的に社会ないし利害関係者からの支持は得られず,したがって当該企業の発展的存続は不可能となるわけです。

(2) 企業の社会的責任と企業倫理との関係

欧米において「企業の社会的責任」が論じられるようになったのは,企業規模の拡大とそれに伴う影響力の増大,専門経営者の出現などを背景に20世紀初頭から論議が始まり[11],それ以降活発に議論されるようになりました。

わが国でも,1956年に提示された経済同友会の決議「経営者の社会的責任の自覚と実践」を契機として,社会的責任に関する議論が始まりましたが,この時期における社会的責任の内容は,非常に抽象的で,問題提起の粋を出ておらず,当然,実践上の成果を引き出すところまでに至りませんでした。以下で

は，アメリカにおける企業の社会的責任の生成ならびにその内実の変遷について，フレデリックの「3CSR 論」(Frederick, W. C. 1994 : 150-164/1986 : 131)[12]を概観しつつ，わが国の状況をみていくこととします。

　1960 年代から 1970 年代にかけて論じられていた企業の社会的責任は，その代表的な定義を「社会的責任とは自分と組織の意思決定と行動が社会システム全体に及ぼす影響を意思決定過程で考慮する義務」(Kieth, D. and R. L. Blomstrom 1971 : 85)として展開されます。当時，アメリカでは，黒人差別の撤廃を目的とした公民権運動，女性の地位向上運動，マイノリティや障害者の権利獲得運動，ベトナム反戦運動，環境保護運動，キャンペーン GM，フォード・ピント事件，また，ウォーターゲート事件(1972)やロッキード事件(1976)にみられる大企業の不正な政治献金に対する糾弾など，消費者運動や社会運動が大いに盛り上がりを見せた時期であり，深刻な影響を受けた特に消費者・地域社会から企業はその責任を追及されたり，解決を求められたりしたことが議論の契機となりました。しかし，この時期，企業の社会的責任の取り組みとしてはフィランソロピー(わが国では社会貢献と訳されます)やチャリティー・メセナといった目に見える慈善事業へとすり替えられ，本質的な責任概念の実践は見られず，企業の社会的責任は社会貢献と同義で捉えられる場面が目立ちました。

　アッカーマンとバウアー(Ackerman, R. N. and R. A. Bauer)は，1968 年頃から 1975 年にかけて，社会からの要求と，それに対する企業の対応双方に大きな変化が生じてきていることを指摘し，「社会的課題事項」を 3 つの範疇に整理しています。それは，

① 直接的な企業行為により引き起こされたのではなく，または，直接的な企業行為によるものであっても，外部社会の欠陥を反映した社会問題
② 通常の経済的活動の対外的影響
③ 企業内部に発生し，通常の経済的活動と内在的な結びつきを有する課題事項

です。そして①の範疇に属する社会的課題事項に対する社会的責任，具体的には従来からの理解である地域の社会関係に対応するもの，ならびに社会貢献

活動という理解の限界を唱え,責任の有効性を②および③の範疇に求めることを強調しています。すなわち,社会的責任の一内容が社会貢献活動に関わるということに関しては誤りではありませんが,社会貢献がそのまま企業戦略(corporate strategy)の根本になるとすると,それは不適切な理解であるといいます(Ackerman and Bauer 1976：9-10,中村 1995：410)。すなわち,企業の本来的業務遂行にともなって企業の内外に生ずる各種の社会的影響や諸結果に関して,感受性を高め,それらに対する事前的対応と,それを実践可能とする組織的体制の重要性を提唱しています。そして,それまでの企業の社会的責任における中核的概念に代わるものとして「企業の社会的即応性」(corporate social responsiveness)を提起しました(Epstain E. M. 1987：99-114)。

　企業と社会との関係についての経営学的歴史展開過程の研究の中で,エプスタイン(Epstein, E. M.)も,同時期のアメリカにおける社会的責任議論に関して,包括的かつ普遍的に適用可能な定義が存在しないことを指摘し,現実に存在する特定の課題事項(specific issues)に照らす必要性を提唱しており,それは課題事項が,「企業の継続的な業務機能から生ずるものであって,会社の『善行奉仕主義』(do-gooderism)からではないということ,そして『責任』というものは日常の組織活動に内在するのであって,権力の誇示を意図したり,気まぐれに周辺的な問題に手を出してみたりするような,経営者の思いつきから生まれるものではない」(Epstein 1989：585,中村 1995：408),ことを指摘しています。留意すべき点は,企業とその指導者層が社会の求めに応ずることができる(socially responsible)方法で業務を遂行するためには,いかにすべきであるのか―ということに変容してきていると述べています。「即応性」についてエプスタインは,単に反応的(reactive)であるのではなく,予測的(anticipatory)で「先行的」(pro-active)であるような行動を強調する用語であり,そのためには「課題事項管理」(issue management)・環境精査・社会監査および社会会計・企業行動憲章の制定などが有効であるとしています(Epstein 1989：589)。このような CSR への動向は,企業および教育界の有力指導者 200 名で構成される経済開発委員会(Committee for Economic Developmen：CED)からも,「企業の社会的

責任」に関する経済団体の政策見解(1971年)として表明されました。CEDは，当時のアメリカ世論の動向，とりわけ消費者保護，環境規制，雇用問題などに対する企業への要求の拡大を，「一時的な流行ではなく，強固で持続的な傾向であり，将来においてそれが減少するどころか，むしろ増大することが見込まれる。〔中略〕企業が社会に奉仕するために存在する限り，企業の将来は，常に変わり続ける大衆からの期待にどう反応できるかという経営者の質にかかっている。」(Committee for Economic Development 1971 : 16) としています。

　1960年代中庸から1970年代の中庸にアメリカで個別企業あるいは企業界に向けて噴出した公衆からの不信・批判は，企業における道徳性(morality)または倫理(ethics)の重要性を強く喚起しました。これは，企業が権力を行使することから生ずる影響および結果責任に先行する意思決定過程において，倫理基準に基づく考慮が必須となることが認識されてきたことを意味します。すなわち，必然的に企業活動や経営政策に道徳性・倫理性を加味することが必須となる方向へと展開していくことになります。企業における道徳性または倫理は，企業倫理(学)として，既述したように一方では，哲学ないし倫理学の分野から応用倫理学の一領域として，他方，経営学と双方から展開され，1980年代初頭にはひとつの学問分野として確立されました。企業倫理は，企業がその活動を行うにあたり，企業と利害関係者との間の適切な均衡を達成し，企業が信頼を獲得するために，課題事項に対する組織的感受性(organizational sensitivity)の強化ならびに倫理的行動の厳守(commitment to ethical conduct)を必要とし，倫理的課題事項の「回避」(avoiding)と，積極的倫理的活動の推進を自主的に実現するものと理解されます。したがって1980年以降，企業の社会的責任の中核的概念は企業倫理となったのです。

　同時に企業の役割に対する考え方は，従来の「利潤の極大化」に代表される経済的観点から，企業と社会との関係を基本視座とする方向へと転換します。すなわち，企業を道徳的主体(moral agent)と位置づけ，企業環境に焦点を当て，環境を構成する代理人またはその集合として利害関係者を理解し，一利害関係者ないしその集合の利益は，他の利害関係者ないしその集合の利益に立脚し成

立し得ることから，特定の利害関係者のみの利益を優先するのではなく相互の均衡を求める考えに変わってきました。さらに，1980年代からは企業の目的は，利害関係者間における利害を調整する媒体(vehicle)として役立つことであるとするフリーマンにより提起された「利害関係者理論」(stakeholder theory)(Freeman, R. E. 1984 : 31-60/Evan, W. & Freeman, R. E. 1988 : 76-90/Donaldson, T. and Preston, L. E. 1995 : 65-91)へと展開してきています。[13]

　アメリカにおいて，すでに議論が行われていた「企業の社会的責任」に関する日本での議論の端緒は，1956年に発表された経済同友会の報告書「経営者の社会的責任の自覚」であるといわれます。その後，新たな意味が付加され，重要視されるようになったのは1970年代になってからです。それまで企業を社会的文脈の中で理解する視点はほとんどなく，もっぱら伝統的に企業の内部（経営組織や経営管理）にのみ焦点が当てられていましたが，企業と社会との関係様式の再認識により，企業活動において所与と解されていた社会環境が，企業が対応すべき客体，すなわち，利害関係者として把握されるようになってきたことは大きな変化として認識されるようになりました。

　日本は，1953年〜1973年の間に高度経済成長を通じて，国民総生産(Gross National Product：GNP)を約5倍に伸張させ，アメリカに次ぐ世界第2位の経済大国を実現しました。その事実は，社会の中で企業が強大な影響力を獲得したことと同時に，その反面では，1960年代からの産業公害，環境破壊，欠陥・有害商品，誇大広告，不当表示等，企業活動に起因する負の影響の顕在化により，反社会的行為に対する社会からの強い批判を噴出させました。この批判は，企業経営者に多大な危機感をつのらせ，企業の社会に対する責任の実践に向けた自主努力の具現化や，または企業のいうところの「メディアの誤解」に対する弁明を積極的に展開せざるをえない状況を呼びました。それは，企業の「社会的責任」を，無理やりにでも「企業の社会貢献」ないし「利益の社会還元」活動として捉え，企業の利益に「社会的有用性」を付加することによって，企業行動を「社会的公正」と調和させようとする試みであったわけです。すなわち，1970年初頭の日本における企業の社会的責任の取り組みは，その概念な

いし責任負担の具体的内容を,社会貢献活動として実践したことに他ならないのです。

わが国の経済界の,とりわけ経済同友会における企業の社会的責任に関する一連の主張の中で一貫しているのは,「協調的労使関係」でした。それは「企業民主化」という潮流の中での,労働者・労働組合の経営参加や「民主的な企業経営」というものであり,多くの日本企業に受け入れられ,世界でも稀な協調的経営慣行(日本的労務慣行＝「日本的経営」[14])を創出しました。この「協調的労使関係」は,公害問題,ニクソンショック(1971),第1次オイルショック(1973)後の大幅な景気後退という危機的状況の中でも継続され,日本企業の競争力回復過程を支えてきました。この事実はアメリカからも賞賛され,「日本的経営」の優越性が注目されたのです。確かに「日本的経営」と称された実践は,日本企業の経営に定着し,1970年代の構造転換を可能としたと評価されますが,アメリカにおける企業の社会的責任に関する理論的中核概念の移行,すなわち,「企業の社会的即応性」概念について,わが国でほとんど議論されなかったことは,この時期における日本での問題意識の限界と言わざるをえません。わが国における1970年代の企業の社会的責任は,より根本的な部分での具体的施策は行わず,理論面では相変わらず理念的であり,実践面では単に社会貢献に置き換えた活動に留まり,進展がなかったということです。

しかし,欧米での企業の「社会的責任」に関するその内実の変容,すなわち,「企業の社会的責任」における中核概念の企業倫理への移行を察知して,わが国でも変化が生じてきましたが,欧米よりもかなり遅れていることは事実でした。「バブル崩壊」後の不況が,金融業界を中心に「不祥事」を噴出させた際,明らかな企業犯罪であるにもかかわらず,法律上では企業自体は罰せられず放置され,多くの経営者は犯罪責任を認めるどころか当該企業を再建することが経営者の責任であると理解し行動したことはメディアにより報道されました。こうした「日本型企業システム」,あるいは「会社本位主義」に内在する特質,またはそこでの矛盾や,経営者の無責任性は,公衆の権利意識の高揚とも相俟って,社会から強烈な攻撃に曝されることとなり,「日本的経営」に対

する批判の噴出，見直しの必要性がいわれ，企業内における企業倫理の確立の急務性が叫ばれるようになってきました。

　また，1986年には，激化する対日貿易摩擦に対する欧米の感情的な反発や，「ジャパン・バッシング」の兆候に危機感を抱いた日米欧の経営者の提唱で「コー円卓会議」(The Caux Round Table：CRT)が開催されました。その内容は，1987年の第2回会議以来，競争のルール作りや企業の社会的責任を明らかにしようとの議論が続いており，1994年の第9回会議で採択，発表された企業の行動指針[15)]では「共生」と「人間の尊厳」を基本倫理的理念として「企業が社会の信頼を獲得し建設的な貢献を果たすとともに，さまざまな摩擦を解決するには，ルールやシステム作り，政策提言もさることながら，まず企業自らが行動を律すること」を掲げています。さらに，企業と利害関係者との関係の重要性や，具体的な利害関係者に内在する課題事項に対する責任を，理念の具体的な適用のあり方と照らして提唱しています。

　経済同友会は1998年に『第13回企業白書』で，「市場主義推進のための提案として」の第5項に「『良き企業市民』たること」を挙げ，「良き企業市民」たりえなくして「『資本効率重視経営』を正当化できない」としています。さらにその中で「利害関係者への配慮の大切さ」を強調しており，配慮に際して各利害関係者に対する価値理念の尊重を重要とすることは，まさに企業倫理の視点です。もとより，「良き企業市民」(good corporation citizen)とは，企業も社会の一員として，企業内外の利害関係者と良好な関係を築き上げることであり，良き企業市民であろうとするならば，経営者の高い倫理観は必須であり，その主導による企業倫理の確立が重要ということになります。

　その後2000年12月に経済同友会は，今後のわが国のあり方，経営者や企業の責任，経済同友会の使命などを示した「21世紀宣言」を発表しました。この宣言で注目すべき点は，企業が「経済的価値」のみならず，「社会的価値」，「人間的価値」をも創出する責任の存在を明らかにしたことです。そして，2003年3月には市場経済のあり方を再考すべき事象や，「文明の衝突」，あるいは世界各地の貧困や飢餓，さらには「持続可能な発展」(sustainable development)に関する問題等，地球規模で解決に望むべき課題を抱える歴史的大転換の中における指針として，「『市場の進化』と社会的責任経営—企業の信頼構築と持続的な価値創造に向けて—」と題した『第15回企業白書』を公表しました。

この白書では，企業の社会的責任を再考し，その実践にあたり日本企業における変革として，①市場機能の活用を通じた経済の活性化，②「ステークホルダー」に対する義務の履行を実現するためのコーポレートガバナンス(企業統治)の確立，すなわち，企業の社会的責任ならびに企業統治を中心とした企業の評価軸を示し，その両者の関係を二者択一ではなく，「イノベーション」(革新)による止揚を目標としています。そこでは「社会と企業」についてその関係を再吟味し，企業の社会的責任については，中心概念を「持続可能性」に求め，CSRの本質を，それまでの，①社会に向けた経済的価値の提供，②利益の社会還元ないし社会貢献，③企業不祥事の防止(義務的取り組みまたは法令遵守とする理解)から，①「CSRは企業と社会の持続可能な相乗発展に資する」，②「CSRは企業の中核に位置づけるべき『投資』である」，③「CSRは自主的取り組みである」—としています。2001年にアメリカではエンロン，ワールドコムなどの不正経理問題，わが国においても相次ぐ不祥事の発覚は，行き過ぎた「アメリカ流資本主義」への批判を高め，この白書の内容は，企業における活動のあり方について，大いに議論を呼び，その年は「日本におけるCSR元年」と呼ばれることになりました(以下，企業の社会的責任をCSRと表記します)。

(3) 制度化に向けて

では，企業倫理ないし企業の社会的責任を定着させるためにはどうしたらよいのでしょうか。ここで制度化(institutionalization)(中村1994)という概念が重要となってきます。制度化というのは，社会関係を営むために社会規範が社会を構成する成員ないし集団に体系化され斉一化する過程と定義され，具体的には規範や習慣が社会の構成員の多数によって承認され，社会的に定着すること

を言います。企業倫理ないしCSRの実践が社会により認められる手法としての制度化には，内と外と2つの視点があります。それは，一方で組織すなわち企業内において制度化することです。具体的内容としては
① 倫理綱領ないし行動憲章の策定・浸透・遵守：当該企業が何を価値とするのかを表明し，それを構成員が共有し遵守すること[16)]
② 倫理教育：単に表明するだけではなく，実現するための教育・訓練の実施
③ 企業倫理（ないしCSR）担当専門部署・専任役員の設置：問題告発等も含め，倫理関係相談へ対応するための部署の設置・実行
④ 企業倫理（ないしCSR）担当専門部署による業務徹底：課題事項の調査・事例分析・研究，問題防止の立案，実施・実施の点検・評価の遂行

などであり，他方，社会からの動向も重要なことです。それは
① 各種利害関係者による支持：企業倫理（ないしCSR）に取り組んでいる企業に対する利害関係者からの積極的支持
② NPO/NGOの機能：企業との協力・連携，または企業に対する圧力
③ 国家による規制：法令遵守をはじめとする公的規制
④ 業界による規制：業界自らの自主規制

などがあり，両者からの取り組みが有効となります。

4 企業の社会的責任に関する近年の動向

(1) 国際標準化機構による社会的責任規格

　国際標準化機構（International Organization for Standardization：ISO）とは，電気技術分野を除く全産業分野の国際標準となる国際規格を策定するための民間の非政府組織で，この機構が定めている規格も一般にはISOと呼びます。ISO規格には要求事項として組織が行うべきさまざまな事柄が提示されており，当該組織は，要求事項を理解し充足した上でISOシステムを構築し，審査を経て認証を受けるシステムとなっています。ISO規格としては，品質マネジメ

ントシステム(ISO9001)，環境マネジメントシステム(ISO140001)などが知られていますが，世界的に，企業の社会的責任(CSR)への関心が高まりCSRの統一規格が求められていたことから，国際規格として2010年11月1日にISO 26000として発行されました。

　この規格の特徴は，①持続可能な社会づくりのために企業以外の組織にも社会的責任が求められること，したがって対象が企業(corporate)に限らないという見地からCSR規格としてではなく，SR(社会的責任)としてあらゆる組織を対象とした規格である，②他のISO規格のように認証という形態をとらず(第三者認証を必要としない)，組織が社会的責任を実現するための推奨事項を「パッケージ」にして提供する手引書(ガイダンス文書)として策定され，③規格策定の作業部会に産業界，政府，労働者，消費者，NGO，その他有識者等の6つのカテゴリーからなるステークホルダー・グループによって構成され，どのグループも優越的な地位を占めることがないように特別な配慮がされたことです。

　また，この規格では社会的責任の主な原則として「説明責任」「透明性」「倫理的な行動」「ステークホルダーの利害の尊重」「法の支配の尊重」「国際行動規範の尊重」「人権の尊重」を提示しています。

(2) 社会的責任投資の進展

　社会的責任投資(Socially Responsible Investment：SRI)は，企業を評価する際，従来の財務的情報のみによる評価だけでなく，社会的観点，さらに環境的観点を加味した評価に基づく投資手法です。この経済的，社会的，環境的の3つの側面を「トリプル・ボトム・ライン」(triple bottom line)[17]といいます。そしてSRIはその手法にスクリーニングという手法を用います。投資先選択の判断に用いる評価軸をスクリーンという評価軸に照らして，トリプル・ボトム・ラインの側面を考慮していない(＝CSRに取り組んでいない)企業を投資の対象としないネガティブ・スクリーニングと，トリプル・ボトム・ラインの側面を考慮している(＝CSRに取り組んでいる)企業を投資の対象とするポジティブ・スク

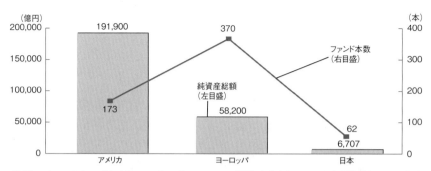

備考） 1. Eurosif ウェブサイト，SIF (2008)，SIF-Japan「純資産残高とファンド本数推移」により集計。
2. ファンド本数には，資産総額が未公開のものを含む。
3. 純資産総額についてはアメリカは 2007 年末現在，ヨーロッパは 2008 年 4-6 月期，日本は 2008 年 6 月末現在のもの。
4. ブルームバーグにより現地通貨を円換算。アメリカは 2007 年末時点，ヨーロッパは各国の 2008 年 4-6 月期平均。

図 3-4　SRI 投資の純資産総額とファンド本数の日米欧比較
出所）内閣府『平成 20 年版国民生活白書 消費者市民社会への展望—ゆとりと成熟した社会構築に向けて—』www5.cao.go.jp/seikatsu/whitepaper/h20/01.../html/08sh010202.html（2014 年 9 月 2 日閲覧）

リーニングの 2 つに分類します。

　SRI は当初，アメリカで宗教的価値観や倫理観に基づいて，宗教団体や学校法人などが，投資先を選別していたことに起源があります。1970 年代には SRI を扱う投資信託が登場し始め，71 年には，すべての投資対象企業について，その企業が社会的責任を果たしているかを問うソーシャル・スクリーンを行う SRI 投資信託として「パック・ワールド・ファンド」（現在のパックス・ワールド・バランスド）が発売されました。

　近年の CSR への関心の高まりは，SRI の飛躍的な進展を世界的に促進しています。ヨーロッパでは，企業に財務以外の情報も開示させ，それにより，SRI に投資をシフトさせ，さらに企業の CSR への努力を促進させる，という政府の政策が目立っています（足達・金井 2004：22）。SRI は欧米をはじめとし世界的に拡大していますが，欧米では，年金基金をはじめとする機関投資家による SRI が主流であるのに対し，日本では個人投資家向け商品が中心となっ

ているということとも関連し，欧米と比較して日本の市場規模は非常に小さいことが指摘されます。図3-4は，SRI投資の純資産総額とファンド本数の日米欧比較を表したものです。

(3) 地域における取り組み事例—宇都宮市まちづくり貢献企業認証制度—

　近年，各自治体では，主要な課題である地域経済の活性化や地域福祉の向上を目指し，地域(志向)CSRとし地域資源の活用に取り組む姿勢がみられます。神奈川県は，わが国では初めて「自治基本条例」(2010年度)を制定し，行政，企業，大学，農家，農業協同組合，NPOが連携を図り，農業を軸として食育や人材育成，産業活性化など，地域課題に答える取り組みを地域CSRとして進展させています。

　また，宇都宮市でも，企業・市民・行政の協働のまちづくりを行っていくことを目的とし，2008年度からさまざまなCSR活動のうち「人づくり」「まちづくり」「環境づくり」に焦点を当て，それらに向けた活動に熱心に取り組む企業を「宇都宮まちづくり貢献企業」として認証していく制度が設立されました。[18]

　認証までの流れの概要は，1. CSR推進計画書，宇都宮まちづくりにおける貢献実績の内容証明等，応募書類の事前審査，2. 審査員による当該企業の訪問調査・ヒアリング，3. CSR推進協議会における認証審査を経て 認証となっています。

　認証された企業には，
1. 認証書・マークの付与
2. 宇都宮市CSRのホームページ等による認証企業の紹介
3. 低利融資制度適用
4. 入札優遇制度適用

などの支援が行われ，2013年度までに111社が認証されています。

　ますます社会・経済環境の変化がいちじる

図3-5　宇都宮市まちづくり貢献企業認証マーク

しく，厳しくなる状況の中，利害関係者からの支持なくては企業が繁栄・存続し続けることは困難であることが明白な事実となっています。換言すれば，責任をもった活動を行い，それが評価されることで利害関係者からの支持が獲得でき，当該企業活動の正当性が認められるということです。しかし，最近では，世界的な経済状況の悪化やこれと連動する日本企業の業績低迷もあり，CSRも新たな局面を迎えています。

　CSRは，企業が，倫理観を根底に確立した経営理念に基づいて，企業を取り巻く利害関係者との間の積極的な対話を通じて企業活動を行い，業績拡大を図ることにより，企業の持続的発展を確実なものとしつつ，社会の持続的発展に寄与することを目的とする概念ではありますが，同時に，単なる理念・理想に留まらず，実現するための組織構築，戦略を策定しなければなりません。これまでCSR関連の議論は，社会との関係を重視し，社会からの評価を高める

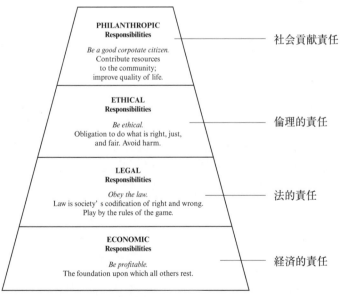

出所）Carroll, A. B. (1991) "The Pyramid of Corporate Social Responsibility," *Business Horizons*, Jul.-Aug.

図3-6　社会的責任の4パートモデル

という段階でありましたが，今後は，企業の成長戦略に結びつく，CSRを取り込んだ事業活動を積極的に推進し，企業価値を向上させ，投資家の理解を得るように努めることも重要となってきます。

キャロル(Carroll, A.B.)は，企業の社会に対する具体的な責任として，経済的責任，法的責任，倫理的責任，社会貢献責任と4つから成る構造を提示しました(Carroll, A. B. 1979：499-501, 1993：32-37)(図3-6参照)。

この図の理解で，注意しなくてはならないことは，これらの責任を段階的に実践していくことではなく，同時に実践するということです。そして，企業倫理ないし企業の社会的責任の考え方は，企業，社会ともに，「持続可能な発展」が鍵となっているのです。

〔設問〕
1. 企業と社会との関係を説明せよ。
2. 表3-1の中で，関心の高い関係領域(利害関係者)を選び説明せよ。
3. なぜ，企業に倫理ないし責任が求められるのか述べよ。

(山口厚江)

◎ 注
1) 事業継続計画とは，企業が緊急事態(自然災害，大火災，テロ等)に遭遇した場合に，被害・損害を最小限に抑え，中核の事業を継続したり，早急に復旧したりする為に，日常の活動や，行動をまとめた計画のことです。
2) たとえば食品企業における不祥事では，
　　2002年1月　　雪印食品の牛肉偽装発覚
　　2002年6月　　日本食品の牛肉偽装発覚
　　2002年8月　　日本ハムの牛肉偽装・隠蔽発覚
　　2007年6月　　ミートホープの牛肉偽装・隠蔽発覚
　　2007年8月　　石屋製菓賞味期限改ざん
　　2007年10月　「吉兆」菓子，偽装表示　福岡天神店　消費期限切れ販売 など。
3) たとえば四大公害(過度の経済的効率性の追求による自然環境の破壊・人の健康被害など社会的災害)病のひとつである水俣病(熊本県)は1956年に発生を確認されましたが，公害対策基本法は1967年になって制定されました(1993年に環境基本法の制定により廃止)。
4) 以下，日本経済新聞の記事(2014年3月1日付)

「内閣府がまとめた 2013 年度の企業行動に関するアンケート調査によると，日本のメーカーの生産額に占める海外比率は 12 年度実績で 20.6％と，前の年度から 3.4 ポイント上がった。1987 年の調査開始以降で最高だった。企業がアジアなど新興国の需要を取り込むために，海外に生産拠点を移す動きは続いている。(中略) 東京証券取引所と名古屋証券取引所の上場企業を対象に 1 月に調査した。製造業のうち海外生産をしている会社の割合は 12 年度に 69.8％と，前の年度から 2.1 ポイント上がって最高となった。13 年度は 70.7％と初めて 7 割を超える見通しだ (以下略)」http://www.nikkei.com/article/DGXNASDF2800Y_R00C14A3NN1000/ (2014 年 8 月 20 日閲覧)

5) たとえば，介護保険法 (1997 年法律第 123 号) にもとづき，2000 年 4 月に施行された「公的介護保険制度」では，需要の特に大きい，高齢者居宅介護サービス分野の供給主体において，従来からの自治体，あるいはその措置委託による社会福祉法人などの (公的供給主体としての性格の強い) 受託供給主体に加えて，指定を受けた営利法人をも含む多様な民間主体の参入が認可され進展し，介護サービス市場が開設されました。特に訪問介護，訪問入浴，認知症対応型共同生活介護事業の市場には営利法人の参入が顕著となっています。

6) 内部告発 (whistle-blowing) とは組織 (企業) 内の人間が，多くは所属組織の不正や法令違反などを，監督機関 (監督官庁など) や報道機関へ通報することです。

7) 特定非営利活動とは，1. 法が定める 20 種類の分野に当てはまるもの，2. 特定かつ多数のものの利益の増進に寄与することを目的とする活動のことです。なお 20 種類の分野とは，1. 保健，医療又は福祉の増進を図る活動，2. 社会教育の推進を図る活動，3. まちづくりの推進を図る活動，4. 観光の振興を図る活動，5. 農山漁村又は中山間地域の振興を図る活動，6. 学術，文化，芸術又はスポーツの振興を図る活動，7. 環境の保全を図る活動，8. 災害救援活動，9. 地域安全活動，10. 人権の擁護又は平和の推進を図る活動，11. 国際協力の活動，12. 男女共同参画社会の形成の促進を図る活動，13. 子どもの健全育成を図る活動，14. 情報化社会の発展を図る活動，15. 科学技術の振興を図る活動，16. 経済活動の活性化を図る活動，17. 職業能力の開発又は雇用機会の拡充を支援する活動，18. 消費者の保護を図る活動，19. 前各号に掲げる活動を行う団体の運営又は活動に関する連絡助言又は援助の活動，20. 前各号に掲げる活動に準ずる活動として都道府県又は指定都市の条例で定める活動，です。

8) 特定非営利活動促進法第 1 条

9) 内閣府ホームページ https://www.npo-homepage.go.jp/about/npodata/kihon_1.html (2014 年 8 月 3 日閲覧)

10) 持続可能な発展 (sustainable development) とは，1987 年の「環境と発展に関する世界委員会」(通称ブルントラント委員会) による報告書において，「将来の世代が自らのニーズを充足する能力を損なうことなく，現在の世代のニーズを満たすような発展」と定義され，地球サミットにおける「環境と発展 (開発) に関するリオデジャネイロ宣言」の基調となっています。当初は環境にのみ焦点が当てられていましたが，その後，環境だけでなく，社会，企業までも含んだ概念となってきています。

11) 企業の社会的責任問題の本質は実はバーリ・ドット論争に遡るとされています。これは，バーリ／ミーンズ（Barle, A. A. Jr. and Means, G. C.）が『近代株式会社と私有財産』(1932) で，株式分散を根拠として現実的には専門経営者による支配を展開するが，権力行使についてはあくまでも株主に信託された権力ではならないとする一方で，ドッド（Dodd, E. M.Jr.）は，企業の利潤を唯一株主に振り向けるのは好ましくないとし，法制度の動向は，企業を利潤追求機能と同様に社会貢献機能を持つ経済制度とみなす方向に進展しているとするものです。
12) フレデリック（Frederick, W. C.）は，1970年代初頭における企業の社会的責任を，「激動の60年代」への反省を経ての社会への利益の還元，すなわち，企業による寄付や芸術・文化支援活動（mécénat：メセナ）など，その中心的な考えが「企業の社会貢献」，もしくは事後的な対処に関する責任であったとし，それを企業の社会的責任＝CSR_1（corporate social responsibility）と表現しています。ただし，この，企業の社会的責任という語は，現在の共通理解となってきている専門用語としての「企業の社会的責任」ないし「CSR」の内容とは同一ではなく，極めて多様な概念を包括しています。それに対し1970年代中葉においては，企業がかかわってきた課題事項への即応的（responsive）な対処がその中核概念となる社会的即応性＝CSR_2（corporate social responsiveness）が台頭するようになります。そして1980年代には，企業と社会との関係において企業倫理の必要不可欠性が求められ，それへの取り組みが急速に展開されることとなりました。これが企業の社会的道義すなわち企業倫理＝CSR_3（corporate social rectitude）と示しています。
13) 利害関係者理論の展開に関し，企業倫理の視点から宮坂（1999, 2000）は詳細な検討を行っている。
14) 「日本的経営」（日本的労務慣行）は，終身雇用，年功賃金，企業内組合，という，いわゆる「三種の神器」を特徴とするものです。昭和の初期から，熟練工の定着化を目的として終身雇用，年功賃金制度はすでに各企業により採用されていますが，終戦後，GHQによる財閥解体，労働組合の結成の推奨による経済民主化政策とあいまって，日本企業は労使一体による経営と高度成長を目指し，企業内組合が定着しました。
15) この行動指針は，決して完全なものではなく，今後各国語版を作成し，各国の経営者，労働組合，各種経済団体，国際機関等々との率直な意見交換を通して改良を加えていきたいとしています。
16) 1886年に創業し，社会的責任に熱心に取り組んできたジョンソン・エンド・ジョンソンの倫理綱領である「我が信条」（Our Credo（1943年））を紹介します。

我が信条

我々の第一の責任は，我々の製品およびサービスを使用してくれる医師，看護師，患者，そして母親，父親をはじめとする，すべての顧客に対するものである

と確信する。顧客一人一人のニーズに応えるにあたり，我々の行なうすべての活動は質的に高い水準のものでなければならない。適正な価格を維持するため，我々は常に製品原価を引き下げる努力をしなければならない。顧客からの注文には，迅速，かつ正確に応えなければならない。我々の取引先には，適正な利益をあげる機会を提供しなければならない。

　我々の第二の責任は全社員──世界中で共に働く男性も女性も──に対するものである。社員一人一人は個人として尊重され，その尊厳と価値が認められなければならない。社員は安心して仕事に従事できなければならない。待遇は公正かつ適切でなければならず，働く環境は清潔で，整理整頓され，かつ安全でなければならない。社員が家族に対する責任を十分果たすことができるよう，配慮しなければならない。社員の提案，苦情が自由にできる環境でなければならない。能力ある人びとには，雇用，能力開発および昇進の機会が平等に与えられなければならない。我々は有能な管理者を任命しなければならない。そして，その行動は公正，かつ道義にかなったものでなければならない。

　我々の第三の責任は，我々が生活し，働いている地域社会，更には全世界の共同社会に対するものである。我々は良き市民として，有益な社会事業および福祉に貢献し，適切な租税を負担しなければならない。我々は社会の発展，健康の増進，教育の改善に寄与する活動に参画しなければならない。我々が使用する施設を常に良好な状態に保ち，環境と資源の保護に努めなければならない。

　我々の第四の，そして最後の責任は，会社の株主に対するものである。事業は健全な利益を生まなければならない。我々は新しい考えを試みなければならない。研究開発は継続され，革新的な企画は開発され，失敗は償わなければならない。新しい設備を購入し，新しい施設を整備し，新しい製品を市場に導入しなければならない。逆境の時に備えて蓄積を行なわなければならない。これらすべての原則が実行されてはじめて，株主は正当な報酬を享受することができるものと確信する。

17) トリプル・ボトム・ラインは，1997年にイギリスのサステナビリティ社のジョン・エルキントン氏によって提唱されたもので，企業活動を「持続可能な発展」の観点から，経済的側面だけでなく，社会的側面と環境的側面からも総合的に評価するという考え方のことをいいます。
18) 宇都宮CSRのHP https://www.csr-utsunomiya.net/（2014年9月10日閲覧）を参照。

参考文献

Aguilar, F. J. (1994) *Managing Corporate Ethics: Learning from America's Ethical Companies How to Supercharge Business Performance*, New York and London: Oxford

University Press.（水谷雅一監訳，高橋浩夫・大山泰一郎訳，1997『企業の経営倫理と成長戦略』産能大学出版部。）
Carroll, A. B. (1979) "A Three-Dimensional Conceptual Model of Corporate Performance", *Academy of Management Review*, Vol. 4, No. 4.
Carroll, A. B. (1993) *Business & Society*, South-Western.
Committee for Economic Development (1971) *Social Responsibilities of Business Corporations*.
Donaldson, T. and Preston, L. E. (1995) "The Stakeholder Theory of the Corporation: Concepts, Evidence, and implications", *Academy of Management Review*, Vol. 20, No. 1.
Epstain, E. M. (1987) The Corporate Social Policy : Beyond Business Ethics, Corporate Social Responsibility, and Corporate Social Responsiveness. *California Management Review*, 29-3, spring. （中村瑞穂他訳，1996『企業倫理と社会政策過程』文眞堂, pp. 1-21）
Epstein, E. M. (1989) "Business Ethics, Corporate Good Citizenship, and the Corporate Social Policy Process: A View from the United State", *Journal of Business Ethics*, Vol. 8, No. 8, April.
Evan, W. & Freeman, R. (1988) "A Stakeholder Theory of Modern Corporation: Kantian Capitalism" in Beauchamp, T. & Bowie, N., *Ethical Theory and Business*(eds.), 3rd ed., Prentice-Hall.
Freeman, R. E. (1984) *Strategic Management: A Stakeholder Approach*, Pitman.
Frederick, W. C. (1986) Towards CSR$_3$: Why Ethical Analysis Is Indispensable and Unavoidable in Corporate Affairs, *California Management Review*, Winter.
Frederick, W. C. (1994) From CSR$_1$ to CSR$_2$: The Maturing of Business and Society Thought, *Business and Society* No.33, No. 2, August.
Kieth, D. & Blomstrom, R. L.(1971) *Business, Society, and Environment: Social Power and Social Response*, McGraw-Hill.
足達英一郎・金井司 (2004)『CSR経営とSRI』金融財政事情研究会。
経済開発委員会著，経済同友会・編訳 (1972)『企業の社会的責任』鹿島出版会。
中村瑞穂 (1994)「"企業と社会"の理論と企業倫理」『明大商学論議』第77巻第1号，明治大学。
中村瑞穂 (1995)「経営社会関係論の形成」『明大商学論叢』第77巻，第3・4号。
中村瑞穂 (2001a)「ビジネス・エシックスと公益」日本公益学会『公益学研究』Vol.1, No.1。
中村瑞穂 (2001b)「企業倫理実現の条件」『明治大学社会科学研究所紀要』第39巻，第2号。
中村瑞穂 (2007)「企業倫理と"CSR"」企業倫理研究グループ（代表　中村瑞穂）『日本の企業倫理—企業倫理の研究と実践—』白桃書房。
宮坂純一 (1999)『ビジネス倫理学の展開』晃洋書房。
宮坂純一 (2000)『ステイクホルダー・マネジメント』晃洋書房。

第4章　マネジメントの理論

1 ファヨールのマネジメント

　マネジメントの理論の歴史は20世紀の初頭に本格的に始まります。したがって経営学は約100年の歴史を経たに過ぎない社会の諸現象を解明する社会科学の中では比較的若い学問なのです。

　経営学の初期の代表的な著作は，アメリカの機械技術者テイラーによって書かれた『工場管理』(*Shop Management*, 1903)および『科学的管理の諸原理』(*The Principles of Scientific Management*, 1911)です。フランスでも，鉱山技術者であり，鉱業企業の経営者であったファヨールによって，1916年に『産業ならびに一般の管理』(*Administration industrielle et générale*)が書かれます。この時期フランスには，マネジメントという用語がなかったこともあり，アドミニストラシオンが，管理を表す言葉として使われています。アメリカのテイラーについては，すでに多くの紹介がありますので，ここではファヨールのマネジメントの理論を取り上げます。ファヨールの理論は，戦後アメリカに紹介されて，マネジメント理論の統一を目指したクーンツによってアメリカ経営学の主流である経営管理過程論の創始者に位置づけられます(クーンツ，鈴木訳：5)。

　ここでいうマネジメントは，わが国では「経営管理」と訳されてきました。大学経営学部では，「経営管理論」という名前で講じられている内容です。第1章でも述べたように，マネジメントという用語が，ドラッカーの関連本の出版によって，高校生にも知られるようになりましたので，ここでは，よりなじみやすいマネジメントを用いてマネジメントの理論としましたが，それは経営管理の理論ということです。

　1916年にフランス人鉱山技術者ファヨールによって書かれた『産業ならびに一般の管理』は，経営管理論の歴史に決定的な影響を与えました。同書は全

4部の構成を構想していましたが，ファヨールがこの論文を書いたのが75歳の時であり，その後半を書くことなく亡くなりました。しかしこの前半2部で書かれたことが，経営学の歴史に極めて大きな影響を与えたのです。それは，経営学の大国アメリカの経営学の父とすらいわれています。

ファヨールの出た学校は，サンテチエンヌ鉱山学校という学校ですが，これはフランスのユニークな学校システムの中にある学校です。それらは大学と並ぶ高等教育機関で，グランド・ゼコール(文字通り訳せば大学校ということができます)と呼ばれる学校群を形成しています。

それをわが国の事例と比較するとわかりやすいと思います。大学は文部科学省管轄ですが，防衛大学校は防衛省の施設等機関，航空大学校は国土交通省の管轄です。フランスの場合も大学(Universié)は国民教育・高等教育・研究省の管轄ですが，理工科大学校(わが国での支配的な通称：理工科学校)は国防省，商科大学校(HECなど)は商工会議所の管轄です。それらは目的に合ったエリート養成機関なのです。たとえばフランスの最も優秀な学生を受け入れる高等師範大学校(わが国での通称：高等師範学校)，高級官僚を養成する国立行政大学校(国立行政学院)などがトップランクのグランド・ゼコールといえます。

『産業ならびに一般の管理』の第Ⅰ部の構成は，
1章，管理の定義
2章，企業の従業員の価値を構成する多様な能力の相対的な大きさ
3章，管理教育の必要性と可能性

となっています。
以下その内容をみていきましょう。

(1) 管理の定義[1]

ファヨールは，企業のあらゆる活動は6種類から成るとして以下のように述べています。それらは，技術的活動，商業的活動，財務的活動，安全確保の活動，

会計的活動，管理的活動の6種類の活動であり，その活動を割り当てられた仕事という観点からみれば，6つの職能からなっているということができます。

各々について説明します。

① **技術的職能(生産，製造，加工)**

ここでファヨールは，エンジニアという言葉ではなくテクニシャンという言葉を使っていますので，技術者の仕事というよりも現場の生産過程で作業を行う仕事を指していると理解されます。そして職業学校における教育はもっぱらこの生産にかかわる内容が中心であるけれども，上記6種の活動ないしは職能は全体として重要であることを強調しており，技術的職能が偏重されている現状に注意喚起をしています。

② **商業的職能(購買，販売，交換)**

商業的というのは，商の活動，すなわち流通の活動です。造った製品も売れなければ，会社はつぶれます。そこでは市場，すなわちそこには消費者がいますからその動向であるとか競争相手の動向を知る必要があるといっています。ドイツのある学者は，販売過程を商品の命がけの飛躍といいました。流通は現代では購買と販売というとわかりやすいと思います。

③ **財務的職能(資本の調達と運用)**

資金を調達して，うまく運用する仕事は企業の存亡にかかわる重要な職能なのです。施設の維持や原料そして配当金のためにも，入手した資金をうまく活用して最大限の利益を得るのが財務的職能なのです。せっかく優れた商品を開発しても資金不足のために消滅する企業も多くあるのです。

④ **安全確保の職能(資産・財産と従業員の保護)**

ファヨールは火災などから施設を守ること，そしてストライキなどから生じる障害などをあげており，従業員には精神的安定を与える必要を述べています。

文字通りそれは企業の物的財産(機械・建物や原材料)と人的財産(従業員)を守るためのあらゆる活動を指しています。

⑤ **会計職能(財産目録，貸借対照表，原価，統計など)**

企業の経済的状況を，知ることができるあらゆる数値がこれです。企業を正

しい方向に導くためには，企業の現在がどのようになっているかを知ることが必要です。技術系のグランド・ゼコール（土木学校，鉱山学校など）でこの科目がまったく関心をもたれていないのは，この職能の重要性が認識されていないということを表しています。

⑥ 管理職能

管理的活動は，以上の5種の職能とは違い，組織の運営に関する職能です。

そしてまた以下の管理の定義は，その後アメリカ経営学の主流である，経営管理過程学派へと受け継がれます。一般には遅れているといわれるフランス経営学の先進性を表す重要な事例です。

すなわち，管理とは，計画し，組織し，命令し，調整し，統制することです。

計画とは，企業の将来を良く探求して，活動計画を造ることです。計画はここでは英語のプラン，活動計画はプログラムですから，計画の具体的な内容を決めていくことです。

組織とは，企業の物的（機械や原材料）組織と社会的（従業員）組織を整えることです。

命令とは，従業員を機動的に動かすことです。

調整とは，組織内のすべての活動と努力とを調和させることです。

統制とは，すべての事柄が，きめられた基準と，与えられた命令に従って行われることです。

このように考えると，管理は，企業経営者の独占的な職能ではなく，あらゆる組織階層で必要とされている職能です。

この点を認識させたのは，ファヨールの理論の優れたところです。

この管理的職能は，他の5種の職能とは区別されるものですが，またファヨールは管理と経営とを区別しました。すなわち，トップマネジメントの職能を経営とし，管理はトップマネジメントから末端の管理者が分担して担う職能としたのです。

そこで経営を次のように定義します[2]。

経営とは，企業がもっているすべての資産を最大限に活用して利益を導き出

すように運営することです。これは上記6職能を十分に機能させることです。管理は組織の上位に行くほど役割が増すので，管理がもっぱらトップマネジメントの仕事のように思われるのです。

(2) 従業員に必要とされる資質について[3]

　従業員にとって必要とされる資質に関して，ファヨールは興味深い主張をしています。それを以下でまず述べてみます。
1) 肉体的資質――健康・たくましさ・器用さ
2) 知的資質――理解力と学習能力・判断力・犠牲的精神・機転・威厳
3) 道徳的資質――気力・堅実さ・責任をとる勇気・決断力・犠牲的精神・機転・威厳
4) 一般教養――経験に富んだ職能の領域にのみ属するのではない知識
5) 専門的な知識――これは，技術的，商業的，財務的・・・管理的職能に関する知識
6) 経験――実務の蓄積による知識の集積

　以上です。

　これは，企業の従業員に必要とされている労働能力の全体像を示しています。

　そしてファヨールは，大企業のトップから末端の管理者に必要とされる能力の比率と，大企業から個人企業のトップに必要とされる能力の比率について，ここでは紙幅の制約で取り上げることはできませんが，有名な表を作ります。授業の際の補助プリントとして配布することを考えています。

　そこでは，大規模企業の場合，地位が上に行くほど，管理的能力の比率が高まるということ。また企業経営者の能力としては大規模企業になるほど経営者の能力に占める管理的職能の比率は高まるということを結論しています。

(3) 管理教育の必要性と可能性[4]

　この論文(著作)はファヨールがその経験をもとに管理教育のための教科書を作ったということができます。なぜならこの本の第1部第3章は，「管理教育の

必要性と可能性」としているからです。彼は，当時から産業エリートを構成するのは技術系専門大学の卒業生であるにもかかわらず，必要とされる管理教育がそのような学校ではまったく行われていないという現状を憂えているのです。

彼は言います「わが国の職業学校において管理教育がなされていないのは，それを教えるべき理論が準備されていないからである。理論がなくては教育も不可能である。そこで今必要なのは，それを語るべき人びとによって議論が行われ，そのことによって公認されるべき管理に関する理論である」と。

第1章でも取り上げましたが，フランスの学校制度について再度触れておくと，フランスの高等教育機関としては，一般大学とグランド・ゼコールがあります。一般大学はすでに12世紀には生まれていたパリ大学に代表されるような総合大学(ユニヴェルシテ)です。グランド・ゼコールは，産業革命を準備する1747年に初め土木学校が，そして1783年には鉱山学校が生まれました。これらは当時必要とされたエンジニアを養成するために創られたものです。ファヨールもまた，このような学校のひとつ，サンテチエンヌ鉱山学校の卒業生です。それらは，産業革命期以降，必要とされる技術者や企業家・経営者を養成するために，一般大学の外に創られました。

(4) 管理の原理(原則)と要素[5)]

第Ⅱ部の構成は，第1章，管理の一般的諸原理，と第2章，管理の諸要素から成っていますが，ここでは第1章に限って紹介します。第2章は，管理の諸要素として，1)計画，2)組織，3)命令，4)調整，5)統制に即して，その具体的内容を考察しています。

管理職能は，その手段として組織をもつ。管理職能には絶対的なものはなく，いわば程度の問題です。同一の原則を同一の条件で2回適用することはほとんどありません。しかしながら，ファヨールはその長い実業生活の中で経験した管理の原則を提示します。

それは，分業，権限，規律，命令の一元化，指揮の統一，個人的利益の全体的利益への従属，報酬，集中，階層組織，秩序，公正，従業員安定，創意，従

業員の団結，以上14の原理です。

　これらは管理者にとってどのようなものでしょうか？　作業者は道具・機械などの労働手段を使って労働対象としての原材料を加工して製品を造るのが仕事です。管理者も管理の仕事をしますが，それは多くの同僚・部下・上司との共同作業です。一人の管理者と部下との関係を見てみると，部下に仕事をしてもらうことですから，管理者の管理労働手段は，管理原則・管理原理ということになります。「管理とは人びとをして仕事をなさしめること」というクーンツの定義があります。ちなみにこのクーンツは，アメリカ経営学(特にその主流の経営管理過程論)の創始者は，フランス人ファヨールであるとすらいっている学者です。もちろん先に述べた，管理とは計画・組織・命令・調整・統制という過程であるというのが経営管理過程論と名づけられた所以ですが。この管理原則・管理原理もアメリカ経営学の中心課題です。

　以下説明していきます。

① **分業の原理**

　分業とは全体労働を分割して行うことですが，個人が独立して別々に仕事を行うよりは，より多くよりよいものを生み出すことができます。いつも部分労働を行う労働者，いつも同じ問題を取り扱う管理者は能率を増進させるための熟練，自信，正確さを身につけることができます。

　分業は職能の専門化と権限の分化をもたらします。分業の利益については，経済学の創始の書，アダム・スミスの『諸国民の富』においても，まず最初に取り上げられるほどに，経済学，経営学の中心課題である生産に関しての基本原理です。

② **責任と権限の原理**

　権限とは命令する権利と服従させる力です。したがって組織においては上位者ほど，その権利と力が大きくなります。

　ここで，ファヨールは規定における権限にくわえて個人的な権威を取り上げています。職務権限は各々の職位について決められているものですが，個人的な権威は，その地位に就いた人間がもっているものです。すなわち彼の知性，

知識，経験，道徳的な価値，命令の才能，なされた仕事の実績から成るもので個人差があります。優れた管理者はこの個人的な権威を持ち合わせているのです。

また権限が行使されるところには，必ず責任が発生します。権限が大きいほど責任も大きくなります。企業のあらゆる問題の最高責任者は社長です。

③ 規律の原理

規律は事業の優れた運営にとっては絶対に必要であり，どのような企業も起立なしには繁栄することはないとファヨールは述べています。規律を造りだすのは組織の責任者です。組織の規律の程度は責任者の資質の程度にかかっています。

規律を確立し，それを維持するのに最も有効な方法は，以下の3点です。

1) すべての階層に優れた責任者を置くこと。
2) できるだけ明瞭で公正な規則を制定しておくこと。
3) 規則に反する場合には正しく適切な処罰をすること。

以上です。

④ 命令の一元化の原理

命令はただひとりの上位者からしか受け取ってはいけません。もしこの規則が侵されるならば，権限が侵され，規律は乱れ，命令は混乱し，組織の安定は保てません。2人の上位者が担当者に権限を行使する，状態が生じれば，組織は混乱します。命令は権限の行使ですから，正しい判断に基づく権限の分割が必要となります。

⑤ 指揮の一元化の原理

これは命令の一元化と混同されがちですが，そうではなくひとつの目的を目指す集団労働においてはただひとりの最終責任者と唯ひとつの計画があるということです。これに対して命令の一元化は，さきにも述べましたが，ひとりの担当者は，ただひとりの上司からしか命令を受け取ってはならないということです。彼は，命令の一元化は指揮の一元化なしには存在しえないが，命令の一元化は指揮の一元化に由来してはいないというようにファヨールは両者の関係

をまとめています。

⑥ 個人的利益の全体的利益への従属の原理

これは企業においては，企業の一担当者，一集団の利益が企業の利益に優先してはならないということです。これはいうべき程のことではないようですが，ファヨールはおそらく長い実務経験の中でそのような事実を見たのでしょうが，無知，野心，利己心，怠惰，人間的な弱さのために個人の利益を優先する事例がみられると述べています。

それを防ぐのには，① 上位者の精神力と規範，② 公正な規則，③ 注意して監督をすることをあげています。

⑦ 従業員の報酬の原理

従業員の報酬は提供された労働の価格を指します。したがってそれは公平なものでなければなりません。可能な限り，企業ないしは使用者と従業員双方に満足を与えるものでなければなりません。

賃金に求められるのは，
1) 公正な報酬を保障すること。
2) 努力に報い，その従業員のやる気をださせること。
3) 合理的な根拠を給与支払いには持たせること。

ですが，賃金形態は，日給，請負給，出来高給などがあります。

一定の条件で賃金が支払われますが，日給は，その努力にかかわらず，一日当たりいくらという基準で給与が支払われます。ここにはありませんが学生のアルバイトで一般的に適用される時給のことを考えればわかりやすいでしょう。古くからサラリーマンが受け取る給与支払いとしては，月給があります。

請負給は，あらかじめ決められた一定の仕事を成し遂げたときに対価として支払われる給与形態であり，成し遂げる期間は無関係でもありえます。

出来高給は，成し遂げられた仕事量に比例して賃金が上昇する賃金形態である。これは同じような製品を多量に造る工場においてよく用いられます。

それ以外には，割り増し給，利益配分制度，現物支給（福祉施設など）があります。

⑧ **集中の原理**

　これは集権化と分権化という組織編成の基本的原理です。小規模な事業では権限の集中が一般的です。大規模事業では最上位から最下位の担当者に至る階層が多いので，命令が発せられても途中で多くの意見が付け加えられて，異なった伝達になりかねないという危惧があります。

　追求すべき目標は，全従業員の能力をできる限り活用することです。部下の役割の重要性を増大させるものは分権化であり，その重要性を減じさせるのは集権化ないしは権限の集中なのです。

⑨ **階層組織の原理**

　階層組織とは上位権限者から下位の担当者に至る責任者の系列です。階層的経路とは，上位者からないしは上位者に向けられた伝達が，階層組織のすべての段階を経る道筋です。この道筋は確実な伝達の必要性と命令の一元化を同時に満たしています。しかし大規模組織において命令の一元化の維持を厳格に行おうとすることは時間がかかり，意思決定が遅れビジネス・チャンスを逃すことがあります。

　たとえば，販売組織の末端で，思いのほか売れ行きが良く，すぐに商品が大量に必要な時に，その要求が販売部長の所まで行き，それが経営者の会議で決定されて，それが製造部長に伝えられ製造現場に増産が伝えられるとすると多くの時間がかかります。そこで上位者の承認を得て販売課長が直接製造課長に連絡をとりすぐに増産の命令が製造現場にだされるというような経路を確保することです。それを彼は，架橋といいます。

⑩ **秩序維持の原理**

　これは，広く知られている，「適材適所」「適所適材」の原則です。これには，「物的秩序」と「社会的・人的秩序」があります。「物的秩序」は，工場の生産過程において，機械，部品が整然と生産過程の進行に応じて適所に置かれている必要があるということです。また，一見無秩序に物が置いてある場合でも，それを使う人が使いやすく置かれていれば，それは秩序が維持されているといえます。「社会的秩序」に関しては，担当者が適切な職位にあり，適切な職能

を果たすことを可能ならしめることです。

⑪ **公正の原理**

公平および平等に，従業員を扱うことは必要不可欠です。どのような原則も無視せず，全体の利益にも配慮しながら，従業員の公正・平等の欲求は果たされなければなりません。この点に企業の責任者は最大の努力をしなければなりません。

⑫ **従業員安定の原理**

従業員が，必要な能力を持ち合わせていても，その職位にふさわしい仕事をするためには時間が必要です。頻繁な配置転換は従業員の能力の十分な活用という原則に反します。一般に繁栄している企業の指導者は地位に安定して就いており，またこのような責任者の養成には時間と費用がかかるのです。

⑬ **イニシアティブの原理**

これは創意力という日本語で表わされますが，計画を立案したり実行するにはこの創意力が必要です。進んで仕事に取り組み仕事を完成するという創意力は，組織をよりよい成功に導きます。従業員に創意力を与えることのできる責任者は優れた責任者であるといえます。

⑭ **従業員団結の原理**

団結こそが力を造りだすという諺があります。企業にとって従業員間の調和・団結は大きな力になります。諸力を調整し熱意を奨励し，各人の能力を利用し，調和を図り各人の功績に報いることは，才能を必要とします。

このように，ファヨールは管理能力を補完するものとして，14の管理原理（管理原則）を提示しました。管理原理は管理者の管理労働手段ですが，作業労働手段のように必ず，その労働に際して使用するものではありません。作業労働はその対象がものですので，物の加工，製造には必ず道具か機械を必要とします。

しかし，サイモンが管理(managing)はほぼ意思決定(decision making)と同義（第1章参照）であるというように，管理者にとってその仕事は，決定や命令ですから，蓄積した経験によって的確な意思決定は可能ですから，必ずしも管理

労働手段(組織と管理原理)が必要というわけではありません。経験に基づく知識を活用する管理労働は管理原理なしでも行われます。管理労働と管理原理との関係をファヨールは,

　「原理がなければ我々は初めて遭遇する事態において暗中模索の状態にあり混乱する。ただし優れた原理があっても，経験がなく節度がなければ管理には困難が伴う。原理は闇夜の航行を可能ならしめる灯台である。其れは港への航路を知っているものだけに役に立ちうるのである」(Fayol 1991：47)と原理と活動との関係を述べています。原理を状況に応じて適正に使うことができるのが優れた管理者ということができます。

　以上がファヨールのマネジメントの要約です。最後にですが，この本は日本では『産業ならびに一般の管理』という表題で紹介されています。しかし，私がフランス学士院図書館で手に取ったこの書の初版の表紙のレイアウトからすると,『管理―産業と一般―』となっていますので，そのように訳すことも可能です。この本が出たのは，論文として出版後1年の1917年ですから，ファヨールの存命中です。ファヨールは当然のその出版に全面的にかかわっているはずです。特に彼はその著作の中では，一般組織における管理の可能性を明示しながら，もっぱら企業(フランス語ではアントルプリーズ)の問題を取り上げています。彼自身学校を卒業後，ほぼその生涯を通じて企業人そして企業経営者だったので，その経験に基づく上記理論は企業経営の場に生ずる問題だったからです。

　したがって，ここでは，彼の理論はアドミニストラシオンの理論，英語ではマネジメントの理論として取り上げたのです。

　また彼の意図は，マネジメント教育の教科書を造るに等しいことでした。そこでは，経営管理過程を，計画，組織，命令，調整，統制の5要素と定式化しました。また，企業における職能を，技術的，商業的，財務的，保全的，会計的，管理的の6職能に分類して，組織階層の最上位から最下位に所属する職員の求められる能力を明らかにしました。そして従業員には以下の資質が必要と

しました．肉体的資質，知的資質，道徳的資質，一般教養，専門的な知識，経験がそれらです．

　何と驚くべき指摘でしょうか？　100年前のその時期に大学経営学部の教育の内容までほぼ言い当てているのです．すなわち肉体的資質の維持・向上のために体育の授業があります．知的資質，道徳的資質については先天的なもの，家庭生活，学校教育で身につけられるものです．一般教養と専門的教育については，作新学院大学経営学部のカリキュラムに体現されています．経験は卒業後の組織人として身に付くものです．

　このような現代性を身につけた理論が資本主義の先進国とはいえ，経営学の歴史においてはアメリカ，ドイツの後塵を拝していたフランスに生まれたことを指摘して本節を終えます．

2 ドラッカーのマネジメント

　ドラッカー(Drucker, P. F. 1909-2005)は，1909年に旧ハンガリー・オーストリア帝国に生まれて，ヨーロッパでジャーナリストとして活躍後，迫りくるナチズムの脅威を嫌いアメリカに渡りました．アメリカではジャーナリストを続けた後，当時の巨大企業，ゼネラル・モーターズ(GM)のコンサルタントとなり，その経験をもとに『会社の概念』(*Concept of the Corporation*, 1946)という本を書きます．その後，長く大学教授として多くの著作を公刊し続けました．彼の活躍した時期は長く，2003年クレアモント大学大学院(Claremont Graduate University)を辞めるまで，実に90歳を超えるまで現職の大学教授を務めたことになります．

　同じハンガリー・オーストリア帝国の出身者に，ドラッカーに決定的な影響を与えた20世紀最高の経済学者のひとりであるシュンペーターがいます．2人は生前に会っていますが，ドラッカーのキーワードである「企業者職能」と「イノベーション」は，ドラッカーがシュンペーターから受け継いだ重要な概念です．ドラッカーはシュンペーター理論の強い影響のもとにあるといえます．

ドラッカーは，1950年代に彼の思想を決定づける2つの著書を表しました。『新しい社会』(*The New Society,* 1950)と『マネジメントの実践』(*The Practice of Management,* 1954)がそれです。前者においては現代社会における企業の役割を取り上げ，後者ではマネジメントの性格を取り上げます。そして『マネジメント』(*Management,* 1974)は後者の改訂版の性格をもち，基本的にはすでに彼の思想は1950年代に完成しているということができます。

(1) 現代社会における企業

ドラッカーは上に述べたように，*The New Society* という本を1950年に書きます。そこでは彼の考える「新しい社会」の内容が明らかにされます。ファッシズムの台頭してくる窮屈なヨーロッパを離れアメリカに渡ったドラッカーは，そこに「自由な産業社会」(Free Industrial Society)を見出します。それは彼にとって，資本主義と社会主義とを超越した新しい社会体制です。アメリカ社会の基盤は大量生産革命(mass-production revolution)による社会の産業化を前提にしており，それはT型フォード1号車(1908年)の製造にその端を発しているとドラッカーは述べます。フォードが導入した機械(オートメーション)は現代社会の象徴的な事例で，たしかに重要な要素なのですが，実際はそのような技術を稼働させる制度としての「現代の大企業」(the modern large enterprise)こそがもっとも重要な要因なのです。

そしてドラッカーは，現代社会の中核である，産業企業(the industrial enterprise)は，自立性をもった制度(an autonomous institution)であると捉えますが，そこでドラッカーは，企業の性格を多様な角度から詳しく取り上げます。すなわち，企業は，

まず，決定的制度(decisive institution)です。大企業は，数は少なくとも影響力は決定的でわれわれの生活に必ずかかわります。そして，その賃金水準は，一国の経済政策の基準となります。

次いで，それは代表的制度(representative institution)です。企業は社会の鏡(society's mirror)，です。

最後に，それは自主的制度(constitutive institution)です。それは自身の法則に従って行動します。したがってそれは社会体制とは無関係です。

そのような性格をもった制度が産業企業(industrial enterprise)なのです。

(以上，*The New Society*, Chap.2)

また違った角度から企業の性格を規定します。

企業(産業企業)は経済的制度(economic institution)です。それは個人的生産ではなく，集団的生産であり，物的・人的に巨額の長期的資本を投下しており，本質的に長期的・未来志向的性格をもちます。

そして政治的制度(governmental institution)です。企業が労働者に職場を提供するところから実質的に労働者の市民権を支配するとともに，企業が内部組織において立法，私法，行政権力を行使します。そして労使の紛争を企業が任務として引き受けます。

また社会的制度(social institution)です。それは，労働者の人間的欲求を充足する制度です。

(以上，*The New Society*, Chap.3)

このように，企業は，資本主義社会における中心的な制度です。企業こそが資本主義経済を成り立たせる原動力なのです。彼がサービス組織という，官庁等の非営利組織もまた，企業の生みだす余剰である税金をその活動の原資としています。企業の活動自体が資本主義を成立させているのですが，言い方を変えれば企業の存在なくしては資本主義社会は成立しないという現実があります。そしてその担い手が経営者であり，マネジメントという用語は，彼ら自身を指すと同時に，彼らの職能自体もまたマネジメントと呼ばれるのです。

(2) 企業者職能：マーケティングとイノベーション[6]

そして彼の企業(business enterprise)観を表す端的な表現があります。すなわち企業は拡大する経済の中でのみ存在でき，静態的な経済のもとでは企業という存在自体ないというのです。すなわち，マーケティングとイノベーションを繰り返して発展していくものが企業なのです。

したがって彼のいう「企業者職能」(entrepreneurial function)は企業の明日を創りだす職能で，それを彼は，マーケティングとイノベーションであると述べています。マーケティングは企業の市場開拓活動，イノベーションは，製品，販路，その他の企業活動における革新です。それらは，トップ・マネジメントが引き受ける職能です。

　彼の理論は，企業の本質的な性格と結びつきます。上に述べたようにドラッカーは企業は拡大経済のなかでのみ意味をもつと強調しますが，したがって，企業の担い手の経営者の企業者職能が重要であるというのです。たとえば「マーケティング」は企業の将来に関連し，「販売」は企業の現在に関連するのです。それが，「売れるものを造る」と「造ったものを売る」との違い，企業者職能と管理者的職能との違いなのです。

　わかりやすく言えば，2011年に亡くなった，アップル社のスティーブ・ジョブズの仕事がそうです。革新は発明ではありません。すなわちジョブズは，すでに社会に存在している汎用コンピューターをパソコンに，ウォークマンをiPodに，パソコンをiPadに，携帯をiPhoneにと，基本的な機能を受け継ぎながら，画期的な新製品を作ることに成功しました。もちろんそれらは発売と同時に市場（顧客）に受け入れられています。事業の目的が，顧客の創造，市場の創造であるところから，ジョブズの仕事は目的を成功裏に達成したことになります。このイノベーションはドラッカーがシュンペーターから受け継いだ最も重要な概念です。常にイノベーションを起こし，市場を創りだすこと，顧客を創りだすことこそが求められているのです。

　ただし，この企業者職能は必ずしも企業者という人物に割り当てられた仕事というわけではありません。本来の企業ないし企業者の基本的な性格と関連しているのです。とくに19世紀の初頭，企業者は危険を顧みず，商品を創ります。

　本人の意図は別にして，それが購入されるか否かの意思決定は市場ないしは顧客にゆだねられています。シャープの薄型テレビは，その生産地の名前をとって，「亀山モデル」として消費者の心をつかみ，爆発的に受け入れられました。しかし，今日のシャープは危機に瀕しています。なぜなら，次のヒット

商品を市場に供給できていないからです。このように企業は不断のイノベーションを行わなければ，市場からの退場すら求められるというのが，資本主義の厳しい現実なのです。

(3) 事業の目的：顧客の創造[7)]

『マネジメント』の訳書では，企業の目的について，それは「顧客を創造すること」(上巻, p. 93)と訳していますが，これは翻訳作業の難しさを表す好例です。この翻訳の企業の原語は，"business" です。ビジネスを企業と訳すと，ドラッカーが多用する，business enterprise をどう訳すかということに直面します。すなわち，ビジネスとエンタープライズを共に企業と訳すと混乱が生じます。

独禁法の改正で，長らく禁止されていた持ち株会社が認められましたが，そこでは「持ち株会社」と「事業会社」との区別が明らかになっています。事業会社とは事業を行う会社，持ち株会社は事業会社の株をもち，支配ないしはコントロールすることを目的とする会社です。したがってこの持ち株会社の性格が本来の企業の性格を表しています。上に指摘したようにドラッカーは『マネジメント』の中で注意深く企業(business enterprise)と事業(business)とを区別していますが，訳書ではその区別があいまいです。

第1章でも述べましたが，企業(enterprise)は企業家(entrepreneur)の活動を制度化したものですからあくまでも経営(managing)の主体です。それに対して，事業(business)は，客体ないしは対象です。この点が明確に区別されなければ論旨が曖昧になります。すなわち，

An entrepreneur is managing a business.

An enterprise is managing a business

となれば関係が明瞭です。

また利潤に関するドラッカーの論理は，読む側に多くの混乱を招いています。彼の論理を文脈に従って追ってみましょう。1954年の *The Practice of Management*(『現代の経営』訳書は自由国民社およびダイヤモンド社から数種)で，

すでに『マネジメント』(1974)と同じ主張をしています。そこでは，事業目的(The Purpose of a Business)を顧客の創造(The creation of a customer, to create a customer)そして市場の創造(The creation of a market)としています。

　ドラッカーが，利潤の極大化の誤りを指摘したところから，日本の経営者のあいだに，企業経営にとって利潤追求の行為は非難されるべきという誤解を招いたとドラッカー自身が述べています。その誤解を解くために1974年の『マネジメント』の序文では，4ページにわたって弁明をしています。彼はそこで利潤が事業(企業)の目的ではなくても，企業が未来に渡って存続するための「必要不可欠のもの」であると強調しています。

　その点を見ていきましょう。彼の否定する「営利主義」は個人的な性格のもので，それは顧客の創造を目的とする事業(企業)とは無関係なものであるとして，この営利主義は利潤極大化を意味していると述べます。しかし利潤は先にも述べたように「必要不可欠」のものなのです。彼は利潤は事業の客観的必要物であると述べています。そしてそれは，とくに事業を継続していくための費用であるという考え方です。利潤が得られなければ，企業は倒産の危機に瀕します。利潤が得られて初めて企業は存続発展できるのです。

(4) 企業と利潤[8]

　彼は極大利潤ではなく，必要最低利潤(required minimum profit)としての適正利潤(adequate profit)は企業目的となりうると述べています。利潤は事業遂行の成果・成績の唯一の判定者なのです。すなわち，黒字ならば成功であるし，赤字ならば失敗なのです。そして利潤は企業というものに関連して意義づけられます。企業は，拡大経済の中でしか意味をもたないとドラッカーは述べましたが，企業の概念は利潤を上げ続けるという前提で考えられています。

　しかもそれは不確実性の中にありますし，常にリスクを負担する者なのです。そして，それは不確実性のリスクに備える保険料という考え方です。企業はもともと英語では，undertakerであり，enterpriseは，フランスから借りてきたものです。このアンダーテーカーは何かを引き受けるものですが，そこで引

き受けるものの本質はリスクすなわち危険です。危険負担を行いながら企業の発展・成功を模索するのが企業者ですからそれは，risktaker でもあるのです。

　企業が継続的に事業を続けられるのは，利潤があるからです。それなくしては企業は倒産して事業継続自体が不可能になります。また利潤は，企業のイノベーションを可能とします。たとえば莫大な研究開発投資ができるのは，利潤獲得能力がある企業のみです。そうすることによって企業は拡大することができ，そのためのさらなる利潤が将来必要となる資本の供給をもたらすのです。

(5) ドラッカー理論のわが国での受容

　アメリカでよりも日本で評価の高いドラッカーですが，彼の亡くなった今，われわれはどのように評価すればよいでしょうか？『もし高校野球の女子マネージャーがドラッカーの「マネジメント」を読んだら』が 250 万部をこえる売り上げを示し，それが映画，アニメとなって，文字通り高校生にまで広くドラッカーの名前が知られるようになりました。もちろんその著者が，きっちりとドラッカーの著作を読んでいるとは思われません。

　ドラッカー理論のキーワードである「マーケティング」と「イノベーション」という「企業者職能」を忠実に実行して成功を収めたのは，ドラッカーの翻訳をほぼ独占してきた出版社のダイヤモンド社だということができます。ダイヤモンド社の有能な編集者が，この本をその著者に書かせたのです。

　ただし，アメリカ経営学の中では，それほど評価の高くないドラッカーが，何故，日本でもっとも有名な経営学者となったのかは興味深い事実です。それはひとりの日本の若き経営幹部候補生の役割が決定的でした。

　1956 年の『現代の経営』(*The Practice of Management*)の翻訳(現代経営研究会訳，自由国民社)の訳者あとがきには，このような文章があります。「この本こそ日本に紹介さるべき本である―このような考えが最初に持たれたのは，訳者らの 1 人がイリノイ大学に留学していた間のことである。帰国に際して彼はパーカーの万年筆の代わりに，本書を半ダース求めて帰り，訳者らの勤務先キリンビール株式会社の社長以下幹部の方々に対する土産物とした」(同訳書：

299)のです。当時の日本経済を背負う若き幹部候補生の意気を感じさせます。そして同訳書には、当時の最大の影響力をもつ経営者団体である、経済団体連合会(経団連)会長、石坂泰三が序文を寄せ、すでにその出発点から成功が約束されていたのです。

ドラッカーは多くの著作を残していますが、上の展開から明らかなように、私が着目するのは1950年の『新しい社会と新しい経営』、と1954年の『現代の経営』です。1974年の『マネジメント』は後者の改訂版の性格を持ち、そこでの基本的な考えは、すでに1954年に出来上がっているのです。彼は2005年に生涯を閉じるまで日本経済の発展とともに生き、その担い手である大企業経営者・管理者に寄り添い、わが国経済の戦後復興から高度成長、そしてオイルショック後の低成長の時期に至ってもまだわが国の経営を礼賛し続け、それを支える人びとの信頼を最後まで得たという意味でわが国にとって大きな役割を果たした学者であるということができます。

ちなみに、ドラッカーが長く教授を務めたクレアモント大学院大学は現在もピーター・ドラッカー＆マサトシ・イトウ経営大学院(Drucker, P. F. & Masatoshi Ito Graduate School of Management)と命名されているように、イトーヨーカドーの創業者の援助があり、その名前を冠しています。

さて、以上ファヨールとドラッカーのマネジメントを取り上げました。今までの経営学教科書で、この両者を並行して取り上げたものはありません。しかしこの両者を取り上げるのには意味があります。

ドラッカーは、その生涯、ジャーナリスト、コンサルタント、大学教授であって企業経営者ではありませんでした。しかし常に経営者、管理者と問題意識を共有し、また彼らの思考をリードしてきたのです。ファヨールは文字通り生涯、管理者、経営者として彼の管理、経営対象を観察してきました。

したがって両者は、徹底して現場を観察して経営者管理者の固有の職能、マネジメントを浮き彫りにし、彼らの指針となるような形で明確に提示したという点で共通点があります。両者の提起した論点を深化させることによってマネジメント理論の発展もあるものと思われます。

第 4 章　マネジメントの理論　87

〔設問〕
1. ファヨールの管理の5つの要素をあげ，おのおのにつき簡潔に述べなさい。
2. ファヨールの6種の企業における職能について述べなさい。
3. ドラッカーは企業をどのような制度といっているか述べなさい。
4. ドラッカーの企業者職能について述べなさい。

(日高定昭)

注

1) *Administration industrielle et générale*, partie1, chap. 1.
2) *ibid.*, partie1, chap. 2.
3) *ibid.*, partie1, chap. 3.
4) *ibid.*, partie2, chap. 4.
5) *The New Society, chap. 3.*
6) *The Practice of Management*, chap. 6. 1954.
7) *ibid.*, chap. 6, 1973, 1974.
8) *The New Society*, chap. 4.

参考文献

Drucker, P. F.（1950）*The New Society*.（現代経営研究会訳 1957『新しい社会と新しい経営』ダイヤモンド社）

Drucker, P. F.（1954）*The Practice of Management*, Harper & Row, Publishers, Inc.（現代経営研究会訳 1956『現代の経営』上巻，自由国民社）

Drucker, P. F.（1973, 1974）*Management: Tasks, Responsibilities, Practices,* Harper & Row, Publishers, Inc.（野田一夫・村上恒夫監訳，1974『マネジメント』ダイヤモンド社）

Fayol, H.（1916）*Administration industrielle et générale*, Bulletin de la Societe de l' Industrie Minerale, 3e livraison de 1916.

Fayol, H.（1917）*Administration industrielle et générale,* Dunod.（山本安次郎訳，1993『産業ならびに一般の管理』ダイヤモンド社）

Koontz, H. ed.（1964）*Toward a Unified Theory of Management,* McGraw-Hill.（鈴木英寿訳，1968『経営の統一理論』ダイヤモンド社）

追記

　ファヨールの著作は，1916年に，論文として，1917年に，著作として出版されました。
　そしてそれは，ヨーロッパにおいては，1925年に英語訳が，そして1947年にアメリカにおいて，英語訳が出版されて，アメリカ経営学の原型がフランスにあったことが驚きをもって受け止められました。すなわち，あまりにも有名なテイラーの『科学的管理』は経営の科学ではなく作業の科学に過ぎず，トップマネジメントの立場からする経営管理の理

論としては，ファヨールの著作が最初の試みだったのです。

　ドラッカーは，多くの著作を表し，そのほとんどが翻訳されています。『マネジメント』に関しては，抄訳が出ていますが，できれば全訳を入手して，また可能ならば英語の原著（翻訳よりはるかに安い）と対比して読むのが望ましいと思います。また，①と②を合わせ読めばドラッカーの経営思想の基本的なところが理解できます。

第5章　グローバル化と現代のものづくり

1 大手家電メーカーの現状

(1) 大手家電メーカーの「追い出し部屋」

　2012年大晦日の朝日新聞(朝刊)1面には,「配属先は『追い出し部屋』」という, 大手家電メーカーの現状に関する衝撃的な記事が掲載されていました。大手家電メーカーA社のグループ企業には, 社員たちが「追い出し部屋」と呼ぶ部屋があり, ここに正社員113人がさまざまな部署から集められているというのです。仕事は他の部署の応援(製品の梱包等の単純作業)ですが, 応援要請がないと, 古い机とパソコンだけが並ぶがらんとした部屋で, ひたすら終業時間を待つしかないというのです。ある女性は, 上司に「今の部署に君の仕事はない」といわれ, 希望退職するかあるいは「事業・人材強化センター(略称: BHC)」へ移動することを迫られたそうです。そして, 希望退職を拒否した結果, BHCへ移動になったとのことです。会社は, 退職を強要するものではなく, それは受けとめ方の違いであると説明していますが, 強制的に退職させることが法律上できないことから, 社員たちは「余剰人員を集めて辞めるように仕向ける狙い」ではないかと受けとめています。BHCという組織は, A社のグループ企業2社に存在しており, この部署には計449名もの人びとが在籍しているというのです。

　しかもこの中には, 就職氷河期を勝ち抜き, 日本を代表する家電メーカーA社への就職を果たした30代の人たちも含まれているようです。そして,「キャリアステーション室」「プロジェクト支援センター」等名称は異なりますが, このような「退職部屋」は, 大手家電メーカーのB社やC社にもあるというのです。[1)]

　こうした厳しい現実は, 日本の大手家電メーカーのみならず, 日本経済の現

状を象徴的に示すものとみることができます。今や学生たちは，厳しい競争を勝ち抜いて大手企業に就職したとしても，一生安泰とはいえなくなってしまいました。特に大手家電メーカーの業績は，新興国の追い上げを受けて惨憺たる状況にあります。

なぜこのようなことになってしまったのでしょうか。これは一言でいえば，ものづくりのグローバル化と，製品のデジタル化・モジュール化の結果であるということができます。そこで本章では，デジタル化・モジュール化が家電業界の構造をどのように変えてしまったのかを，具体的にみていきたいと思います。

(2) 大赤字の日本の家電3社

日本を代表する大手家電3社，シャープ，パナソニック，ソニーは，2011年度決算において，それぞれ-3,760億円，-7,722億円，-4,567億円という，過去最大の赤字に陥りました。しかも，翌2012年度においても，シャープは前年を大きく上回る-5,453億円の赤字を出し，企業の存続さえ危ぶまれる事態

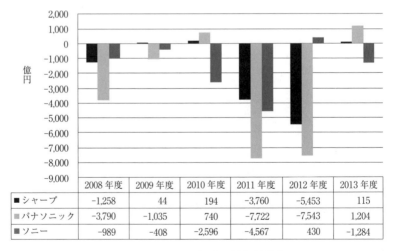

図5-1　家電大手3社の純損益推移

出所）各社のアニュアルレポートの数値に基づき，筆者作成。

となりました。パナソニックは前年より少し改善したとはいえ，シャープを大幅に上回る 7,543 億円もの赤字を出しました。参考に，家電大手 3 社の最近の純損益の推移を図 5-1 に示します。

80 年代以降，日本経済の二本柱のひとつとして，自動車とともに日本を支えてきた電機産業が大赤字に陥ったことによって，日本経済は深刻な不況にあえいでいます。先の「追い出し部屋」報道によって，朝日新聞社にはその後同様の情報が次々と寄せられるようになり，「追い出し部屋」は家電大手だけではなく，それ以外の企業にも広がっていることが判明しました[2]。そしてその後，このような状況を憂慮した厚生労働省が，2012 年 12 月 31 日付朝日新聞の記事に掲載されていた企業に対して聞き取り調査を行い，実態を調べ始めたことも明らかになりました[3]。

家電大手を中心に，日本の電機メーカーは壊滅的な状態に陥り，日本経済を

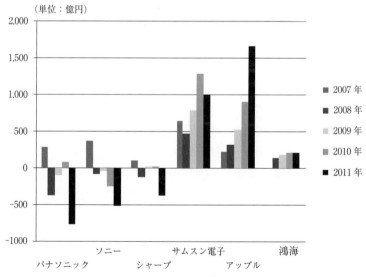

図 5-2　デジタル家電関連各社の損益比較
出所）安藤茂彌（2012）「シリコンバレーで考える　パナソニック，ソニー，シャープの再建には社長の豹変が必要だ」DIAMOND online ウェブページより。
http://diamond.jp/articles/-/19888?page=2（2013 年 2 月 8 日閲覧）

も揺るがす事態に発展しましたが，国際的にみると世界の電機メーカーがすべてこのような状態に陥ってしまったわけではありません。図5-2は，パナソニック，ソニー，シャープ，サムスン電子(韓国)，アップル(米国)，鴻海精密工業(台湾)の2007年〜2011年までの損益を，円換算で比較したものです。日本の家電大手が壊滅的な打撃を受けた一方で，たとえばアップルやサムスン電子等は，厳しい国際競争の中で多少の違いはあるとはいえ，着実に利益を出し続けているのです。

❷ ものづくりのグローバル化

(1) iPhone等アップル製品はどのようにつくられているのか

　ものづくりの環境は，この20年程で大きく変わりました。そこでまず，みなさんのなかでかなり多くの人がもっていると考えられる，今大人気のアップル製品，iPhone，iPadが，どのようにしてつくられているかをみてみたいと思います。

　実はアップルは，iPhone，iPadの企画・開発は行っていますが，生産は行っていません。アップルは，生産を台湾の鴻海精密工業等電子機器受託製造サービス会社(略称：EMS)に委託しているのです。では，アップル製品の大半を受注している鴻海精密工業は，台湾で生産を行っているのかというと，実はそうではありません。台湾は既に経済が発展し賃金がかなり高くなっていることから，鴻海は労働力が豊富で賃金も安い中国で，鴻海グループの子会社フォックスコン(Foxconn，中国名：富士康)に生産をさせているのです(図5-3参照)。また，フォックスコンの中国国内の工場も，当初は沿海部にありましたが，沿海部の経済発展による賃金の上昇と労働力不足にともない，最近では新たな工場は，労働力が豊富でまだ賃金の安い内陸部に建設されています。では，iPhone，iPadの部品も，すべて中国製かというと，これも必ずしもそうではなく，その中心を占めるのは日本企業と韓国企業が生産した部品となっています。こうしてアップルは，自ら企画した製品を，国際的に最適と考えられる地域の部品

第5章 グローバル化と現代のものづくり 93

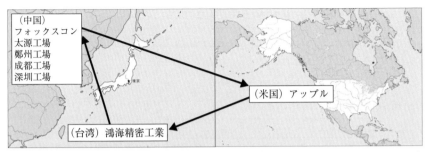

注）これは iPhone, iPad 生産の主たる企業間関係を示した概念図であり、アップルは最大の生産委託先である鴻海精密工業の他、他の台湾企業にも若干生産委託を行っている。また鴻海精密工業は、ブラジル工場でも受託生産を行っている。

図 5-3 アップルの iPhone, iPad 生産の概念図

出所）筆者作成。

表 5-1 フォックスコン（Foxconn）の中国におけるアップル製品生産工場の概要

工場名	主要製品	従業員数
深圳工場	金型, iPhone, iPad 等	30万人
鄭州工場	iPhone	30万人
成都工場	iPad	15万人
太源工場	iPhone	10万人

注）その他、煙台、重慶、崑山にも、他社のゲーム機やパソコンを生産する工場がある。

出所）『日本経済新聞』2012 年 12 月 31 日付に基づき筆者作成。

と企業を活用して製造し、自ら販売とマーケティングを行っているのです（図 5-3 および表 5-1・5-2 参照）。

なお、厳密には、アップルは iPhone, iPad の生産において、図 5-3 の（注）にも示したように、最大の生産委託先である鴻海精密工業の他に、別の台湾企業にも若干生産委託を行っています。また鴻海精密工業は、ブラジル工場でも受託生産を行っています。しかし、アップルの主たる生産委託先は、あくまで鴻海精密工業であり、実際の生産の中心地は中国となっています。

このように、現代のものづくりは非常にグローバル化しています。そして、

表 5-2　iPhone 5 に使用されている日本製部品

日本製部品	メーカー
タッチ式パネル	ジャパンディスプレイ
裏面照射型 CMOS 画像センサー	ソニー
電子コンパス	旭化成
NAND 型フラッシュメモリー	東芝
DRAM メモリー	エルピーダメモリ
水晶振動子	セイコーエプソン
無線 LAN・ブルートゥース通信モジュール	村田製作所
部品を固定する樹脂製基板	イビデン
リチウムイオン充電池	ソニー

注）電子機器の解体と分析を行うフォーマルハウトテクノソリューションズの柏尾南社が，ソフトバンクで購入したiPhone5を分解して調査した結果。
出所）『朝日新聞』2012年10月6日付より。

　現代のヒット商品は，何よりも各国の強み，各企業の強みをうまく結び付ける形でつくりあげられているのです。一方，日本の家電大手3社の大赤字の原因は，薄型テレビの価格の急落と売上の減少によるものですが，シャープやパナソニックは，製品の企画，開発から生産，販売，マーケティングまでを，すべて自社と自社のグループ企業で行っていました。これでは，世界各国・世界各社の強みを組み合せたものづくりには勝てません。

　ただし，日本の家電大手も，工場を中国に積極的に移転した時期があります。しかし，中国では従業員が少しでも待遇のよい企業があると転職してしまうため，企業秘密が簡単に漏れてしまいます。そこで2000年代に入ると，新たに先進的な工場を建設する際には，中国ではなくあえて国内に建設することとし，技術のブラックボックス化（秘密にして技術が外部に漏れないようにすること）を図るようになったのです。しかし企業秘密は，さまざまなルートで韓国企業等に漏れてしまい，長く技術的先進性を維持することはできませんでした。結局，日本企業による企業秘密のブラックボックス化という「引きこもり戦略」は，ものづくりの急速なグローバル化のなかで，失敗に終わってしまったのです。

第5章　グローバル化と現代のものづくり　95

　日本企業の「ブラックボックス戦略」の象徴とされるシャープ亀山工場（三重県）の建設が始まった2002年当時，サムスン電子のある幹部は「これでシャープに勝てるかもしれない」と語っていたそうです。サムスンは，当時シャープが海外生産に乗り出すことを恐れていました。画質のよい液晶パネルを中国で安く製造され，新興国の店頭に安くて品質のよい液晶テレビを並べられたら勝ち目がないからです。しかし，亀山に引きこもるなら勝てるかもしれないと思ったというのです。

(2) グローバル化による大競争(メガ・コンペティション) 時代の到来

　では，日本の家電大手の大赤字の原因のひとつである生産のグローバル化は，いつ頃からどのようにして進展したのでしょうか。本格的なグローバル化は，90年代に入って社会主義国が次々と崩壊し，それらの国々が市場経済に参入したことに始まります。その端緒となったのは，89年のベルリンの壁の崩壊でした。その後，資本主義の盟主であるアメリカに対抗して，社会主義の盟主として国民生活を犠牲にしながら核兵器による軍拡競争を続けてきたソ連が，91年に崩壊した結果，ソ連の影響下にあった国々が次々と社会主義を捨てて市場経済に参入することになりました。また，このような社会主義国の崩壊に危機感を抱いて，政治的には共産主義体制を維持しながらも，経済面で市場経済を導入する中国やベトナムのような国も現れました。

　それまで社会主義の国々は，原則として同じ社会主義の国としか取引を行っていませんでした。つまり，世界は資本主義経済圏と社会主義経済圏に2分されていたのです。ところが，多くの社会主義国が資本主義国と同じ市場経済に参入した結果，ひとつの巨大な世界市場が誕生したのです。「グローバル」のもとになる「グローブ」という言葉は，「地球」を意味します。経済のグローバル化とは，資本主義的市場経済によって，地球がひとつになったという意味です。確かに，まだ北朝鮮やキューバのように，旧来の社会主義的な経済体制を維持している国もありますが，それはごくわずかとなりました。

　ところで，新たに市場経済に参入した国々は，まだ経済が十分に発展してい

なかったために，為替レート（自国通貨の他国の通貨との交換比率）も賃金水準も低く，自国で生産した製品を低価格で輸出するにはきわめて有利な状況にありました。そのため，わが国にもあまり高度な技術を必要としない繊維等の軽工業製品が，中国等旧社会主義国から非常に安い価格で流入し，わが国の同種産業に大打撃を与えました。当時中国の賃金は，日本の20分の1ともいわれており，このような低賃金でつくられた製品と日本企業は競争しなければなりませんでした。ヨーロッパでも，西ヨーロッパの先進国に，新たに市場経済に参入した東ヨーロッパの国々から低価格品が流入し，西ヨーロッパ諸国の企業も厳しい状況に追い込まれました。

こうして，多くの社会主義国が市場経済に参入した結果，資本主義国の企業と社会主義国の企業とが，世界市場で入り乱れて激しく競い合う「大競争（メガ・コンペティション）時代」が到来することになったのです。

(3) 円高とIT化によるものづくりのグローバル化の進展

90年代に入ってバブル経済がはじけ，日本経済が不況に突入するなか，し

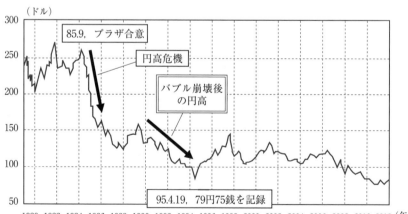

図5-4　円・ドル為替相場の長期推移

出所）日本銀行　時系列統計データ検索サイトにより筆者作図後加筆。
http://www.stat-search.boj.or.jp/ssi/cgi-bin/famecgi2?cgi=$graphwnd（2013年2月4日閲覧）

だいに円高が進んだことは，企業に大きな打撃をあたえました。95年には，円は1ドル80円を割り込み，ついに79円という過去最高の円高を記録しました（図5-4参照）。円高によって輸出採算性が悪化するなかで，企業はさまざまなコスト削減策に取り組みましたが，急激な円高のために，国内工場の合理化だけでは，輸出採算性を回復させることはできませんでした。そこで，特にこの時期中国に工場を建設して，比較的低付加価値の大量生産品の生産を，国内工場から中国工場に移転する企業が増加しました（図5-5参照）。その結果，国内工場が閉鎖されたり，生産規模が縮小されたために，「国内産業空洞化」の危機が叫ばれるようになりました。こうして，工場の海外進出によって，国内の雇用縮小が危惧されることになったのです。

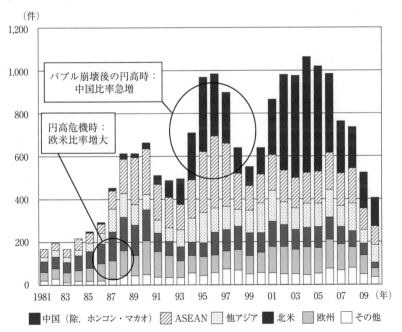

注）ASEANは現在のASEAN加盟10カ国で集計

図5-5　年次別・地域別日本企業の海外進出件数推移

出所）「東洋経済・海外進出企業調査　進出年次現地法人数推移」東洋経済ウェブページより（一部加筆）。http://www.toyokeizai.net/ad/kaigaidata/Summary2011/index.html　（2013年2月12日閲覧）

なお，企業の海外進出は，1985年のプラザ合意後の円高危機の段階から増加しはじめましたが，当時は円高によって主な輸出先であった欧米への輸出が難しくなったことから，欧米工場の生産能力を拡大したり，欧米に工場を新設するケースが多く，東南アジアへの工場移転も，そこから主に米国市場等をねらうためのものでした。

　また，2000年代に入って再び企業の中国進出が増加していますが，その目的はかつての中国を生産基地(世界の工場)と考えるものから，豊かになってきた中国の巨大な市場を確保するものへと変わってきています。

　ところで，この時期工場の海外移転を促進させたもうひとつの要因として，IT化の進展をあげることができます。特に，マイクロソフト社によるウィンドウズ95(Windows95)の発売(1995年)を契機に，海外とも電子メールによって低コストで簡単にやり取りができるようになったことは，通信面での日本企業の海外進出の障害を取り除きました。

　バブル経済崩壊後の長期にわたる経済低迷のなかで，中国製の低価格衣料の販売によって急成長した企業に，ファーストリテイリング(ユニクロ)があります。同社は製造小売業といわれ，自ら衣料品の企画・製造に関わるとともに，中国の製造委託先に日本で採用した熟練労働者を派遣して，低価格にもかかわらず一定の品質をもつファッション性豊かな商品を生産し，これらを輸入・販売して人気を博しました。2001年7月14日付『朝日新聞』には，このユニクロのIT活用事例が「ユニクロ　高速通信，品質制す(膨張する中国)」とのタイトルで紹介されています。中国上海の浦東新区にある同社の上海事務所には，中国の85の委託工場と2事務所，日本の本部と518の店舗を結ぶネットワークのサーバーが設置されており，店頭での売れ行きや工場の受発注，生産の進み具合等に関する電子メールが，毎日数百本飛び交っていたといいます。またユニクロでは，次のように電子メールを生産の改善と品質向上にも活用していました。ある日，中国浙江省の工場に，ユニクロの本部から1通のメールが届きました。それは「商品のボタンが取れていた」という店舗からの指摘でした。そのメールには，証拠となるデジタルカメラの画像も添付されていました。そ

こで，製造委託先の総経理(社長)は，すぐに経営幹部を呼び集めて検討し，1時間後には従来3回だった検査回数を4回に増やすとともに，その日のうちに6人ほどの検品スタッフを張り付けました。[6]

このように，IT化の進展によって，海外工場とも国内工場同様低コストで迅速にやり取りできるようになったことが，ものづくりのグローバル化を急速に推し進めていきました。

(4) 世界のものづくり環境のさらなる変容

世界のものづくり環境は，2000年前後からさらに大きく変化しました。この構造変化は，製品と市場の両面で起こりました。

まず，製品面での変化は，製品のデジタル化の進展です。すなわち，部品と部品のインターフェース(部品間で情報をやり取りするための規格)が標準化され，部品を相互に組み合わせるだけで完成する(モジュール化)製品が増加しました。また，3次元CAD(コンピュータによる設計)が普及し，これとコンピュータ化された製造機械とを連動させることによって，アジアの新興国でも，高度な機械を導入すれば一定品質の製品が生産できるようになりました。こうして，新興国の技術水準が急速に向上したため，ものづくりの付加価値が急激に低下するという現象が生まれました。図5-6は付加価値の高い工程と低い工程に関するアンケート調査の結果ですが，2012年の調査時点ですでに「組立」の付加価値はかなり低くなっており，今後さらに低くなることが予想されています。

他方，市場の変化としては，新興国の経済発展によって，世界市場における新興国市場の比重が急速に高まったことがあげられます。図5-7は世界の自動車販売台数に占める新興国市場の割合ですが，この20年で新興国の占める割合が，かつての約1割から約5割へと増大したことを示しています。この傾向は，家電製品についても同様です。その結果，先進国市場とは異なり，低価格品の開発や各国・各地域の嗜好に合った製品の開発が，企業にとってより重要性を持つようになったのです。[7]

わが国の家電大手3社が急速に業績を悪化させたのは，このような製品と市

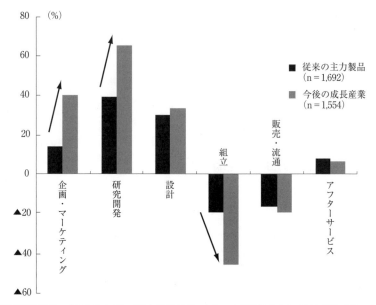

注）経済産業省調べ（2012年2月）。「付加価値が高い」という回答割合から「付加価値が低い」という回答割合を差し引いたもの。

図5-6　付加価値が高い・低いと考えられる工程

出所）経済産業省・厚生労働省・文部科学省編（2012：53）

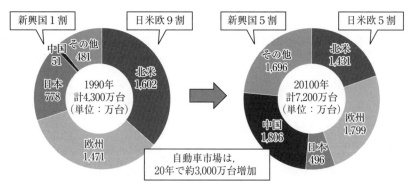

図5-7　自動車世界販売台数の変化（1990年→2010年）

出所）経済産業省・厚生労働省・文部科学省編（2012：84）

場の両面における急激な構造変化に巻き込まれたにもかかわらず，その対応が遅れてしまったためでした。

3 垂直統合から水平分業へ

(1) 垂直統合と水平分業

「垂直統合」とは，研究開発から生産までを，自社または自社のグループ企業で行うものづくりの形態です。この場合には，自社のもつコア技術をもとに製品を企画するのが一般的です。一方「水平分業」とは，ものづくりの各工程を複数企業で分担する形態です。この場合には，アップルのように製品企画がまず先にあって，必要な技術を外から探してくるケースも多いようです。また垂直統合は，ものづくりが国内で行われることが多く，水平分業の場合には，ものづくりの各工程を国際分業の形で行うことが多いという特徴があります。

すでにみたように，ものづくりの形態，あるいはものづくりのビジネスモデルは，電機産業においては，かつての垂直統合から水平分業へとその主流が移行してきました。

(2) 垂直統合から水平分業への移行過程

1980年代後半までは，ものづくりの各工程を，すべて自社のまたは自社のグループ企業で行う垂直統合型の形態（ビジネスモデル）が一般的でした（図5-8参照）。図5-8では，ものづくりの概念を少し広くとって，マーケティング・ブランディング，R&D（研究開発），生産の3段階に区分していますが，以前はこれらすべてを，自社または自社のグループ企業で行っていたのです。このような形態を，「フルセット主義」ともいいます。しかし，1990年代に入ると，EMS（電子機器製造サービス，鴻海精密工業はその代表的企業）に生産の一部を委託するケースが出始めました。当時生産委託の対象となったのは，あまり高度なデザインを必要としないビジネス用のパソコン等でした。その目的は，設備投資を抑えて，EMSを需要変動の調節弁として利用しようとするものでした。

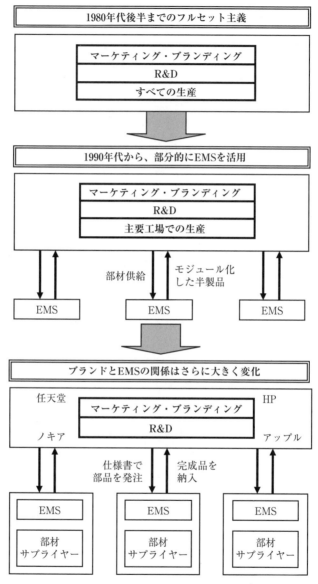

図 5-8　垂直統合から水平分業への移行過程

出所）『週刊東洋経済』(2007：62)

この時メーカーは、生産に必要な部材(部品や材料)を供給することで、EMSからの納入価格をコントロールしていました。

90年代後半に入ると、EMSは担当する分野を徐々に拡大し、デザイン性が高く難加工が必要なデジタル家電も手がけるようになりました。このような状況のもとで、R&Dとマーケティングに特化し、自らの生産拠点を売却して、ほぼすべての生産をEMSに委託するメーカーも現れました。そのようなメーカーが、EMSを競わせてコスト低減を図る一方、EMSは試作・部品調達・物流・R&D等の能力をしだいに高めていきました。こうして最近では、開発から販売までを、すべてEMSが担う「ノータッチ品」と呼ばれる製品さえ出現するようになっています。[8]

(3) デジタル家電の勝者と敗者

先に掲げた図5-2は、パナソニック、ソニー、シャープ、サムスン電子、アップル、鴻海精密工業の過去5年間の損益を、円換算で比較したものでしたが、これらデジタル家電業界の6社を「勝ち組」と「負け組み」に分類すると、アップル、サムスン、鴻海は「勝ち組」、パナソニック、ソニー、シャープは「負け組」とみることができます。安藤茂彌は、この6社を推計にもとづき、垂直統合度と海外生産比率という観点から比較しています(表5-3参照)。これによると、「勝ち組」のアップルと鴻海の垂直統合度が0%となっていることが注目されます。つまりこのことは、両社が水平分業に基づくものづくりを行っているということを示しています。一方「負け組」のシャープとパナソニックの垂直統合度は、それぞれ89%、69%と高い数値を示しており、デジタル家電業界の勝ち負けに、垂直統合か水平分業かが大きな影響を与えていることが分かります。とはいえ、勝ち組のサムスンの垂直統合度は90%とパナソニックやシャープよりも高くなっています。しかし、サムスンの海外売上比率が、パナソニックとシャープの47%、52%よりも高い83%であることも考慮に入れなければなりません。海外売上比率が高いということは、国内需要が急減しても、ある程度耐えることができるということを意味します。しかもサムスンの

場合には，韓国通貨ウォンの為替相場が安く，輸出に有利だったことも考慮に入れる必要があります。

表 5-3　デジタル家電関連各社の垂直統合度・海外売上比率

	パナソニック	ソニー	シャープ	サムスン	アップル	鴻海精密
垂直統合度	69%	28%	89%	90%	0%	0%
海外売上比率	47%	70%	52%	83%	61%	100%

注）垂直統合度については，生産の地域別分布を参考に推計したもの。
出所）安藤（2012）「シリコンバレーで考える　パナソニック，ソニー，シャープの再建には社長の豹変が必要だ」より抜粋。DIAMOND online ウェブページ。http://diamond.jp/articles/-/19888?page=5（2013年2月8日閲覧）

　一方，日本の家電大手の垂直統合度は，今回の経営悪化の直接的な原因となった薄型テレビに限定すれば，さらに高くなります。それゆえ，グローバル化時代においては，海外のものづくりに最適な国・地域に立地する最適な企業と協力関係を結ぶ企業の方が，自社や自社のグループ企業だけでものづくりを完結しようとする企業よりも有利になることは明らかです。

(4) アップルは水平分業か

　アップルの社内組織は，企画・設計・販売管理しか存在せず，生産を外部に委託していることから，アップルのものづくり形態（ビジネスモデル）は，水平分業である，とみるのが一般的です。しかし，アップルのものづくりの形態は，水平分業ではなく垂直統合である主張する人もいます。延岡健太郎は，「アップルは基本ソフト（OS）とCPU（中央演算処理装置）を独自設計する垂直統合型で，商品全体は完璧なデザインや統合性を目指した擦り合わせ型だ。まさに日本企業が批判されてきた垂直統合や擦り合わせを駆使した高度なものづくりである。違うのは，アップルはそれにより大きな意味的価値を創出している点だ。委託先企業での品質を厳しく管理し，顧客が喜ぶ価値を実現している」と述べています。また麻倉怜士は，「水平分業が重要などと言われていますが，大間違いです。水平分業すればするほど特徴がなくなります。みんな同じようなものに

なり，差別は値段ばかり。日本メーカーがさらにダメになる方向です。実際に水平分業で成功しているメーカーなんかどこにもありません」「アップルは水平分業などと言われていますが，デザインなどコアは全部自社で，製造だけを外に出しています。それが一番あるべき姿なのです」「これからの垂直統合は，知識を中に持って手足は外にあるということです。ほかにない技術や発想，切り口を自社内に持たないといけません」「根本を自分でもつことが重要なのです」と述べています。[12]

　『週刊ダイヤモンド』2012年10月6日号の記事でも，アップルの高性能・高機能で革新的なものづくりを可能にしている理由は，やはり「垂直統合のものづくり構造」にあると述べています。なぜなら，製品開発はもちろん，CPUもOSも独自の技術を使用しているからだというのです。しかし，このような説明だけでは，垂直統合を中心とした日本の電機メーカーが失敗した理由を説明できません。そこで同誌は，さらにiPhoneのビジネスモデルを具体的に分析したうえで，アップルの場合には「単純な垂直統合ではなく，垂直統合の中に巧みに水平分業を持ち込んでいる」と結論づけています。つまり，アップルは製造工程を完全に外に出していますが，製造委託先が生み出す品質については徹底的に管理している点を指摘しています。そしてアップルは，高度なデザインや高い品質を実現するために，最新工作機械を自ら購入して製造委託先に貸し出しており，そのための設備投資額は約5500億円と，ソニーの2012年の設備投資額2100億円をはるかに上回っていることをあげています。[13]

　このようにみてくると，あまりデザイン性を求められないビジネス用パソコン等は別として，高品質で高いデザイン性を有する高付加価値品を生みだす製品づくりのためには，垂直統合に水平分業をうまく組み合わせることが重要であると理解できます。

4 デジタル化・モジュール化と製品のコモディティ化

(1) デジタル家電の価格急落

　今日の家電製品は，デジタル技術が応用されていることから，デジタル家電と呼ばれています。テレビ放送のデジタル化に伴い，テレビは従来のブラウン管を使ったアナログ式のテレビから，液晶パネル等を使った薄型のデジタルテレビに変わりました。テレビ番組等の録画再生装置も，カセット式のビデオテープを使うアナログ式のVHSから，ハードディスクやDVDを使って録画再生を行うデジタルレコーダーに変わりました。またカメラも，従来のフィルムを使うアナログ式のカメラから，メモリーに映像を保存するデジタルカメラに変わりました。この薄型テレビ，HDD・DVDレコーダー，デジタルカメラは，デジタル家電の代表とされています。これらは当初，日本経済を牽引する

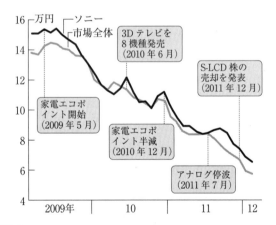

注）・BCN調べ。
　　・S-LCDとは，ソニーが韓国サムスン電子との合弁で展開していた液晶パネル会社。

図5-9　37～40型薄型テレビの価格推移

出所）日本経済新聞電子版 (2012)「家電業界が挑む『コモディティー化』という怪物，価格の"半減期"は3年」4月15日，より。
　　　http://www.nikkei.com/article/DGXNASFK1303Q_T10C12A4000000/
　　　（2013年2月10日閲覧）

新製品として期待されていましたが，多くの企業が相次いで参入した結果，価格が急速に低下し，これらの製品を主力とする企業の業績は目に見えて悪化していきました。現在では，デジタルカメラが一眼レフ分野においてようやく一定の利益率を確保できているにすぎません。

　図5-9は薄型テレビの価格下落を示したものです。ソニーの売れ筋商品だった40型液晶テレビの平均単価は，2009年に15万1,100円だったものが，2012年2月には6万5,500円と半額以下に低下してしまいました。ソニーのテレビは，他社製品と同等かそれ以上の価格を維持してきましたが，それでもつるべ落としのような価格急落からは逃れることはできませんでした。このような現象を「コモディティ化」と呼びます。[14]

(2) デジタル家電のコモディティ化とその要因

　「コモディティ化」とは，高価だった商品が低価格化して日用品化するといった意味ですが，延岡健太郎らは，これを次のようにより厳格に定義しています。「参入企業が増加し，商品の差別化が困難になり，価格競争の結果，企業が利益を上げられないほどに価格低下すること」。[15]

　では，なぜデジタル家電は，価格がこのように急激に低下してしまったのでしょうか。デジタル家電は半導体のかたまりであり，デジタル化とは「半導体化」であると言い換えることもできます。半導体は，「ムーアの法則」のとおり，[16] その集積度が急速に高まり，計算量当たりのコストは40年で1億分の1になりました。半導体の性能が上がるにつれて，デジタル化のコストも急速に低下し，従来の微妙な職人芸はデジタル信号に置き換えられて，さまざまな家電の機能が応用ソフトウェアの違いに解消されていきました。しかもデジタル家電は，部品と部品のインターフェースが標準化されている（モジュール化）ことが多いことから，半導体といくつかの部品があれば誰でも組み立てられます。しかも，デジタル家電は性能が半導体等のキーデバイスによって決まってしまうため，差別化が難しい商品となってしまったのです。[17]

　また，デジタル家電市場は基本的にアナログ時代の商品の置き換えにすぎず，

新たな市場を生み出しているわけではないため、製品の置き換えがほぼ完了し市場が成熟してくると、価格が急速に低下してしまうという問題もかかえていました。[18] それゆえ、シャープとパナソニックは薄型テレビに社運をかけ、プラズマディスプレイパネルや液晶パネルを生産する工場の建設に巨額の費用を投じましたが、デジタル家電は発売直後から生鮮食料品のように「鮮度が落ちる」（急速に価格が低下する）ために、工場への投資を回収することができませんでした。これが両社の大赤字の根本原因です。[19]

5 「ものづくり」を考える

(1) 「ものづくり」とは何か

　製造や生産ではなく、本章のタイトルともなっている「ものづくり」という言葉が使われるようになったのは、1990年代後半からであったといわれています。現在「ものづくり」という言葉を冠した出版物としては、政府の発行する『ものづくり白書』と日経BP社の発行する『日経ものづくり』等があります。『ものづくり白書』は、1999(平成11)年3月に成立し6月に施行された、「ものづくり基盤技術振興基本法」に基づき、毎年国会に提出することが義務づけられている「年次報告」書です。また、『日経ものづくり』は、2004年に同社の『D&M　日経メカニカル』誌と『日経デジタル・エンジニアリング』誌が合併して生まれたものです。この2つの出版物の発刊時期に示されているように、「ものづくり」という言葉が広く定着するようになったのは、実質的には2000年代に入ってからといってよいでしょう。

　「ものづくり基盤技術振興基本法」の「制定文」には、「ものづくり基盤技術」の重要性について、次のように述べられています。ものづくり基盤技術は、基幹的な産業である製造業の発展を支え、国民生活の向上に貢献してきた。ところが、海外における工業化の進展による競争条件等の変化、経済の構造的な変化等の影響を受け、国内生産に占める製造業の割合が低下し、その衰退が懸念されるとともに、その継承が困難になりつつある。そこで、国民経済が製造業

の発展を通じて今後とも発展していくために，ものづくり基盤技術に関する能力を尊重する社会的気運を醸成し，ものづくり基盤技術の積極的な振興を図ることが不可欠である。[20]

　製造業がこれまで日本の発展，さらにいうなら日本の経済大国化の基盤であったことから，「ものづくり」という言葉には，これまでの歴史を踏まえ，製造業に対する自信と自負の念が含まれているように思われます。しかし，「ものづくり基盤技術振興基本法」に基づく報告書である『2012年版ものづくり白書』について，インターネット上では，これは「日本の製造業の敗北を認めたもの」となっているとか，日本の「ものづくり」のあり方が「いかに世界で通用しなくなっているかの解説書」であるといった批判が見られます。これまでみてきたように，今や日本の「ものづくり」のあり方は限界にぶつかり，製造業は新たな展開を求められているのです。

(2)「ものづくり」から「ことづくり」への転換

　「ものづくり」という場合，これは単なる製造や生産よりその概念は広いようです。「ものづくり基盤技術振興基本法」の第2条では，「ものづくり基盤技術」として「工業製品の設計，製造，又は修理に関わる技術」をあげています。[21]また「ものづくり」を，アメリカの概念に当てはめると，その範囲はPLM（製品ライフサイクル管理）とほぼ同一であり，設計から調達，生産，出荷，保守，廃棄までが含まれるようです。[22]

　しかし，製品と市場の構造変化によって，今やこれまでの「ものづくり」の枠を超えたより広い発想がもとめられています。このような中で，経済同友会は「物事（ものごと）」という言葉の「もの」の対概念である「こと」（感動や喜び等を含む「もの」以外の概念）に着目し，「もの・ことづくり委員会」を設置しました。そして検討の結果，これまでの「ものづくり」は，あくまで製造業者視点でのものづくりであったとして，いわばマーケットに基盤を据えた「ことづくり」（喜びや感動等をつくること）を提唱しています。[23]

　グローバル化，デジタル化，モジュール化，新興国市場の拡大という大きな

うねりのなかで，日本のメーカーは「技術的に高度な製品ほど優れた製品でありよく売れるはず」といったこれまでの固定観念を捨て去り，消費者にいかにして感動や喜びを与えるかといった観点から，ものづくりやビジネスモデルを考えていかねばなりません。

その意味では，イノベーションを純粋な「技術革新」だけに限定していないシュンペーターの「イノベーション」概念に立ちかえってみる必要があるかもしれません。

〔設問〕次の問に答えなさい。
1.「水平分業」について説明しなさい。
2.「コモディティ化」とは何か，説明しなさい。
3.「ことづくり」とは何か，説明しなさい。

(那須野公人)

注

1)『朝日新聞』2012 年 12 月 31 日付。
2)『同上』2013 年 1 月 28 日付。
3)『同上』2013 年 1 月 29 日付。
4)『日本経済新聞』(2012)「テレビなぜ負けた 4　これでシャープに勝てる」6 月 15 日付。
5) 崩壊の原因は必ずしもひとつではなく，その他計画経済の失敗や過度の平等主義，共産党幹部や官僚等新たな「支配階級」の出現に対する国民の不満等もあげることができる。
6)『朝日新聞』2001 年 7 月 14 日付。
7) 経済産業省・厚生労働省・文部科学省編 (2012 年)『2012 年版 ものづくり白書』(財) 経済産業調査会，p. 46。
8)『週刊東洋経済』(2007)「i 革命とともに伸びるスーパー EMS」12 月 8 日号，東洋経済新報社，pp. 62-63。
9) 安藤茂彌 (2012)「シリコンバレーで考える パナソニック，ソニー，シャープの再建には社長の豹変が必要だ」DIAMOND online ウェブページ，http://diamond.jp/articles/-/19888?page=5（2012 年 12 月 1 日閲覧）。
10)「同上」http://diamond.jp/articles/-/19888?page=6（2012 年 12 月 1 日閲覧）
なお，アップルは生産のほとんどを委託しているが，唯一アイスランドに工場をもち，Mac を生産している。
11) 延岡健太郎 (2012)「経済教室 ものづくり再生の視点 (上)　顧客が喜ぶ『価値づくり』

を」『日本経済新聞』5月28日付.
　なお，意味的価値とは，機能的価値を超えた顧客が主観的に意味づける価値であり，たとえば快適な使い心地や感動的なデザイン等を指す.
12) 麻倉怜士 (2012)「麻倉怜士が喝！真の垂直統合を実現した三菱電機を見習うべし」日経トレンディネット, 5月29日, http://trendy.nikkeibp.co.jp/article/column/20120525/1041162/?P=2（2012年12月1日閲覧）.
13)『週刊ダイヤモンド』(2012)「アップルのものづくりは垂直？水平？ビジネスモデルから見るアップルの強さの秘密」10月6日号, ダイヤモンド社, pp. 46-47.
14) 日本経済新聞電子版 (2012)「家電業界が挑む『コモディティー化』という怪物, 価格の"半減期"は3年」4月15日, 日本経済新聞ウェブページ, http://www.nikkei.com/article/DGXNASFK1303Q_T10C12A4000000/（2013年2月10日閲覧）.
15) 延岡健太郎・伊藤宗彦・森田弘一 (2006)「コモディティ化による価値獲得の失敗：デジタル家電の事例」RIETI（独立行政法人経済産業研究所）Discussion Paper Series 06-J-017, 3月, p. 7.
16) ムーアの法則とは, インテルの創業者のひとり, ゴードン・ムーアが提唱した法則. 半導体の集積度は18～24カ月で倍増する. 一方, チップは処理能力が倍になってもさらに小型化が進むというもの（「コトバンク」による）, http://kotobank.jp/word/%E3%83%A0%E3%83%BC%E3%82%A2%E3%81%AE%E6%B3%95%E5%89%87（2013年2月11日）.
17) 池田信夫 (2004)「デジタル家電は日本を救うか」Research & Review, 2月号, RIETI（独立行政法人経済産業研究所）ウェブページ, http://www.rieti.go.jp/jp/papers/journal/0402/rr01.html（2012年12月28日）.
　張谷幸一 (2007)「電機業界『淘汰の法則』 垂直統合か水平分業か デジタル時代は『特化』で生き残り」『エコノミスト』10月30日号, pp. 24-25.
18) 張谷, 同上, p. 24.
19)『週刊東洋経済』(2012)「特集 ソニー シャープ パナソニック ザ・ラストチャンス」5月19日号, 東洋経済新報社, p. 38.
20)「ものづくり基盤技術振興基本法」前文.
21)「ものづくり基盤技術振興基本法」.
22) 木崎健太郎 (2005)「日経ものづくり雑誌ブログ『日経ものづくりソリューション』を創刊」, Tech-On！ウェブページ, http://techon.nikkeibp.co.jp/article/TOPCOL_LEAF/20050331/103310/（2013年1月30日閲覧）.
23) 長島徹 (2011)「委員長インタビュー グローバル市場で勝つための『ことづくり』『ものづくり』を」『経済同友』7月号, 経済同友会, p. 11. 経済同友会ウェブページ, http://www.doyukai.or.jp/publish/2011/pdf/2011_07_05.pdf（2013年1月30日閲覧）.

第6章　企業経営と会計情報

▋1 経営状態を具体化する会計情報

　営利企業の最大の目的は何でしょうか。それは利益をできるだけ多く稼ぎ出すことです。世の中にはたくさんの企業がありますが，利益の最大化という共通の目的に向かって日々の企業活動を営んでいます。

　それでは利益はどのように計算すればよいのでしょうか。利益は収益から費用を引いて求めることができます。しかし，利益と一口にいっても，営業利益，経常利益，税引後当期純利益などさまざまな種類があり（それぞれの具体的な内容については後述します），目的に応じて使い分ける必要があります。会計学の知識がなければ，それぞれの利益が表す内容を理解して，適切に使い分けることができません。

　会計学を学ぶメリットは，会計の数字を通じて企業の経営状態を具体的に把握することができることです。ある企業の社長が得意げな顔で「わが社の今年の業績はとてもよかったんだ！」と自慢していたとしましょう。さて，ここで次のような疑問がわきます。

・単に業績がよかったといわれても，"どの程度"よかったのかがわからない
・前年と比べてよくなったのかがわからない
・同業他社のライバル企業と比べてどれくらいよかったのかわからない

　ものの良し悪しを言葉だけで正確に表現するのは非常にむずかしいことです。しかし，数字を使って表現すると良し悪しの程度が非常に明確になります。

　「わが社の今年の営業利益は154億円」といわれれば，売上高の程度などから154億円の営業利益という結果が良かったのか悪かったのかがおおよそ明らかになります。また，前年の営業利益と比べて何億円増減しているかがわかる

ので，今年の経営状態が良かったのか悪かったのかも一目瞭然で明らかになります。さらに，会社の規模や売上高が同程度のライバル企業の営業利益と比較してみれば，自社がライバルと比べてどれくらい優れているか，あるいは劣っているかがだいたいわかります。

　経営学を学ぶうえで，実際に企業の経営実態を会計の数値から分析し，それに基づいて企業の業績を評価し，必要な改善策を提案できる能力を身に付けることはきわめて重要です。こうした能力は大学を卒業してから社会で活躍するためにも不可欠です。これらの能力を身につけるための近道は会計学を学ぶことです。したがって，経営学を学ぼうとする人は会計学を避けては通れないのです。

　会計学というとすぐに浮かぶのが簿記(bookkeeping)ではないでしょうか。世間一般では"会計学＝簿記"だと思われがちですが，これは誤りです。簿記は会計学において重要な役割を果たしていることは確かですが，会計学の一部でしかなくすべてではありません。高等学校などで既に簿記の学習をした経験があり，簿記に苦手意識がある人がいるかもしれませんが，簿記が苦手だから自分は会計学の学習には向かないと考える必要はありません。第6章では簿記に触れることはせずに，会計学が企業の経営にどのように役立っているかを明らかにしていきましょう。

　会計学は図6-1のように大きく分けて財務会計，管理会計，税務会計，会計監査の4つの領域に区分されますが，とりわけ財務会計と管理会計は会計学の二大領域として，重要視されています。また，簿記，経営分析，原価計算のよ

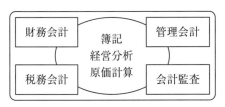

図6-1　会計学の4つの領域
出所) 筆者作成。

うに前述した4つの領域のうち，共通して関係しているものもあります。第6章では財務会計の基本的な内容を中心に解説し，会計監査にも若干触れながら，企業経営と会計情報の関係について触れていきます。

2 企業外部の利害関係者が求める会計情報

(1) 経営の3要素プラス1─ヒト・モノ・カネ＋情報─

　大学を卒業したばかりのA君が起業しよう（自分でビジネスを始める）と考えているとしましょう。ビジネスを始めるためにはどのようなものが必要でしょうか。どのような業態のビジネスを展開するかにもよっても変わってきますが，ここでは製造業を想定しましょう。製造業でビジネスを展開するためには，原材料，従業員，製品を製造するための工場，工場内に配備する機械設備や工具，コンピュータ等の備品など，たくさんのものを用意しなければなりません。これらをそろえるためには，お金が必要になります。お金を払わなければ従業員は雇えませんし，原材料や機械設備などを購入することもできません。

　企業を経営するためには，人材・設備・資金の3つの要素が必要だと考えられています。優れた従業員，優れた工作機械などの設備全般，そして従業員や設備投資をそろえるために必要な資金の3つです。これらを特にカタカナで"ヒト・モノ・カネ"と表記します。近年では，企業経営における"情報"の役割が高まっている（詳しくは第8章で解説します）ことから，ヒト・モノ・カネに情報を加えた3プラス1の要素が企業経営に必要とされています。

(2) 資金調達の手段

　大学を卒業したばかりのA君が起業する場合，おそらくまだビジネスを展開するのに必要なだけのお金をもっている場合の方が少ないでしょう。手持ちのお金がないにもかかわらずビジネスを展開したければ，何らかの方法でお金を集めるしかありません。これには，銀行などの金融機関からお金を借りる（融資を受けるといいます），あるいは「株式」や「社債」というものを発行して投

資家からお金を集める，などのいくつかの方法があります。本章では金融機関から融資を受ける場合と，株式を発行する場合をみていきましょう。

① 金融機関からの融資

　銀行や信用金庫などの金融機関からお金を借りる場合，返済時には借りたお金(これを「元本」といいます)と，借りた期間に応じて負担する利息を支払う必要があります。たとえば，4月1日に5,000,000円を年利率5%(1年間お金を借りたら借りた金額の5%の利息を支払う必要がある)の条件で6ヶ月間借りて9月30日に元本を返済する場合には，5,000,000 × 0.05 × 6 ÷ 12 = 125,000円の利息を返済時に支払う必要があります。

　ただし，金融機関はこちらが希望した通りの金額をいつも融資してくれるとは限りません。むしろ希望通りの金額を融資してくれる方がまれでしょう。多くの場合には，金融機関からの融資だけではビジネスに必要なお金を集めることができません。そこで，別の方法が必要になります。

② 株式の発行

　お金を金融機関から借りるのではなく，A君が始めようとしているビジネスの内容や，将来的なビジネスの成長性に共感してくれる人からお金を借りるという方法もあります。ただし，いくらA君が始めようとしているビジネスの内容に共感してくれているとしても，何の見返りもなくお金を貸してくれることはないでしょう。お金を貸す側にとってもなんらかのメリットを与えなければいけません。

　図6-2は株式を発行した場合の一連の流れを図で表したものです。投資家は企業にお金を貸す見返りに株式を交付されます[1]。わかりやすくいうならば，投資家はお金を出して株式を企業から買い取る形になります。株式はそれを保有する人が「株主」として，企業の所有者(オーナー)の一員となったことを証明するものです。株式を購入した投資家はその会社の株主になります。なお，株式はかつて「株券」として，紙媒体で交付されていましたが，現在ではコン

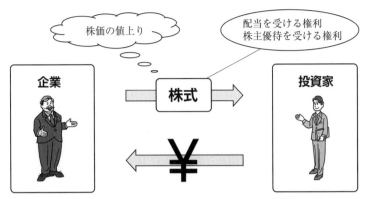

図 6-2　株式会社における企業と投資家の関係
出所）筆者作成。

ピュータ上で電子的に管理されています。

　投資家は株式を保有することで，株主総会を通じて企業の経営に関与できるだけではなく，配当金と株主優待を受ける権利が発生したり，保有している株式の種類によっては証券市場で好きな時に売却し換金したりすることもできます。

　株主総会とは，株主を一同に集めて，社長の選任や株式会社の経営方針などの重要な事項を議決するための会議のことですが，株主になれば株主総会での議決権が得られるために企業の経営方針などに反対意見を述べたりすることができるようになります。株式を多く保有する株主（大株主といいます）にはより多くの議決権が与えられ，企業の経営に与える影響力も大きくなります。

　企業が利益を出した場合には，株主総会の議決により，利益の一部を配当金として株主が受け取ることができます。一般的に企業が出す利益が多くなればなるほど受け取る配当金の額も大きくなる傾向があり，保有する株式数に応じてもらえる配当金の額も変わってきます。また，株主は保有する株式の数に応じて株主優待というサービスを受けることができます。たとえば新聞社の株主ならば新聞購読料が無料になったり，鉄道会社の株主ならば自社の鉄道路線を

無料で利用できる乗車券の提供を受けたりというようなサービスが受けられます。

　配当金を受け取ったり，株主優待を受けたりするためには，少なくともその会社が利益を出していることが前提条件[2]となります。したがって，利益がたくさん出ている会社の株式を保有していれば，より多くの配当金や株主優待を受けるチャンスが出てきます。こうした会社の株式は投資家の誰もが保有したいと思うため，高い価値（これを「株価」といいます）が付いて取引されます。

　株式にはいくつかの種類がありますが，ここでは投資目的で短期的に売買を行う株式（売買目的有価証券といいます）を想定しましょう。株式は，その会社自身の業績，新製品の投入，および国内・国外の経済情勢などによって価値が日々変動します。図6-3は栃木県宇都宮市に本社を構えて，日本最大の株式市場である東京証券取引所の第一部に上場している元気寿司株式会社[3]の最近1年間の株価の変化を表したグラフです。

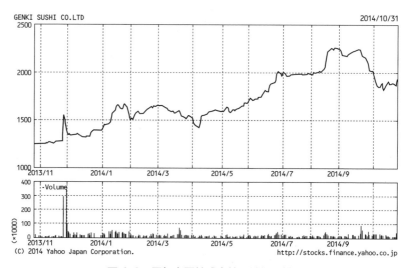

図6-3　元気寿司株式会社の株価の推移

出所）ヤフーファイナンスホームページ，
　　　http://stocks.finance.yahoo.co.jp/stocks/chart/?code=9828（2014年10月31日閲覧）

図6-3の折れ線グラフは元気寿司株式会社の1株あたりの株価を示しています。折れ線グラフが上下に何度も行き来していることからも明らかなように，株価は日々変動しています。1年前には1,251円であった株価が，2014年8月末から9月上旬にかけて2,250円前後まで上昇した後に，2014年10月31日現在では1,929円となっていることがわかります。

業績のよい企業の株式は証券市場で高い値段で売買されます。配当金や株価の値上がりが期待できるからです。一方で，業績の悪い企業の株式は証券市場では安く売買されてしまいます。元気寿司の例を挙げると，2012年度の決算(2013年3月時点)と比べて，2013年度の決算(2014年3月時点)では売上高が約9％増，税引後当期純利益が約61％増で非常に好調な業績を維持していることから，図6-3のグラフのように株価も右肩上がりの上昇傾向にあるといえます。[4]

投資家にとって，ある企業の株式を株価が安い時に購入し，株価が値上がりした時点で売却することができれば，その差額が投資家のもうけになります。したがって，投資家は配当金や株主優待だけではなく株価の値上りを期待して株式を購入するわけです。元気寿司の場合であれば，1株1,251円で株式を購入できた2013年11月1日の時点で元気寿司の株式を購入し，これを2014年10月31日に証券市場で売却すれば，1株あたり878円のもうけが期待できます。

(3) 立場によって変わる「知りたい情報」

株式会社には従業員以外にも投資家・株主，顧客，取引先，銀行，税務当局などさまざまな人びとが関わっています。これらの人は株式会社に対してなんらかの経済的な結びつきがあり，かつ企業の外部に存在することから，「企業外部の利害関係者」と呼ばれています。企業外部の利害関係者は，株式会社と取引や融資などの経済的な関係を築くうえで，それぞれの立場で株式会社に対するさまざまな情報を知りたがっています。

① 投資家・株主

投資家や株主はできるだけ多くの配当金や株主優待を受けたり，株価が値上

がりしたりすることを期待して株式を購入しています。配当金や株価に直接的な影響を与えるのは，その企業の業績，すなわちどれだけの利益を出しているかという情報です。したがって，投資家や株主は企業の利益に関する情報を最も知りたがっています。さらに，今年の利益がいくら出たかという情報だけではなく，将来的にその企業の利益がどれだけ増える可能性があるかということにも投資家・株主は関心をもっています。

　たくさんの利益がすでに出ている，あるいは今後成長が期待できる企業の株式であれば，投資家はそうした企業の株式をできるだけ多く購入しようとするでしょうし，既に株主になっていれば継続して保有するでしょう。一方で，利益が出ていない企業でかつ今後の成長が見込めない企業の株式であれば，新たに株式を購入するメリットはありませんから，すぐに売却した方がよいかもしれません。なぜならば，その企業が万が一倒産した場合には，その企業の株式はすべて無効になってしまい，株式を買うために支払ったお金も戻ってこなくなってしまうからです。

② 銀　　行
　銀行は企業にお金を貸している立場です。したがって，銀行にとっての最大の関心事は，貸したお金をきちんと返してもらえるかどうかということです。お金を返してもらえるかどうかを判断するためには，どれだけのお金をその企業が現在もっているかという情報が最も重要であることに間違いはありませんが，その他にも，どのような財産をもっているか，あるいは他に借金がないかという情報も重要です。

　お金を貸した企業が万が一借金を返せなくなったとしても，財産をたくさんもっていれば，それらを売却してお金に換金して返済させたり，あるいは現金の代わりに現物（保有する財産）で返済させたりということも可能になります。一方で，他にも借金をしている企業であれば，すでにその企業は借金まみれになっていて，あちらこちらから借金の返済を求められている可能性があります。そうなってしまった場合には，借金を返済してくれる可能性は低くなるでしょう。

③ 税務当局

　企業は利益を出した場合，利益のうち一定額を国や地方自治体に税金として納めなければなりません。これは税法という法律で定められています。会社が国や地方自治体に納める税金のことを法人税と呼びます。日本の場合には2014年10月現在で，企業が稼ぎ出した利益の約34.62%を法人税として支払います。[5]
一方で，企業ではなく個人が，給与のうち一定額を国や地方自治体に納める税金のことを所得税と呼びます。アルバイトをしている人は自分の給与明細をよくみてください。所得税として給与から一定額が引かれているはずです。

　法人税は利益を出した企業だけが支払う税金です。利益が出ていない，すなわち赤字の企業は法人税を支払う義務がありません。[6] 税務署や国税庁などのいわゆる税務当局は法人税を徴収することが仕事のひとつです。したがって，今年，どこの企業がどれだけの利益を出したかという情報に基づいて税金の支払いを求める(これを課税するといいます)ので，企業がどれだけの利益を出したかという情報を重視します。また，法人税の支払いを不正に逃れる，つまり脱税を行うために，わざと赤字を出していないかどうかをチェックします。

3 貸借対照表と損益計算書

(1) 株主総会で公開される有価証券報告書

　企業は投資家・株主や銀行から集めたお金をどのように使って，どのような経営活動によって利益を出しているかを公表する義務があります。前節で述べたように，投資家・株主，銀行，税務当局はさまざまな情報を知りたがっていて，企業に対してそれらの情報を公開することを求めています。

　そこで，企業は年に1回株主総会という会議を開催します。この会議において，企業は株主に対して，過去1年間の業績がどのような状態であったかを広く一般に公開します。この時に公開される文書のことを有価証券報告書と呼びますが，その中でも会計学の観点から重要なのが貸借対照表(Balance Sheet, B/S)と損益計算書(Profit and Loss statement, P/L)とキャッシュフロー計算書

(Cash Flow statement, C/F) です。これら3つの計算書類をみれば，当該企業のこの1年間の経営状態が手にとるようにわかります。また，過去の貸借対照表や損益計算書と比較することで，会計年度ごとの変化を知ることもできます。本章では紙幅の都合上，キャッシュフロー計算書に関する説明は省略することとし，損益計算書と貸借対照表についてみていくことにしましょう。

なお，有価証券報告書は金融庁が開設している EDINET (Electronic Disclosure for Investors' NETwork)（正式名称：金融商品取引法に基づく有価証券報告書等の開示書類に関する電子開示システム）という web サイトから簡単に入手することができます。[7]

(2) 経営成績を表す損益計算書

損益計算書には企業がこの1年間に稼ぎ出したさまざまな種類の利益が掲載されています。したがって，損益計算書は企業の経営成績を表し，損益計算書をみれば，その企業がどれだけの利益を出しているかが一目瞭然でわかります。

会計学では利益の測定は基本的に1年単位で行います。この1年単位のことを会計期間と呼びます。会計期間は期間が1年間であればどこから始めても構いませんが，日本の企業の多くは4月1日から翌年3月31日まで，あるいは1月1日から12月31日までとするケースがみられます。会計期間の最初の日のことを期首，最後の日のことを期末，期首と期末の間を期中と呼びます。

利益の計算はあるビジネスを通じて得られたお金から，そのビジネスを行うためにかかったお金を引くことで計算することができます。たとえば，パン屋がパンを1個作るのに120円かかり，そのパンを150円で売ることができれば，利益は150円 − 120円 = 30円と計算できます。パンを売ることで得た150円の収入のことを会計学では「収益」と呼びます。一方で，パンを製造し販売するためにかかった支出のことを会計学では「費用」と呼びます。したがって，"利益 = 収益 − 費用"の等式が成立します。また，費用が収益を上回る場合には，利益はマイナスとなり，「損失」が発生します。

ここで，収益とは，企業が事業活動によって製品やサービスを顧客に提供し

た見返りによって得られたお金のことであり,費用とは,事業活動を行うために必要なモノやサービスを購入するために支払ったお金のことです。たとえば,理髪店が髪をカットした見返りにお客からもらうお金は「売上高」という収益

表6-1 報告式による元気寿司株式会社第35期損益計算書

損 益 計 算 書

元気寿司㈱ 自 平成25年4月1日 至 平成26年3月31日 (単位:千円)

I	売上高			26,892,876
II	売上原価			11,131,991
	売上総利益			15,760,885
III	販売費及び一般管理費			
	1	賃借料	1,876,478	
	2	給料及び手当	7,350,947	
	3	その他	<u>5,515,733</u>	<u>14,743,158</u>
	営業利益			1,017,724
IV	営業外収益			
	1	為替差益		52,369
	2	受取賃借料		62,398
	3	その他		56,978
V	営業外費用			
	1	支払利息		114,879
	2	その他		<u>29,234</u>
	経常利益			1,045,358
VI	特別利益			
	1	固定資産売却益		1,532
VII	特別損失			
	1	減損損失		276,077
	2	その他		<u>28,257</u>
	税金等調整前当期純利益			742,554
	法人税,住民税及び事業税			157,631
	法人税等調整額			△ 102,886
	税引後当期純利益			<u>687,808</u>

出所)元気寿司株式会社第35期有価証券報告書。

であり，工場が操業のために支払う水道代や電気代は「水道光熱費」という費用です。

損益計算書には勘定式と報告式の2つの形式がありますが，一般的に損益計算書では，報告式の方がより多くの利益情報が得られて企業の経営成績をより正確に把握することができることから，有価証券報告書では報告式で作成した損益計算書が掲載されます。そこで以下では，報告式の損益計算書について検討することにしましょう。

表6-1は平成26年3月期決算(第35期)の元気寿司の損益計算書の例です[8]。損益計算書の中には上級学年に配置された会計学の授業(財務諸表論等)で学ぶ項目も含まれているため，難解な項目についてはあえて触れずにここでは損益計算書の全体像を把握していくことに努めましょう。

① 売上高

報告式の損益計算書では売上高を一番上に記入し，売上高から，事業を展開するにあたって生じるさまざまな費用や収益を加減して，最終的に税引後当期純利益を計算していきます。したがって，損益計算書は上から下へ見ていくことになります。なお，表6-1では単位が千円単位になっているため，0を後ろに3つ付けると売上高は26,892,876,000円，つまり約269億円となります。

② 売上原価と販売費及び一般管理費

売上原価とは，販売した商品の原価部分の金額のことです。簡単な例を挙げれば，あるパン屋がパンを1個あたり120円で製造して，それを150円で販売する場合，売上高が150円，売上原価が120円となります。売上高から売上原価を引いた金額を売上総利益，あるいは粗利益といいます。元気寿司の場合には，回転寿司を販売することで利益を得ていることから，売上原価には商品として提供する寿司を製造するための原材料，各店舗で働く従業員の人件費およびその他の経費(水道光熱費や通信費など)などが含まれてきます。

しかし，事業を展開して成功させるためには，売上原価以外の支出も発生し

ます。たとえば，本社などに所属する従業員の給料，店舗の賃貸料，広告宣伝費などが該当しますが，これらを販売費及び一般管理費といいます。元気寿司の場合には，店舗を運営するにあたり，土地や建物を賃借するケースが多いため，賃借料が比較的多く発生しています。

③ 営業利益・経常利益・特別損益

　売上高から売上原価と販売費及び一般管理費を引いた金額を営業利益といい，これは企業の本業から得られる利益を表しています。営業利益が多ければ多いほどその企業の本業が好調であり，経営状態が安定していると判断できます。元気寿司にとっての本業は回転寿司事業ですが，本業以外からも収入や支出が発生しています。本業以外で発生する収益のことを営業外収益，支出のことを営業外費用といいます。

　営業外収益の例としては，余剰資金を他社に貸すことで得られる利息(受取利息)，および投資目的で他社の株式を購入して得られた配当金(受取配当金)などが挙げられます。元気寿司の場合をみてみましょう。元気寿司は海外でもさかんに事業展開をしているため，外貨建て預金(ドルやルピアなど，海外進出先の貨幣単位で行っている預金)を多数保有していますが，2012年末から急速に円安が進んでドルで保持していた預金を円換算した場合には相対的な価値が向上していることから，もうけ(為替差益)が発生しています。また，自社で保有する建物や土地のうち，店舗の閉鎖や移転などにより遊休資産となっている部分を他社に貸し出すことで得られる受取賃借料が多く発生していることも元気寿司の特徴のひとつといえるでしょう。

　一方で，営業外費用の例としては，新事業を展開するために銀行からお金を借りた場合に支払う利息(支払利息)などが該当します。また，図6-3でみたように株式などの有価証券の価値は日々変動していますが，期首の時点よりも現時点での価値が下がっている場合には有価証券評価損を計上します。有価証券評価損もまた営業外費用の一例です。

　営業利益に営業外収益と営業外費用を加減して計算される利益を経常利益と

いい，これは企業が事業を展開していく中で日常的に発生する利益のことを表しています。

　事業を展開していく中で，不要になった資産(機械や備品など)や有価証券を売却して換金することがあります。売却額が取得時の金額を上回るか下回るかによって固定資産売却益または固定資産売却損，あるいは有価証券売却益または有価証券売却損が発生します。不要な資産や有価証券の売却は毎年継続的に行うわけではなく，必要な時に1回だけ行います。このように1回限り発生する収益や損失のことを特別利益または特別損失といいます。特別利益と特別損失を総称して特別損益といいますが，経常利益に特別損益を加減することで税引前当期純利益(あるいは損失)が計算されます。

　利益が出ている企業の場合には，税引前当期純利益に法人税率34.62％をかけた金額が企業が支払うべき法人税額となり，税引前当期純利益から法人税額を引いた金額が最終的な税引後当期純利益となります。なお，元気寿司の場合もそうですが，実際には税務会計上のさまざまな調整計算が入るため，税引前当期純利益の34.62％がそのまま法人税，住民税および事業税の支払額になるわけではありません。

　損益計算書によって，企業がこの1年間にどれだけの税引後当期純利益(損失)を出しているかがわかります。また，どのような形で利益を獲得しているか，つまり本業からの利益が多いのか，本業以外からの利益が多いのか，あるいは経常的に利益が獲得できているのか，もしくは，特別な1回限りのイベントから利益を獲得しているかなどの情報がわかります。たとえば，本業が好調で営業利益がプラスで最終的に税引後当期純利益が発生している場合と，本業が不振で営業利益がマイナスだったものの，特別利益が発生したことにより結果的に税引後当期純利益が発生した場合とでは，同じ税引後当期純利益の金額だとしても意味合いがかなり異なってきます。報告式の損益計算書を作成を通じて，営業利益・経常利益・特別利益に関する情報が得られるによって，企業の経営状態をより詳細に分析することができます。

　元気寿司の場合には，前年と比べて税引後当期純利益が増大しましたが，そ

の要因としては，本業である営業利益の増大(前年度は698,991千円から今年度は1,017,724千円へ約1.46倍の増加)が主たる要因であると分析できます。元気寿司の本業である回転寿司事業が非常に好調であったことを裏付けています。

(3) 財政状態を表す貸借対照表

期末時点でどのような財産を保持しているかを表示しているのが貸借対照表です。財産と一口にいってもさまざまな形態があります。現金や預金はもちろん財産ですが，機械や備品，車，株式や鉄道の乗車券などのような有価証券，企業が保有する絵画などもすべて財産です。また，財産には負の財産というのもあり，たとえば借金は負の財産です。正の財産のことを「資産」，負の財産のことを「負債」といいます。どのような財産をもっているかは，借金の返済能力を知るために非常に有益であることから，銀行は特に貸借対照表に注目しています。

表6-2は元気寿司の貸借対照表を要約したものです。貸借対照表では，左側には資産の項目を記入し，右側には負債と純資産の項目を記入します。純資産という項目が初めて出てきますが，ここでは理解を容易にするために純資産の内容について詳しく説明することは避けて，純資産は資本金と当期純利益(もしくは損失)だけを対象として以下では説明し，資本剰余金や利益剰余金の説明は割愛します[11]。資本金とは，投資家が株式を購入する際に支払ったお金のことです(図6-2の中の"¥"マークは資本金を表しています)。資本金として投資家から得たお金と，銀行などから借りたお金をもとにして，事業展開のために必要なヒト・モノなどを揃えていくことになります。

貸借対照表は右から左に読むと資金の流れがわかります。貸借対照表の右側(負債・純資産の部)は資金をどのように集めたかが書いてあります。すなわち，借入金によって銀行などからお金を借りることによって資金を集めたのか，投資家に株式を買ってもらうことを通じて資本金によって資金を集めたのかがわかります。一方で，貸借対照表の左側(資産の部)は集めた資金を何に使ったかが書いてあります。店で販売する原料，機械設備や土地などを購入したり，あ

表6-2　元気寿司株式会社第35期貸借対照表

貸 借 対 照 表

元気寿司㈱　　　　　　　　　平成26年3月31日　　　　　　　　　　（単位：千円）

資　産	金　額	負債および純資産	金　額
流動資産		流動負債	
現金及び預金	3,682,409	買　掛　金	1,031,968
売　掛　金	231,515	短期借入金	1,193,272
商品及び製品	251,545	その他流動負債	2,218,669
原材料及び貯蔵品	60,108	固定負債	
その他流動資産	673,448	長期借入金	1,955,484
固定資産		リース債務	1,921,625
建物及び構築物	5,617,666	その他固定負債	900,589
機械装置及び運搬具	189,242	純資産	
土　　　地	728,824	資　本　金	1,151,528
リース資産	3,142,890	資本剰余金	1,344,671
その他有形固定資産	914,039	利益剰余金	1,905,265
減価償却累計額	△5,558,866	その他純資産	△272,116
無形固定資産	234,244		
投資その他の資産	3,284,390		
	13,451,458		13,451,458

出所）元気寿司株式会社第35期有価証券報告書。

るいは現金や預金のまま保持したりしているケースもありえます。以下では，資産・負債・純資産の項目別にそれぞれの内容をみていくことにしましょう。

① 資産の部

　資産は大きく流動資産と固定資産に分類されます。固定資産とは，ある特定の場所で継続的に使用する資産を表し，建物や機械，備品などが該当します。その他にも無形固定資産や投資その他の資産も該当しますが，ここでは説明を省略します。流動資産とは，売掛金・貸付金，商品などのように1年以内に現金化できる資産や，現金預金などが該当します。銀行は融資を実行するにあたり，融資先の企業がどのような資産を保有しているかに着目しています。融資

先の企業がもつ資産を貸借対照表によって分析し，それを担保として資金を融資することがよくあります。

元気寿司の場合には，外食産業というビジネス上の特徴から建物や構築物などを多く保有しています。すべての資産の約 41.8％（約 56 億円）を「建物及び構築物」が占めています。また，機械や備品などは自前で購入せずにリースで対応している場合もあるため，リース資産の金額が多くなっています。また，回転寿司という事業の特徴からほとんどが現金による販売のため，売上高が大きな割には売掛金が少ないことも特徴のひとつといえます。

② 負債の部と純資産の部

負債の部で大きな割合を占めるのが，銀行や他社からの借入金です。借入金は返済期限が 1 年以内に設定されている借入金を短期借入金，1 年以上先に返済期限が設定されている借入金を長期借入金として区別しています。このように 1 年以内に返済期限が来る負債のことを特に流動負債といい，1 年以上先に返済期限が来る負債を固定負債と呼んでいます。

元気寿司の場合には，負債の多くを短期と長期の借入金が占めています。また，資産の項でも触れましたが，元気寿司ではリース資産が多いことから，その代金に相当するリース債務が負債に占める割合が大きくなっています。元気寿司が資金調達を主にどこから行っているかは，負債の部と純資産の部の合計をみることでそれぞれ把握できます。負債の部の総額が約 92 億円に対して，純資産の部の合計が約 41 億円ですから，資金の多くを負債，具体的には借入金（短期と長期合わせて約 32 億円）などによって調達していることがわかります。

(4) 損益計算書と貸借対照表の関係

当期純利益（あるいは純損失）の計算は損益計算書と貸借対照表のどちらを用いても計算することができます。すなわち，次の算式によって利益の計算を行いますが，どちらの方法によって計算しても当期純利益（純損失）は同じ金額になります。[13]

① 損益計算書による当期純利益の計算

　ある会計期間に発生したすべての収益からすべての費用を引くことで計算することができます。元気寿司の損益計算書の例では売上高からすべての費用を引くことで，最終的に税引前当期純利益が計算できることを前項で確認しました。

　　当期純利益＝収益－費用

② 貸借対照表による当期純利益の計算

　貸借対照表によって当期純利益を計算する場合には，株式会社と個人商店の場合には計算方法が異なります。ここでは，個人商店の場合を考えることにします。まず正の財産である資産から負の財産である負債を引くことで，正味の財産である純資産(具体的には資本金)を計算します。そして，期首と期末の純資産を比較することによって，期首よりも期末の方が純資産の金額が大きくなれば当期純利益が発生し，期首よりも期末の方が純資産の金額が小さくなれば当期純損失が発生したことになります。

　　当期純利益＝期末の純資産－期首の純資産
　　　　　　　＝(期末の資産－期末の負債)－(期首の資産－期首の負債)

　以上のことを例題を通じて確認してみましょう。

|例題| 次の損益計算書と貸借対照表に関する資料を用いて当期純利益の計算をしましょう。

　〔資料〕　当期の収益：16,000 円　　当期の費用：9,000 円
　　　　　期首の資産：21,000 円　　期首の負債：19,000 円
　　　　　期末の資産：33,000 円　　期末の負債：24,000 円

|解答|　① 損益計算書による当期純利益の計算

　　　　当期純利益＝収益－費用＝ 16,000 － 9,000 ＝ 7,000 円

　　　② 貸借対照表による当期純利益の計算

　　　　当期純利益＝期末の純資産－期首の純資産
　　　　　　　　　＝(期末の資産－期末の負債)－(期首の資産－期首の負債)
　　　　　　　　　＝(33,000 － 24,000)－(21,000 － 19,000)＝ 7,000 円

4 会計監査

(1) 財務諸表の虚偽表示が与える影響

既に学んだように，企業が作成する財務諸表に掲載される会計情報を見て，企業外部の利害関係者は様々な意思決定を行います。もしも財務諸表にウソの情報が掲載されていた（これを財務諸表の「虚偽表示」といいます）としたらどうなるでしょうか。たとえば，ある企業の売上高が1,000億円であり，税引後当期純利益は，実際には100億円の損失であったにもかかわらず100億円の税引後当期利益が出ていると財務諸表に掲載されていた場合を想定してみましょう。

① 投資家・株主

当期の業績が100億円の損失であることがわかっていればこの会社の株式を積極的に購入する理由はないでしょう。しかし，1,000億円の売上高に対して100億円の利益が出ているとすれば，投資家にとってこの会社の株式を購入するメリットがあるので，株式を購入したいと思う投資家も現れるでしょう。

現実にはこの企業は赤字ですから，株式を購入しても配当金は受けられず，株価の値上がりも期待できません。それどころか，業績の悪化によって株価は下がるでしょうし，最悪の場合，倒産して株式が無効になるかもしれません。

② 銀　　行

この企業から融資の申し出を受けた場合，100億円の利益が出ているのであれば，融資の金額があまりに巨額でない限り，この企業は融資額に対して十分な利益を稼ぎ出していると判断して銀行は融資を行ってしまう可能性があります。

しかし，この企業は実際には赤字ですから，赤字を補填するために現金は目減りし，換金可能性の高い資産ももう手元にはない可能性が高いことになります。このような企業に融資した場合，おそらく融資したお金は戻ってこない可能性が高いため，もし100億円の赤字であることがわかっていれば，よほど優良な資産を保持しているのであれば話は別ですが，銀行としては融資を断る可

能性が高くなります。

③ 税務当局

　法人税は決算が黒字の時だけ徴収されるものであり，赤字の場合には法人税の支払い義務がなくなります。この企業の場合，実際には赤字なので法人税の支払い義務がありませんが，100億円の黒字であると財務諸表に公表した場合には100億円の34.62％，すなわち約35億円の法人税の支払いを税務当局から請求されることになります。

　虚偽表示を含む財務諸表が開示されることで，税務当局にとっては必要以上に法人税を徴収できることになりますが，一方で，株主・投資家や銀行は誤った意思決定を行ってしまうことになります。企業が発表する財務諸表にウソの情報が含まれていると，財務諸表が提供する情報の信頼性は大きく低下し，証券市場などが正常に機能しなくなることから，たちまち経済は大混乱に陥ってしまいます。

(2) 専門家による財務諸表のチェック

　財務諸表にウソの情報が掲載されないようにするためには，財務諸表を作成した企業の関係者ではない第三者によって財務諸表が正しく作成されているかどうかチェックする必要があります。チェックするのは第三者であれば誰でもよいというわけではありません。財務諸表のチェックを受ける企業との間に特別な利害関係（報酬などをもらう関係）がなく，かつ会計の専門家であることが条件になります。財務諸表のチェックを担当できるのは国家試験に合格した公認会計士と呼ばれる人であり，公認会計士によって財務諸表が正しく作成されているかどうかを確認することを特に会計監査といいます。金融商品取引法と会社法という法律で，財務諸表を外部に公表する会社で，かつ一定の要件を満たす企業（要件の詳細については本書では割愛します）は必ず会計監査を受けることが義務付けられています。会計監査のしくみを図示したのが図6-4です。

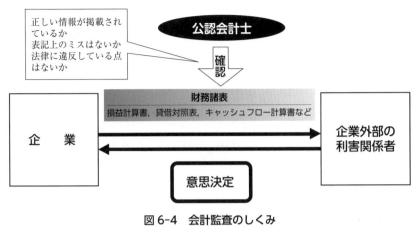

図6-4　会計監査のしくみ

出所）筆者作成。

　会計監査を通じて公認会計士は企業の財務諸表をチェックし，その結果に基づいて監査報告書を作成します。監査報告書で財務諸表が正しく作成されていることが表明されることは，財務諸表に掲載された情報が正しいことの太鼓判を押すのと同じことです。これによって投資家・株主・銀行・税務当局などの企業の外部利害関係者は安心して財務諸表を利用してそれぞれの意思決定を下すことができるようになります。

(3) 監査意見

　公認会計士は会計監査を受けようとする企業と監査契約を結んだうえで，財務諸表の監査を行い，最終的に監査報告書を発表します。監査報告書は有価証券報告書の一部を構成する書類であり，財務諸表と同時に公開されます。監査報告書には，公認会計士が財務諸表のチェックを通じてまとめた結論である監査意見が記されます。監査意見には次の4つのパターンがあります。

　① 無限定適正意見
　② 除外事項を付した適正意見

③ 不適正意見

④ 意見拒否

① は何の問題もなく財務諸表が作成されていると認められた場合です。企業は外部利害関係者からの信頼を得るためにも，提出した財務諸表に対して① の意見をもらうことが不可欠です。② は一部に不備があるが，その他の部分には問題がなく，一部に不備があることをことわったうえで財務諸表を公表してもよいと判断されたケース，③ は提出された財務諸表に重大な問題点や不正と思われる部分があり，このままでは公表できないと判断されたケース，④ は公認会計士が要求した資料提出や調査に対して企業側が応じなかったために公認会計士が監査意見を表明するのを拒否したケースです。③ や ④ の監査意見が出された場合には，財務諸表を提出した企業は市場での信頼を大きく失うことになります。

表 6-3 は元気寿司株式会社の第 35 期有価証券報告書に対する監査報告書を一部抜粋したものです。元気寿司株式会社の第 35 期財務諸表に対して無限定適正意見の監査意見が表明されており，財務諸表は問題なく作成されていることが示されています。

5 財務会計以外の会計学

本章では財務会計と会計監査を中心に，企業経営において会計情報が果たす役割について学びました。会計情報を通じて企業の経営状態を具体的に把握できることを確認してきました。しかし，会計学の世界は財務会計や会計監査だけではありません。本章では取り上げることができなかった管理会計，税務会計，経営分析などもまた会計学という学問の構成要素なのです。

管理会計とは，企業の経営管理者にとって有益な会計情報を提供するための会計学です。経営管理者，わかりやすく言い換えれば社長・部長・課長などは日々の経営管理やさまざまな経営上の意思決定（たとえば新規開店や工場の新設）に会計情報を活用しています。管理会計で必要とされる会計情報は，財務会計

第6章 企業経営と会計情報　135

表 6-3　元気寿司株式会社第 35 期有価証券報告書に対する監査意見

独立監査人の監査報告書及び内部統制監査報告書

平成 26 年 6 月 20 日

元気寿司株式会社
　取締役会　御中

桜橋監査法人
　公認会計士　川﨑　健一　印
　公認会計士　富田　鉄平　印

〈財務諸表監査〉
　当監査法人は，金融商品取引法第 193 条の 2 第 1 項の規定に基づく監査証明を行うため，「経理の状況」に掲げられている元気寿司株式会社の平成 25 年 4 月 1 日から平成 26 年 3 月 31 日までの連結会計年度の連結財務諸表，すなわち，連結貸借対照表，連結損益計算書，連結包括利益計算書，連結株主資本等変動計算書，連結キャッシュ・フロー計算書，連結財務諸表作成のための基本となる重要な事項，その他の注記及び連結附属明細表について監査を行った。

連結財務諸表に対する経営者の責任
（省略）
監査人の責任
（省略）
監査意見
　当監査法人は，上記の連結財務諸表が，我が国において一般に公正妥当と認められる企業会計の基準に準拠して，元気寿司株式会社及び連結子会社の平成 26 年 3 月 31 日現在の財政状態並びに同日をもって終了する連結会計年度の経営成績及びキャッシュ・フローの状況をすべての重要な点において適正に表示しているものと認める。
〈内部統制監査〉
（省略）

出所）元気寿司株式会社第 35 期有価証券報告書，一部抜粋。

から提供される会計情報を必要に応じて加工して得られる会計情報に加えて，会計情報ではないその他の情報(顧客満足度，品質，従業員の研修参加度など)も必要とされます。

　税務会計とは，一言でいえば企業に課せられる法人税を計算するための会計学です。本章で学んだ財務会計から得られる会計情報をベースとして，法人税を計算するために必要なさまざまな調整計算を加えていきます。

　経営分析とは，われわれが定期健康診断を受けて健康状態を定期的に確認するのと同じように，財務諸表を分析して企業の経営状態をさまざまな角度から診断することです。経営分析を行うことによって，どの部分に問題があるかが一目瞭然となり，将来に向けてどこを改善していけばよいかが明確になります。

　このように会計情報を使う目的に応じて図6-1で示したようなさまざまな会計学の領域があります。経営学を学ぶうえで，会計学の知識を有していることは不可欠であり，経営学を広く解釈するならば会計学もその一部になります。会計学を学ぶことによって第1～5章で学んだ経営学の基本的な領域も理解しやすくなります。2年次以降に開設されているさまざまな会計学の授業を履修して，まだまだ探索していない会計学の世界にもぜひ足を踏み入れてみてください。

〔設問〕次の問いに答えなさい。
1. 投資家や株主はなぜ企業の会計情報を必要としているのか説明しなさい。
2. 損益計算書を作成するにあたり報告式で作成することが望ましい理由について説明しなさい。
3. 会計監査が必要とされる理由について説明しなさい。

(中島洋行)

📝 注
1) 投資家が企業にお金を貸すことを特に「出資する」といいます。
2) 利益が出ている場合でも，企業の成長戦略の観点から内部留保(企業が獲得した利益のうち配当金などによって企業外部に分配をせずに，企業内部で貯めこんでいる分を指します)を多くするために配当をしないこともあります。また，利益が出ていない場合で

も株主を維持するために株主優待を継続する企業もあります。
3) 元気寿司は宇都宮市に本社を置く株式会社であり，回転寿司事業を展開しています。日本だけではなくハワイ，シンガポール，香港，インドネシア，台湾などでも事業展開しています。詳細は下記の URL を参照してください。
　　元気寿司株式会社ホームページ　http://www.genkisushi.co.jp
4) 元気寿司株式会社の 2012 年度の売上高は 24,598,893 千円，2013 年度の売上高は 26,892,876 千円，また 2012 年度の税引前当期純利益は 426,127 千円，2013 年度の税引前当期純利益は 687,808 千円です。
5) 一般に法人税率という場合には，法人税そのものだけではなく企業に課せられる住民税や事業税も含まれた「実効税率」を指します。34.62％という数字は厳密には実効税率を表しています。
6) 日本の企業では法人税の支払いを行っている企業は約 30％といわれています。残りのの 70％の企業は赤字で利益が出ていないため，法人税の支払いを行っていません。
7) EDINET の URL は次の通りです。利用にあたり特に利用資格や利用料金は発生しません。インターネットに接続できる環境ならばいつでもどこでも利用可能です。
　　EDINET　http://info.edinet-fsa.go.jp/
8) 紙幅の都合があるため，損益計算書と貸借対照表の一部の項目については合算し，金額が大きい項目を優先的に表示し，金額が少ない項目は「その他」にまとめてあります。また，四捨五入が行われているため，加算や減算の結果が正しく表示されていない部分があります。すべての項目の金額が入った完全な損益計算書および貸借対照表は元気寿司のホームページや EDINET から PDF ファイルでダウンロードできます。
9) 2012 年 11 月時点では 1 ドルは約 80 円の価値でしたが，2013 年 10 月 31 日時点では 1 ドル 112 円まで円安が進んでいます。円安とは，ドルに対する円の価値が下がっていることをいいます。2012 年 11 月の時点であれば 80 円もっていれば 1 ドルに交換できたものが，2013 年 10 月 31 日時点では 112 円もっていなければ 1 ドルに交換できなくなります。したがって，2012 年 11 月時点よりもドルに対する円の価値が下がっていることになります。元気寿司はドル建ての預金をもっていることから，仮に外国の銀行に 10,000 ドルの預金があったと仮定して，それを日本円に換金した場合には 2012 年 11 月時点では約 800,000 円になりますが，2013 年 10 月 31 日時点では 1,120,000 円になります。この差額の 320,000 円が為替差益になります。
10) 有価証券評価損は一般的には営業外費用の項目に記載しますが，会社の経営破たんなどにより保有している有価証券の現時点の価値が期首時点と比べて大幅に下落している場合には，特別損失の項目に計上します。また，有価証券の現時点の価値が期首時点と比べて上昇している場合には営業外収益になります。
11) 純資産の部には他にもさまざまな項目がありますが，詳細は上級学年に配置されている財務諸表論などの授業で学習します。
12) 売掛金とは，商品は顧客に引き渡したものの代金をまだ受け取っていない状態を指します。インターネット通販などで物を販売した時には，多くの場合には商品を先に顧客

に発送しますが、顧客のクレジットカードから代金が引き落とされるのは商品の発送後になります。したがって、販売した企業の側からみると、後日代金を回収できる権利を有しているため、売掛金を資産として考えます。一方で、顧客の側から見れば後日代金の請求が来るため、負債が発生したと考えますが、これを買掛金といいます。企業の商取引の場合には、商品を扱う数量や頻度が多いため現金払いでは効率が悪く、後日に一括して代金をやり取りする売掛金や買掛金による掛取引が多用されています。

13) 表6-2の元気寿司の貸借対照表では（税引後）当期純利益は純資産の部の「繰越剰余金」の金額に含まれて表示されているため、貸借対照表には（税引後）当期純利益の金額が表示されていませんが、損益計算書の（税引後）当期純利益の金額と同額になっています。

14) 賃貸対照表、損益計算書、キャッシュフロー計算書、株主資本等変動計算書（詳細は本書では省略します）および附属明細表をまとめて財務諸表と呼んでいます。（財務諸表等規則 第1条）

参考資料

株式会社元気寿司第35期有価証券報告書。
金融庁「金融商品取引法に基づく有価証券報告書等の開示書類に関する電子開示システム」(EDINET), http://info.edinet-fsa.go.jp/
ヤフーファイナンス, http://finance.yahoo.co.jp/

第7章　企業の税金

1 本章のねらい

　本学部生の多くが(地元の)民間企業への就職を望んでいます。彼らのなかには近い将来，会社の経理部門において税に関する業務に携わるひとがいることでしょう。また公務員を志望しているひとは，国税専門官になり徴税の現場に赴いたり，税務行政(課税実務)に従事したりする可能性も大です。さらに難関試験を突破し税理士という税の専門家として活躍するひともいるにちがいありません。そこで本章は，こうした認識に立ち，企業にかかわる税金［租税］の基礎的事項について論考します。

　なお，本章でいうところの「企業」とは，法人化された企業のうち「株式会社」を指します。「法人」とは，特定の目的のために組織された団体または財産であり，法律上の権利能力を有するもの(法的擬制：legal fiction)と定義されます[1]。そして図7-1の円グラフにあるように，約254万社ある日本の法人のうち，実にそのほとんどが株式会社形態を採る企

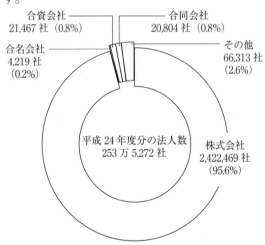

図7-1　組織別法人数の構成比

出所）国税庁 長官官房 企画課 (2014)「平成24年度分 会社標本調査—調査結果報告—『税務統計から見た法人企業の実態』」p. 14.より作成。

業なのです。

　さて租税とは，行政(国や地方公共団体)が納税者(国民や企業)から一方的［強制的］[2]に金銭を徴収できる制度です。もとより行政による恣意的な徴税があってはなりません。このため課税要件(納税義務の成立要件)及び賦課・徴税(租税の割当負担と取立て)については税法に細かく規定されています。一方，納税者は適法の範囲において節税を図り，自己の財産を守らなければなりません。したがって両者とも税に関する法体系の理解が不可欠となるのです。とはいえ税法は非常に複雑かつ難解です。そこでまずは，税金の世界をおおまかに眺めていきましょう。そしてそのあとに，株式会社にかかる税金について整理したいと思います。

2 税金のあらまし

(1) わたしたちの生活と税金

　本学部には「フィールド・ワーク」という演習科目があります。フィールド・ワークとは「現地調査」を意味します。つまり教室や研究室を飛び出し，地域や企業を訪問し，調査・分析を行うことによって，当該研究対象のより具体的な理解を図ろうとするものです。さて，あなたは地域におけるフィールド・ワーク[3]の予習として，あなたの住んでいる町を歩きながら観察してみることにしました。その際，あなたが真っ先に気づくこととは何でしょうか。

　外は真冬。出かけようと玄関のドアを開けると，雪が積もっていました。自宅前の私道が真っ白です。バスや電車通りといった，広い道(「公道〈国道，県道，市道〉」)にもまだまだ雪は残っています。除雪車は出動するのでしょうか。雪道パトロールのパトカーやスリップ事故の救護にあたる救急車があわただしく行き交います。ところで，あなたの地元は，小江戸とも小京都とも称されるレトロな町並みが魅力です。県や市に指定(または国に登録)された名立たる文化財もたくさんありました。目を転じると，公園では子どもたちが大はしゃぎで雪ダルマをつくっています。市の図書館には複数の受験生が参考書を抱えて

入っていきました。はてさて冬の日はとても短く，みてとればあたりはすっかり暗くなっています。夜道を歩くのはとても怖いもの。突然鳴り響く消防車のサイレンに鳥肌が立ちます。それでも明るい街灯に導かれ無事に帰宅することができました[4]。

　いかがだったでしょうか。あなたが町で見聞きしたものごとの多くが，税金でまかなわれていることに気づかれたと思います。これらは国や地方公共団体(都道府県・市町村)が提供する公共サービスや公共施設。わたしたちの生活にはなくてはならないものです[5]。税金とはいわば「社会の会費」。そして公共財(public goods)にかかる多額の費用は，みんなで少しずつ出し合わなければならない[6]，ということなのです。

　では，わたしたちの生活に必要な公共サービスには，他にどんなものがあるでしょうか。また，その提供資金となる税金とはどのようなものでしょうか。こうして，あなたのフィールド・ワークのテーマが決まりました。

(2) 租税の意義

　租税は現代の社会において種々の機能を果たしています。その本来の機能は行政が公共サービスを提供するために必要な資金を調達することにあります(租税の公益性)。したがって租税の意義(租税法の基本観念)については，「公共サービスを提供するための資金を調達する目的で，法律の定めに基づいて私人に課する金銭給付である」と定義されています[7]。

(3) 租税の主だった機能

① 公共サービスの提供資金の調達

　既述のように，わたしたち国民にとって各種の公共サービスはなくてはならないものです。公共サービスは，次の2つに大別されます。第1は「純粋公共サービス」と呼ばれるものです。国防・裁判・警察・公共事業等のように，国や地方における特有のサービス(≒任務)を指します。こうしたサービスの提供によって「社会的欲求(social wants)」の充足は図られます。第2は「準公共サー

ビス」と呼ばれるものです。たとえば公教育や公営住宅の建設等が，これに属します。これらは，人びとの「価値欲求(merit wants)」の充足を目標においています。[8]

さて，公共サービスの提供は行政にとって最も重要な任務です。この任務を果たすためには，膨大な額の資金が必要になります。租税はその資金を調達するための手段にほかなりません。ひらたくまとめれば，公共サービスに対する「公的欲求(public wants)」を充足するための資金が税［税金］であり，その調達手段が租税ということです。

② 所得の再分配

わたしたちの社会には，所得（稼ぎ）や財産の格差など経済的な不平等が現実としてあります。日本国憲法第二十五条は，福祉国家の理念のもとに生存権を保障していますが，これを実現するためには所得の再分配が必要になります。[9] つまり高い所得を得ているひとから税金を徴収し，それを各種の社会保障サービスの提供にあてることで，すべての国民の健康で文化的な最低限度の生活が守られるのです。別言すれば所得の再分配とは，高額所得者から徴収した税金を低額所得者（層）に分配することにより，格差や不平等を是正するという機能です。

また，所得の再分配を促す仕組みとして「累進課税制度」があります。これは負担［支払］能力に応じて税を負担すべき，とした「応能負担の原則」です。その負担能力を測る基準は所得です。したがって，所得が多くなるにつれて税負担が累進していく累進税率を用いて課税する制度です。[10]

③ 景気の調整

資本主義経済において種々の経済変動（失業・インフレーション・不況等）が起きやすいことは歴史が示すとおりです。しかし，資源利用の最適化をはかりつつ，完全雇用を達成し，経済発展を維持・促進していくためには，景気の過熱・後退を含む経済変動を避けなければなりません。[11]

租税の第3の機能は，こうした景気調整(stabilization)の目的に役立つことにあります。すなわち，景気の後退期には減税措置によって投資と消費を刺激することができ，逆に景気の過熱期には増税措置によって投資と消費を抑制することができるわけです。[12]

(4) 税金の分類・整理
① 課税主体(誰が課すのか)

租税を賦課・徴収する主体は，国と地方公共団体(都道府県／市町村)の2者です。

まず，国が賦課・徴収する税目(個別の税金)の総称が「国税」です。国税に該当する税目には所得税・法人税・相続税などがあります。

国税は一般税法と個別税法(所得税法や法人税法)によって規律されます。一般税法は個別税法に共通する手続きを定めています。国税通則法・国税徴収法・国税犯則取締法がこれにあたります。各種の個別税法には課税の実体に関する規則(納税義務者，課税標準，税率など)が定められています。[13]

一方，地方公共団体が課す税金は「地方税」と呼ばれます。地方税に該当する税目として，住民税・事業税・固定資産税などがあります。[14] みなさんは住民税の「特別徴収額の決定通知書」や固定資産税の納付書などを見たことはありませんか。これらは市役所などから送られてきます。このことは当該税目が地方税であることを示しています。[15]

地方税の法体系は統一法典形式です。つまり，地方税法という法律のなかに，住民税や固定資産税などの課税要件(どういう要件を満たすと，納税義務が成立するのか)や手続きがまとめて規定されているわけです。[16]

② 課税客体(何に課すのか)

税を課す主な対象は，所得・消費・資産の3つです。

まず，所得[収得]税は，収益を得て(稼いで)いるという事実に基づいて課税されるものです。所得税・法人税・事業税・個人住民税などがこれに属します。[17]

次に，資産［財産］税は，財産を所有して(持って)いるという事実に基づいて課税されるものです。相続税や贈与税，固定資産税などが，これに適応します。

そして，消費税。最近，よく見聞きする言葉です。これは消費事実(つまり，財やサービス〈商品〉を買って使った)に基づいて課税されるものです。消費税をはじめ，酒税やタバコ税などが，これに相応します[18]。

さて，ここで図7-2をご覧ください。この円グラフは，日本の税収の割合を示したものです。まず，所得課税が全体の約半分を占めていることがわかります。これに消費税(17.2%)を加味すると，大きな税収を獲得するのは国税であることが明らかになります。税金が国の財布を賄うという意味において，この3つの国税(所得・法人・消費税)が果たす役割はとても重要です[19]。反面，日本の税収構造が国税偏重にあるという問題点も指摘されます[20]。

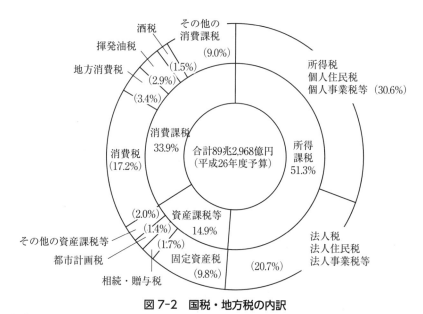

図7-2　国税・地方税の内訳

出所）財務省のホームページ (https://www.mof.go.jp/tax_policy/summary/condition/001.htm) から引用作成。2014年6月末現在。

③ 税金や税法学習について

本節では，税金の世界をかけ足でみてきました。日本の税金が50種（表7-1を参照）にも及ぶことと同様に，税法も多数存在します。これらすべてを理解することは，最初からあきらめてかからねばならないでしょう。税金や税法の勉強は，とかく迷ったり，うんざりしたりするものです。そんな時は，先に述べた分類法[21]（誰が，何に，といった観点）を思い出してください。スッキリと整理できること，請け合いです。

表7-1　国税・地方税の税目・内訳

	国税	地方税		国税	地方税
所得課税	所得税 法人税 地方法人特別税 復興特別所得税 復興特別法人税 地方法人税	個人住民税 個人事業税 法人住民税 法人事業税 道府県民税利子割 道府県民税配当割 道府県民税株式等 譲渡所得割	消費課税	消費税 酒税 たばこ税 たばこ特別税 揮発油税 地方揮発油税 石油ガス税 自動車重量税 航空機燃料税 石油石炭税 電源開発促進税 関税 とん税 特別とん税	地方消費税 地方たばこ税 軽油引取税 自動車取得税 ゴルフ場利用税 入湯税 自動車税 軽自動車税 鉱産税 狩猟税 鉱区税
資産課税等	相続税・贈与税 登録免許税 印紙税	不動産取得税 固定資産税 都市計画税 事業所税 特別土地保有税 法定外普通税 法定外目的税			

出所）財務省ホームページ（https://www.mof.go.jp/tax_policy/summary/condition/001.htm）より。

3 企業にかかる税金

(1) 関係諸法の構成

日本国憲法第84条は，「あらたに租税を課し，又は現行の租税を変更するには，法律又は法律の定める条件によることを必要とする。」と定めています。大事なポイントは，「租税の定め方（課税のあり方）は『法律』で決めなくてはな

らない」ということにあります。これが「租税法律主義[22]」といわれる原則です。この点だけをみれば、企業に関する税金のことは法律のみで決まる、といったシンプルな理解になります。しかし、実際には法律以外にもさまざまな規定がはりめぐらされているのです。そこで企業の税金にかかわる「法令[23]」等を以下に摘記してみます。

① 憲　法

まず第30条は、「国民は、法律の定めるところにより、納税の義務を負ふ（う）」として、人が法律に従って税金を納めなければならない義務を定めています。この憲法が定める国民の納税義務は、課税の「形式的根拠[24]」とされています。また第14条1項は、「すべて国民は、法の下に平等であつて、人種、信条、性別、社会的身分又は門地により、政治的、経済的又は社会的関係において、差別されない」と定めています。この規定を税金にもあてはめて、同じような状況の人には同じように課税しなければならない、という考え方がとられています。これは「租税公平主義」といわれるものであり、先で触れた租税法律主義と並び、租税法（税金に関する法律）の重要な原則であるとされています。[25]

② 法律：法人税法

法律は国会の議決を経て制定されます。法律は租税法律主義の見地から、税法において最も重要な法源（法の存在形式）[26]とされています。種々税目の課税要件及び税額確定・納付手続等を定める法律のひとつとして法人税法があります。法人税法は、憲法第59条第1項に基づき、国会両議院の（法人税に関する上程議案〈法律案〉の審議～）[27]可決により法律となります。[28]

③ 命令：政令・省令

税法は租税法律主義により法律で定めることを要します。ただし、複雑且つ流動的な（経済事象を対象とした）課税要件等を明確に規定するためには、一定の範囲で「命令」に委ねる必要があります。これが国の行政機関により制定さ

れる法であり，政令・省令がこれに当たります[29]。

(A) 政令：法人税法施行令

　憲法第73条6号は，「この憲法及び法律の規定を実施するために，政令を制定すること」を内閣の職務として定めています。法人税法に関する政令である法人税施行令は，閣議決定により制定されます[30]。

(B) 省令：法人税法施行規則

　国家行政組織法第12条第1項は，「各省大臣は，主任の行政事務について，法律若しくは政令を施行するため，又は法律若しくは政令の特別の委任に基づいて，それぞれその機関の命令として省令を発することができる」としています。法人税法に関する省令はこれに則り，財務省令として法人税法施行規則が定められています[31]。

④ 通達：法人税基本通達

　租税法律主義は，納税者の代表で構成される議会の同意〔〝代表なければ課税なし″(No taxation without representation)〜法律なくしては課税できない〕，つまり法律を重視します。したがって，この原則は行政内部の規則である「通達」の法源性(法規としての効力)を否定することになります[32]。図7-3を見てください。法人税を例にとると，法人税法施行令(政令)や法人税法施行規則(省令)は法令ですが，法人税基本通達［基本通達・法人税法］は法令でないことがわかります。

　国家行政組織法第14条第2項は，「各省大臣，各委員会及び各庁の長官は，その機関の所掌事務について，命令又は示達をするため，所管の諸機関及び職員に対し，訓令又は通達を発することができる」と定めています。これにより通達とは「上級行政庁が法令の解釈や運用方針等を統一するために，下級行政庁に対してなす命令・指令」[33]と定義されます。すなわち通達は行政内部においては拘束力がありますが，国民や裁判所を拘束する力をもちません。通達はあくまでも通達であり，課税はあくまでも法律に則って行われねばなりません。

　それでも税務行政の現場において，通達は事実上，強い力をもつといわざる

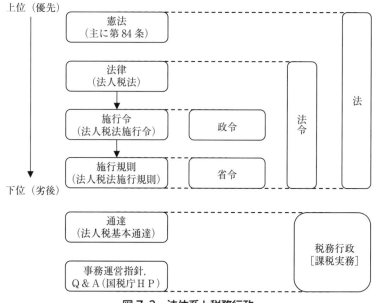

図7-3 法体系と税務行政

出所）木山泰嗣（2014：51）引用作成。

を得ません。なぜなら税務職員は通達に制約されるからです。[34]

(2) 税目あれこれ

　企業にかかる主たる税金として，「法人税」「法人住民税」「法人事業税」の3つが挙げられます。これら3つの税金(法人税等)は，企業が獲得した利益(決算利益)をもとにして課税されるもので，実務上「法人3税」と呼ばれたりします。これらの税目の他にも，物品・サービスの購入時に支払う消費税，期中(事業あるいは会計年度)において資産を売買したり，文書を作成したりするときにかかる印紙税，土地・建物をもっているとかかる固定資産税，クルマをもてば自動車税等々，これにはもう枚挙にいとまがありません。企業とはまさに，税金に取り囲まれながらビジネスを展開している存在なのです。[35]

　以下，法人3税の要点を整理してみます。

① 法人税

会社の利益(所得)に対して国が課す税金です。ここでは,法人税のタイム・スケジュール(決算から申告・納付までの流れ)を次のとおり示します。

(ⅰ) 事業年度開始後6ヵ月を経過した日から2ヵ月以内に中間申告を行います。
(ⅱ) その際,前年度の法人税額の2分の1に相当する金額または中間決算に基づく半年分の法人税額のいずれかを納付(中間納付)します。
(ⅲ) 事業年度終了後は,確定した決算に基づき,原則として決算日の翌日から2ヵ月以内に確定申告を行い,1年分の法人税額を確定します。
(ⅳ) その確定した年税額から中間納付額を差し引いた残額(確定納付額)を納付します。[36]

② 法人住民税

会社を取り巻く地方税の代表格です。会社は,その事務所・事業所・宿泊所その他の施設が所在する都道府県に都道府県民税を,市町村に市町村民税を(東京都23区内の場合は,双方を合わせ都民税として)納めなければなりません。法人住民税の税額は,次の式より求められます。[37]

(a) 都道府県民税＝均等割額＋法人税割額－利子割額
(b) 市町村民税＝均等割額＋法人税割額

　法人住民税は,均等割と法人税割及び利子割の3つによって構成されます。均等割は所得に関係なく(黒字・赤字を問わず),資本金等の金額や従業員数に応じて課税されます。法人税割は法人税額を基礎(課税標準)として,法人税割の税率を乗じて計算されます。したがって,法人税額がゼロであった赤字(欠損)法人は課税されません。利子割とは預貯金の利子などを基礎として課税されるものです。利子割は源泉課税(特別徴収:利子から直接税金が差し引かれる

こと）です。これは法人住民税の前払いにあたるため，確定申告において都道県民税の納付額から控除されます。[38]

③ 法人事業税

会社のおこなう事業に対して都道府県が課す税金です。会社は，その事務所・事業所が所在する都道府県に法人事業税を納めなければなりません。この課税根拠は，会社が事業活動を行うにあたり所在地域（都道府県）の各種行政サービスを受けていることに照らして，これらに必要な経費を分担すべきである，という考え方にあります。法人事業税は，原則として，法人税の課税所得金額に税率を乗じて算出します。

なお，先の法人住民税も法人事業税も，法人税と同じく申告納税制度によりますので，確定申告書を作成して申告・納税をしなければなりません。申告納付期限は，これも法人税と同様，各事業年度終了の日の翌日から2ヵ月以内とされています。[39]

(3) コストとしての税金

株式会社（以下，会社と表記）の利益は収益から費用を差し引くことで求められます。しかしこの金額は通常，会社法や会計慣行によって導き出された税込［決算］利益です。したがって，より厳密な（いわば真の）利益とは税金（及び株主に対する配当）を支払った後の残金をいいます。

さて，会社が納める法人税額は所得金額（税金を差し引く前の利益）に税率を乗じて算出します。会社があげた利益の約4分の1（基本税率：現行25.5%）は法人税として納めなければなりません。仮に100万円の税引前利益を計上したとすれば，約25万円が法人税額になるのです。さらに法人税に加え法人住民税・法人事業税・地方法人特別税まで考慮した「実効税率（40%近くにもなる）」を用いたとすれば，法人税等の総額は約40万円にものぼります。

ところで，企業経営という観点から利益をみれば，それは「会社内に蓄積され，つぎなる利益を生み出す元手になるもの」です。その利益を獲得するため

には全社一丸となった経営努力が必要です。その意味で実現した利益とは，会社全員の努力（まさに血と汗と涙）の結晶なのです。法人税はこの努力の結晶である利益にかかる税金です。したがって，手元から現金が減る（利益を減らす）ことになる税金［納税］は，法令に基づき支払わなければならないコストにほかなりません。そうであれば，他のいろいろなコストと同様，適法の範囲において節約（節税）を図ることが重要となります[40]。そのためには，経営活動（または循環プロセス）のなかに法人税務をしっかりと位置づけなければなりません（図7-4）。

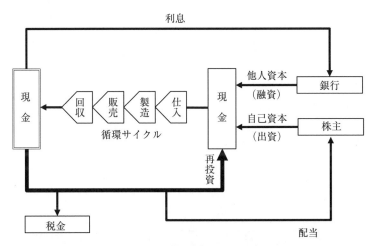

図7-4 企業の経営活動（仕事の流れ）

出所）金児昭（2011：7）引用作成。

4 法人税の基礎的事項

(1) 法人数と欠損法人割合

これまで法人税については，(A) 会社にかかる数多の税目のうち，もっとも大きなウエイトを占める国税であること，(B) 会社が納める法人税額は，所得金額(税引前利益)に税率を乗じて算出されること，(C) 法令に基づき支払わなければならないコストにほかならず，適法の範囲において節税を図ることが大事であること等をみてきました。

だだ，そもそも論を持ち出すまでもなく，利益が出なければ法人税も発生し得ません(法人に所得がなければ課税されません[41])。

図7-5のグラフは，法人税を支払う義務のある全会社のうち，実際に納税できた数とできなかった数の比率を表したものです。これをみると，平成24年度分の法人数253万5,272社から，連結子法人の数(9,288社)を差し引いた252万5,984社のうち，欠損法人は177万6,253社で，欠損法人の割合は70.3％。

このうち連結法人(1,243社)についてみれば，欠損法人が617社で，欠損法人の割合は49.6％となっていることがわかります。

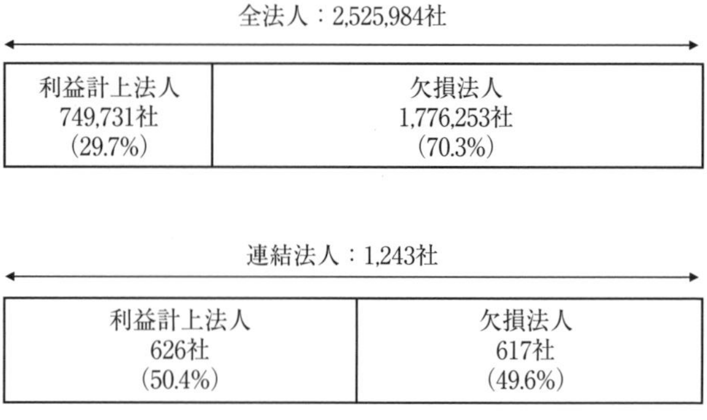

全法人：2,525,984社

利益計上法人 749,731社 (29.7％)	欠損法人 1,776,253社 (70.3％)

連結法人：1,243社

利益計上法人 626社 (50.4％)	欠損法人 617社 (49.6％)

図7-5　法人数と欠損法人の割合 (平成24年度分)
出所）国税庁 長官官房 企画課 (2014：11)，国税庁ホームページより引用作成。

つまり，日本の会社の大半（約7割）は法人税を負担しておらず，全体の3割にも満たない会社が日本の税収の約5分の1（図7-2）を納めているというのが，現在における法人税の実態なのです。

(2) 利益と所得の違い

　企業［財務］会計上の「利益（企業利益）」がそのまま課税対象になるなら，法人税法は税率のみを規定すればよいことになります。しかし現実の法人税法は，会社（法人化された企業）の「所得（課税所得）」を課税の対象とし，その計算について入り組んだ規定を多数設けています。端的にいえば，法人税の対象となる課税所得と企業利益とは必ずしも一致しないのです。[42]

　両者が一致しない理由は，企業会計と法人税法の目的の違いにあります。企業会計の目的は株主をはじめとする利害関係者（stakeholders）に対し，会社の財政状態や経営成績を正確に報告することです。その際，企業利益は会社法や企業会計原則などに基づき算出されます。一方，法人税法は税収の確保や課税の公平を目的とし，税法独自の観点から課税所得を算出します。[43]

　それでは，企業会計と法人税法とでは目的が異なるのだから，利益と所得も別々に計算すべきなのでしょうか。仮にそうであれば，経理担当者の手間は増え，結果として両者の目的遂行に支障が出ることになるでしょう。そこで税務においては，「課税所得は企業利益と別の体系によって計算されるのではなく，企業利益から税法所要の調整（加算・減算）を加えて誘導的に算出する仕組み」をとっています。このような企業の確定した決算（最長1年の計算期間［事業年度］の利益算出）を前提として課税所得を計算しなければならない事項を「確定決算原則」（または確定決算主義）といいます。[44]

(3) 法人税の計算の流れ

　法人税法の課税対象となる所得は，「益金」から「損金」を引くことで求められます。この益金というのは，企業会計上の「収益」を基礎として，これに「益金算入額（企業会計上は収益とはならないが，法人税法上は益金となる金額）」

を加算し,「益金不算入額(企業会計上は収益となるが,法人税法上は益金とはならない金額)」を減算して求めるものです。この金額から損金を控除した差額が法人の所得となります。損金も企業会計上の「費用」を基礎として「損金算入額(企業会計上は費用とはならないが,法人税法上は損金となる金額)」を加算し,「損金不算入額(企業会計上は費用となるが,法人税法上は損金とはならない金額)」を減算して求めることになります。以上から,法人税法の所得とは企業会計上の利益を税法の見地から修正したものと結論できます。

それでは,図7-6,図7-7を設例とし,決算〜決算利益〜課税所得〜税額算出までをガイドします。

（ⅰ）企業は一会計期間の経営成績と期末の財政状態を明確にするため損益計算書や貸借対照表などの財務諸表を作成します。この一連の手続を決算といいます。
（ⅱ）株主総会（最高意思決定機関）の承認を得た決算利益をもとに課税所得を計算します（図7-7：当期の利益50 →決算利益50）。
（ⅲ）この企業会計上の決算利益に,税法上の観点から修正が加えられることは既に述べました。この税法独自の取扱いは,「別段の定め」として

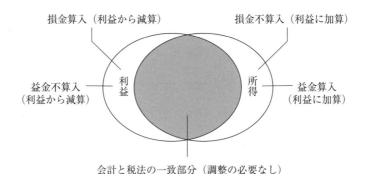

図7-6 利益と所得の関係

出所）金児昭（2011：351）より引用作成。

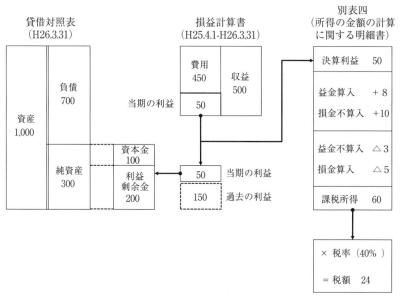

図 7-7 決算から税額計算へ

出所）筆者作成。

法人税法に規定されています。

(iv) 決算利益50に加算・減算の調整を施して法人税法上の課税所得60が算出されます。この60に税率（ここでは40%）が掛けられ税額24が確定します。このような決算利益50から課税所得60を導きだす作業を「申告調整」といい，法人税申告書のなかの別表四(べっぴょう)（いわば税法上の損益計算書）で行います。

5 今後における重点論題：法人税率引き下げの是非

既述のように，租税は① 公共サービス提供のための資金の調達，という本来の機能のほかにも，高度に複雑化した現代の経済社会においては，② 所得の再分配および③ 景気の調整，といったきわめて重要な機能を果たしていま

す(本章第2節第3項を参照)。さらに企業活動の国際化が著しい今日にあっては,租税の経済[財政]政策に資する働きに期待が集まります。ひとつ例を示せば,昨今,経済界を中心に熱を帯びている「法人税率の引き下げ(法人税の減額)」要求論があります。この肯定・推進派のロジックは,(A)日本の「法人実効税率[47)]」は国際的に見て高い(図7-8を参照)[48)]〜(B)これは国際競争上不利〜(C)だから税率を引き下げるべき〜(D)これにより国内企業の保護・育成が図られ(日本企業の海外流出・産業の空洞化防止にもつながる)〜(E)ひいては内外の投資を日本に誘致できる〜(F)そもそも「法人税の逆説(税率は下がったが,税収は上がった)」が過去に見られた,というものです。現政権はこれに呼応し,消費税率引き上げと関連づけた考えを次のような"三段論法"で示しています。[49)]

(ⅰ) 法人税を減税すれば,企業が活力を回復して収益を伸ばすことができる。
(ⅱ) そうすれば,労働者の賃金や雇用も増えて消費税の負担を和らげることができる。
(ⅲ) その結果,消費需要が拡大して,デフレ脱却ができるとともに,再び企業収益が増加する。

しかし,こうした動向に対しては,(ア)本当に日本の税率は高いのか,(イ)税率ではなく実際の税負担(割合)が問題なのではないのか,[50)](ウ)減税による恩恵は株主に限られたものになりはしまいか,[51)]といった疑問が次々とわいてきます。

また,法人税率の引き下げ傾向は各国においても強まっており,これが近年の熾烈な租税競争をもたらしています。こうした背景から,法人税のあり方をめぐっては,もはや一国の独自決定はむずかしく国際協調が必須である,といった指摘もなされています。[52)]

「法人税率引き下げの是非」は,企業の税金を論ずるうえで重要なテーマとなるに違いありません。みなさんも本章で学んだ租税法律主義の精神に則り,

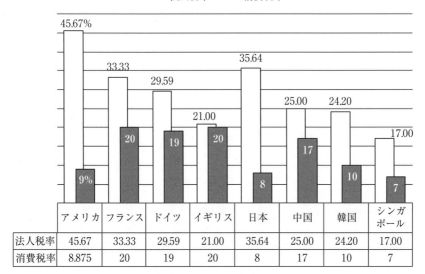

注）アメリカはニューヨーク市，日本は東京都における適用税率。

図7-8 法人税率（実効税率）・消費税率の国際比較グラフ

出所）財務省のホームページ（http://www.mof.go.jp/tax_policy/summary/corporation/084.htm）及び『日本経済新聞』2014年6月23日付を基に引用作成。

さまざまな視点(たとえば，経営者・株主・従業員・顧客・地域社会等々)から考えてみてください。

〔設問〕次の問いに答えなさい。
1.「租税の役割」とは何か，説明しなさい。
2.「企業利益と課税所得」の違いについて説明しなさい。
3.「法人税率引き下げ」に対するあなたの考えを述べなさい。

(前橋明朗)

§ 注・参考文献 §
1) 図子善信 (2014)『税法概論［第十一版］』大蔵財務協会，p.136。
2)「強制性」は租税を成立させる3要素のひとつである(他の2つは「無償性」と「収入

性」)。神野直彦 (2009)『財政のしくみがわかる本』岩波書店，pp. 55-56. を参照。「そもそも『租税』というのは，国民から強制的にお金を徴収するもので，国家権力の行使の最たるものです。古くから，政府を転覆させるなどの革命が起きたのも，その多くは税金が原因でした」木山泰嗣 (2014)「弁護士が教える分りやすい『所得税法』の授業」光文社，pp. 34-35。

3) 地域におけるフィールド・ワークは，たとえば，①現状把握〜②課題抽出〜③対策立案といった流れで展開される。

4) 本郷孔洋・田中弘 (2013)『税務会計の基礎』税務経理協会，pp. 2-3 を参考にした。

5) 「税金は，国民が国家という組織を運営するために拠出することを合意した負担だ」三木義一 (2012)『日本の税金〔新版〕』岩波書店，p. 86。

6) 国民1人あたりの年間支出額は，警察・消防費〔約 39,900 円（平成 24 年度）〕，ゴミの収集〔約 16,200 円（平成 24 年度）〕。また医療費に関し，国の税金からは国民1人あたり年間約 115,800 円が使われている〔国民医療費の公費負担額（平成 23 年度）〕。関東信越国税局作成『租税教室』資料から引用。

7) 金子宏 (2014)『租税法〔第十九版〕』弘文堂，pp. 8-9。

8) 同上書，pp. 1-2。

9) 「今日では，種々の社会問題の登場とともに，その解決のために国家がなんらかの程度において分配状態の是正＝再分配 (redistribution) を行うことが不可避となっており，それとともに，再分配は国家の正当な任務のひとつであると考えられるようになった」金子，同上書，p. 4。

10) 林仲宣・竹内進・四方田彰・角田敬子 (2009)『ガイダンス　税法講義』税務経理協会，p. 2。／三木義一 (2012) 前掲書，pp. 39-40。

11) 金子 (2014) 前掲書，p. 6。

12) 同上書，p. 6。

13) 三木 (2012) 前掲書，有斐閣，p. 30。／西村美智子・中島礼子 (2013)『そうだったのか！税法条文の読み方』中央経済社，p. 6。

14) 市町村が課す市町村民税（東京 23 区では特別区民税）と都道府県が課す都道府県民税（東京都では都民税）の総称である。

15) 西村・中島 (2013) 前掲書，p. 6。

16) 三木 (2012) 前掲書，有斐閣，pp. 30-31。なお，地方税の納税義務は地方税法によって負うものではなく，各自治体が地方税法の枠内で定めた条例により決まってくる。

17) 法人住民税も法人税額を課税標準として課税がなされる結果，所得に連動して税額が決まることになる。それゆえ，所得課税の一種として考慮される。西村・中島 (2013)『前掲書』p. 8。

18) 公益社団法人全国経理協会編 (2012)『入門税法』清文社，p. 9。

19) 佐藤英明 (2013)『プレップ租税法〔第 2 版〕』弘文堂，p. 73。

20) 三木 (2012) 前掲書，有斐閣，p. 28。

21) この他，「直接税：納税義務者と担税者が同一」と「間接税：納税義務者と担税者が

不一致」や「本税：通常の税金」と「附帯税：本税の履行上，適正を欠く際に附帯して課せられる税金」等の分類観点がある。
22)「税法を学ぶに当たって最も重要な原則（法律なくしては課税できない）である。この原則がなければ，課税権者はいつでも恣意的に課税できることになるからである」三木(2012) 前掲書，有斐閣，p.7。
23)「法令」は「法律」を含んだ，幅の広い概念である。国会でつくられた「法律」に限らず，法律を実施するために内閣が制定する「政令」や，各大臣が制定する「施行令」，各省が制定する「施行規則」などの命令も含んで「法令」という。木山泰嗣 (2014)『法律に強い税理士になる』大蔵財務協会，p.43。
24) 課税の「実質的根拠」として，①公需説，②交換説（利益説），③保険料説，④義務説（犠牲説）がある。谷川喜美江 (2013)『入門　税務会計』税務経理協会，pp.3-4.
25) 佐藤 (2013) 前掲書，pp.49-50。
26) 法源を明らかにすることは，どのようなものが国や国民（そして裁判官）を直接拘束するのかを明らかにすることである。図子 (2014) 前掲書，p.34。
27)「法律案は，この憲法に特別の定めのある場合を除いては，両議院で可決したとき法律となる」
28) 中田信正 (2013)『財務会計・法人税法論文の書き方・考え方―論文作法と文献調査―〔改訂版〕』同文舘，p.78。
29) 図子 (2014) 前掲書，p.35。
30) 中田 (2013) 前掲書，p.78。
31) 同上書，p.78。
32) 三木 (2012)，前掲書，有斐閣，p.8。
33) 同上書，p.8。
34) 同上書，p.8。
35) 金児昭・馬場一徳・青山隆治・奥秋慎祐・野田美和子 (2013)『法人税実務マニュアル』税務経理協会，pp.2-3.
36) 平松一夫・島本克彦・引地夏奈子・譚鵬 (2014)『株式会社簿記論』中央経済社，p.122.
37) 金融財政事情研究会　ファイナンシャル・プランニング技能士センター (2014)『2014年度版　法人の税金ガイドブック』金融財政事情研究会，p.12。
38) 同上書，p.132。
39) 村田克也 (2014)『事業者必携　法人税と消費税のしくみ』三修社，pp.216-218。
40) 金児・馬場・青山・奥秋・野田 (2013) 前掲書，p.1。
41) 三木 (2012) 前掲書，岩波書店，p.60。
42) 同上書，p.63。／山本守之 (2012)『法人税の理論と実務〔平成24年度版〕』中央経済社，pp.80-81。
43) 林・竹内・四方田・角田 (2009) 前掲書，p.74。
44) 山本守之 (2012) 前掲書，pp.80-81。
45) 三木 (2012) 前掲書，岩波書店，pp.63-65。

46）広瀬義州（2012）『会計学スタンダード』中央経済社，p.28。
47）現下，政府・与党から「デフレ脱却」「日本経済再生」「地域経済活性化」等について，政策税制により積極的な支援をしていく旨が示されている。財務省ホームページ「平成26年度税制改正の大綱の概要（平成25年12月24日閣議決定）」を参照。
48）「実効税率」とは，国税である法人税のみならず地方税を含めて，法人企業の利益に課税される税の実質的な負担率を示すものである。その際，事業税・地方法人特別税が法人税の計算上控除されることを考慮して算出されるもので，単純に各税金の税率を合算したものではない。金児・馬場・青山・奥秋・野田（2013）前掲書，p.2。
49）富岡幸雄（2014）『税金を払わない巨大企業』文藝春秋，p.20。
50）「法人の利益の計算や所得の算出方法等は国によって異なる。税率が20%でも所得が100とされるならば，税率が30%でも所得が50とされる国よりも税負担は高くなる。それに，各国とも大企業向けの特別措置があり，それを含めて実際の負担割合の方が重要である」三木（2012）前掲書，岩波書店，p.59。
51）政府発表（2014年6月24日発表）の「日本再興戦略（改訂版）」では，「ROEの国際標準化」が「コーポレート・ガバナンスの強化」とともに〝一丁目一番地〟として位置付けられた。「ROE（自己資本利益率：Return on equity）」は企業の経営効率をみる指標であり，当期純利益を株主資本で割ることで算出される。ROEが高い企業はそれだけ配当など投資家の取り分を稼ぐ力があるとされ，株主重視経営の礼賛を背景に，株主に報いる銘柄探しに使われるようになった。『日本経済新聞』2014年8月7日付（夕刊）／2014年9月20日付（朝刊）。
52）三木（2012）前掲書，岩波書店，p.60。

第8章　経営情報

1 経営と情報システム

(1) 情報社会の進展

　人類はこれまでの歴史の中で，文明社会に大きな変革をもたらす幾つかの大転換を経験してきたといわれます。アルビン・トフラー(Toffler, A.)は，著書『第三の波』(*The Third Wave*, 1980)の中で，これら大転換を文明社会に押し寄せる波にたとえて，農業革命を第一の波，産業革命を第二の波と表現し，それらに匹敵する第三の波として情報革命を捉えました。第一の波「農業革命」は，農業の生産性を高め，漁労・狩猟民族中心の社会を農耕民族中心の定住社会に変え，第二の波「産業革命」は，工業を中心とする産業の労働生産性を飛躍的に高め，人類に物質的な豊かさをもたらし，工業労働者中心の社会に変えました。さて，現在も進行中の第三の波「情報革命」は人類に何をもたらしているでしょうか。産業革命が「物質的な豊かさ」をもたらしたのだとすれば，情報革命は人類に「知的活動の豊かさ」をもたらし，工業労働者中心の社会を情報労働者(明確な定義はありませんが)中心の社会に変えるということになります。しかし，「知的活動の豊かさ」とは何か，「物質的な豊かさ」と比較して，客観的な評価はむずかしいですね。

　産業革命によって農業中心社会から工業中心社会になったからといって，農生産物の代わりに工業製品を食べるようになったわけではないように，情報革命によって工業中心社会から情報中心社会になったからといって，情報を衣食住に直接供するわけではありません。テレビや映画，電話やインターネットのように娯楽や通信といった情報そのものが直接われわれの生活に「知的活動の豊かさ」を与えてくれる場合もあれば，「物質的な豊かさ」の背景で「情報革命」が重要な役割を果たしている場合も多くあります。たとえば，物流について考

えてみましょう。産業革命によって膨大な量の製品が産み出され，それら製品を適切に管理・制御して効果的に流通させることが必要になりました。こうした膨大な量の物流を成り立たせるためには，同時に膨大な量の取引情報の処理が必要であり，これら情報処理の速度が物流の速度を決めるといっても過言ではありません。つまり産業革命によって高められた生産力は，情報革命によってさらにその威力を発揮したともいえるでしょう。

(2) 経営情報システムの支援領域

経営におけるさまざまな意思決定や管理活動を支える情報システムは，どのような観点から分類され，どのような領域を支援しているのでしょうか。ここでは，意思決定の構造と意思決定の質の違いから捉えた枠組みをみてみましょう。

サイモン(Simon, H. A.)は，意志決定の種類をその構造に着目して，「プログラム化しうる意志決定」と「プログラム化しえない意志決定」とに分類しました。「プログラム化しうる意志決定」とは，日常的反復的で処理手続きが明確な意志決定のことをいい，「構造的意思決定」または「定型的意志決定」ともいわれます。「プログラム化しえない意志決定」とは，先例がなく構造が複雑で処理手続きを定義しにくい意思決定のことをいい，「非構造的意思決定」または「非定型的意志決定」ともいわれます。

また，アンソニー(Anthony, R. N.)は，組織階層における意思決定の質の違いに着目して，「戦略的計画」「マネジメント・コントロール」「オペレーショナル・コントロール」という3つのタイプに意思決定を分類しました。戦略的計画は組織の目的や方針の決定を，マネジメント・コントロールは目的達成のための計画の策定を，オペレーショナル・コントロールは効果的能率的計画の遂行を意味し，それぞれトップ，ミドル，ロワーの各経営階層が責任を負う意思決定です。

そして，ゴーリー(Gorry, G. A.)とスコット・モートン(Scott Morton, M. S.)は，縦軸にサイモンの意志決定の構造の分類，横軸にアンソニーの組織階層におけ

	オペレーショナル・コントロール	マネジメント・コントロール	戦略的計画
構造的	売掛金処理 受注処理 在庫処理	予算分析（技術的コスト） 短期予測	傭船ミックス 倉庫・工場立地
準構造的			
非構造的	生産スケジューリング 現金管理 パート・コスト・システム	差異分析（総合予算） 予算編成 販売・生産	合併・買収 新製品計画 研究開発計画

図 8-1　ゴーリーとスコット・モートンによる経営情報システムの枠組み

出所）遠山曉（1998：14）による訳。

る意思決定の室の違いの分類を組み合わせて経営情報システムの枠組みを提示しました（図8-1）。縦軸の「構造的」「非構造的」は，「プログラム化しうる意志決定」と「プログラム化しえない意志決定」を表し，「準構造的」はそれらの中間的性格の決定を意味しています。この枠組みは，経営情報システムの支援領域を識別するものとして現在も多くの支持を得ています。この枠組みでは，左上（構造的，オペレーショナル・コントロール）に近いほどコンピュータを中心とした情報通信技術による問題解決に適した意思決定の領域であり，右下（非構造的，戦略的計画）に近いほど情報通信技術だけでは問題解決が困難な，高度な人的意思決定が必要となる領域を表しています。

(3) 経営情報システムの変遷

　ここでは，経営情報システムの変遷を振り返ってみましょう。経営情報システムの変遷を辿ることは，情報通信技術という強力な道具を経営活動に活用しようとする試みを辿ることです。そして，その試みの過程で経営と情報の関係や情報通信技術と人や組織の関係についての理解がどのように深められてきたかを知ることに繋がります。

① **MIS**

　1960年代後半，わが国でも大型汎用コンピュータが大企業を中心に普及しはじめ，主に計量可能な構造的意思決定(定型的意志決定)の領域でコンピュータの有効性が広く認められるようになりました。そうした中で，経営層が必要とする情報を必要なときに提供して，ほとんどの経営意志決定をコンピュータ中心で行うことができるのではないか，というような経営改革の考え方が生まれてきました。これが初期の MIS(Management Information System：経営情報システム)の発想でした。しかし，この考え方をコンピュータで実現するソフトが具体化しなかったことと，コンピュータの処理能力がまだまだ不足していたこと，そして何よりも意志決定と情報の関わりについて十分な理解がなかったこともあって，MIS の考え方は急速に下火になっていきました。ただ，MIS の実現を目指す試みは，経営における情報の重要性を企業に再認識させるとともに，将来的な情報化時代への展望を導いた点で評価されるべきでしょう。

② **DSS**

　1970年代に入ると，MIS 失敗の反省に立って新たな考え方が生まれます。コンピュータに戦略的計画レベルの高度な意志決定を行わせるのではなく，コンピュータの能力に応じたデータ処理を行い，企業の経営層に対する意志決定のための情報を提供させようという考え方です。情報通信技術を活用して準構造的な問題解決に役立つ情報を提供し，人や組織が行う経営層の意志決定を支援するシステムを構築しようというものです。これが DSS(Decision Support System：意志決定支援システム)の発想です。DSS 出現の背景には，リアルタイムな意志決定支援を可能にする対話型処理システムや結果を図やグラフで表示するユーザーインターフェース，データベース技術の進歩がありました。DSS ブームも今日では沈静化していますが，これは失敗し衰退したのではなく，むしろ日常の道具として着実に普及してきたと考えるべきでしょう。

③ SIS

　1980年代半ば，それまでの情報システムの主な目的が業務の効率化・省力化や意志決定の支援であったのに対して，企業が情報システムを戦略的に活用することで，他の企業と差別化を図り，顧客の囲い込みなどで競争優位に立てるという新たな情報システムの活用方法が注目され始めました。情報システムのこうした使われ方に着目し，SIS(Strategic Information System：戦略情報システム)という考え方を提唱したのがワイズマン(Wiseman, C.)です。この頃になると，情報通信技術は，電算室やシステム部といった一部の専門部署だけが扱うものではなく，経営トップからユーザー部門まで全社的な取り組みが必要であると認識されるようになりました。SISに対する評価としては，コンピュータメーカーの販売戦略によって言葉だけがひとり歩きして，バブルの崩壊とともにブームは去ったという見方もあります。しかし，SISの成功事例として取り上げられた企業の中には，MISやDSSの時代からブームに踊らされることなく，経営と情報の関係を的確に把握し，当然のように情報技術を経営戦略に活用してきた企業が存在します。SISの言葉は去ってもその基本的考え方の重要性が失われたわけではなく，その後もBPR(Business Process Re-engineering)やCALS(Computer Aided Logistics Support → Commerce At Light Speed)といった情報システムの発想に受け継がれていったのです。

④ EUC

　1980年代は，パソコンの高性能化や低価格化が進み，社内ネットワークやパッケージ・ソフトが急速に普及した時代です。それに伴って，情報システム部門ではなく実際の業務を行う担当者または担当部門(エンドユーザー)自らが，情報技術を積極的に活用して業務処理を行う動きが顕著になってきました。こうした動きがEUC(End-User Computing：エンドユーザー・コンピューティング)と呼ばれます。EUCが注目を浴びた背景には，非構造的，非定型的な意志決定業務を担当するスタッフ部門(経理，監査，企画，調査など専門的知識を活用して，経営者やライン部門に助言，立案，補佐する部門)の情報処理ニーズの増大が

挙げられます。それまで情報システム部門が提供してきた情報システムは，構造的，定型的な業務を中心としたライン部門(製造業の場合の製造，運搬，販売など企業の本来的活動を遂行している部門)に対する支援を最も得意としてきました。それが EUC によって，スタッフ部門も自ら必要なときに，しかも複雑なニーズを情報システム部門に説明をする必要なしに，コンピューティングする手段を得たのです。今日では，スタッフ部門の業務にとってひとり一台のパソコンやネットワークへの接続は当たり前になっていますね。

⑤ BPR

1990 年代に入ると，ハマー(Hammer, M.)とチャンピー(Champy, J.)によって提唱された BPR(Business Process Re-engineering：ビジネスプロセス・リエンジニアリング)が注目されました。BPR そのものは，業務活動の流れを抜本的に見直して再設計することを表していますが，そうした経営革新の強力な推進力として情報通信技術が位置づけられました。BPR 以前の情報システム構築の考え方が，現行業務の分析に基づいて設計するという発想だったのに対して，BPR では，情報通信技術の活用を前提として「情報通信技術によって何ができるか」という視点から業務活動を再構築するという考え方を取りました。その上で，情報通信技術による情報システムには組み込むことのできない，または組み込むことが効率的ではない，例外的な判断や処理を人や組織が担うとしたのです。つまりそれ以前の発想であった「情報システムが人や組織を支援する」のではなく，「人や組織が情報システムを支援する」という発想の転換をもたらしました。やがて BPR にも次のような問題点が指摘されました。短期間での抜本的な改革は人や組織に混乱を招き十分な効果を得られない場合がある，理想のビジネスプロセスから得られる利益より抜本的改革のために必要となる投資の方が大きくなってしまう場合がある，情報通信技術を中心に最適化した情報システムが却って企業環境の変化に対する柔軟な適応能力を失わせる場合がある，などです。しかし，これらの指摘によって，人的・組織的要因を含めて経営情報システムを捉えることの重要性に対する理解が深まり，

その後に続く SCM(Supply Chain Management)や CRM(Customer Relationship Management)といったプロセス・イノベーションの発展に繋がったといえるでしょう。

　以上，1960年代のMISから1990年代以降のBPRまで，本項で取り上げたのは過去に提案や分析された情報システムのほんの一部です。情報システムは，その導入目的や適用領域，組織形態によってさまざまな概念やサブシステムが提案されてきました。大きな流れとしては，構造的から非構造的へ，定型的から非定型的へ，ライン部門からスタッフ部門へと適用領域を広げています。今後も新しい技術や新しい活用方法が生まれてくることでしょう。しかし，どんなに情報技術が進歩しても企業に大切なことは，優れた企業経営のノウハウとその目的に適した情報システムをもつことであり，どんなに最先端の情報システムを所有してもそれだけでは企業の成功は決して望めないということを忘れてはなりません。

（髙橋秀行）

2 情報化とSCM

(1) 経済の暗黒大陸

　経済活動において「流通(Distribution)」は高度化が大幅に遅れていた時期がありました。その結果，流通は非合理的かつ非効率的であったので，長年経済の暗黒大陸(Dark Continent of Economy)」と呼ばれていました。生産技術の進歩やさまざまな合理化努力によって生産コストが安くなった一方で，完成した製品を消費者に届けるまでのコストは意外と大きく，なかなか安くならなかったことに対する周囲からの批判がありました。

　ほとんどのモノの生産地点と消費地点は異なります。現代社会において，自給自足の生活をしている人びとはごくわずかです。みなさんが着ている洋服や履いている靴を生地などの原材料から自分で作っている人はほとんどいません。

仮に作ったとしてもお店でお金を払って，気に入ったデザインや素材のものを購入した方が，時間やお金を有効に活用できます。身の回りのほとんどのモノに関してもこのようなことがいえます。物質的に豊かな生活を支えているのは高度な社会的分業体制なので，生産地点と消費地点の乖離を誰かが埋めなければなりません。今日では，生産地点と消費地点の乖離は国境を超え，社会的分業体制が地球規模で行われるようになっています。

　社会的分業体制を支えている中心は企業です。経営者(起業家)は，組織を構築・運営し，特定のモノやサービスを効率的に消費者に提供します。企業には事業分野に見合った専門的な技術や知識も必要となります。事業分野が確定した後には，商圏と呼ばれる事業活動を行う地理的な範囲を設定します。たとえば，あなたが餃子屋さんを営むとします。その時に，商圏を数百メートル(徒歩で来れる範囲)に設定するのか，あるいは数キロ(車で来れる範囲)や全国規模にするのかで，店舗数や駐車上の有無を始めとして，生産・販売体制や宣伝の仕方が大きく異なります。このように事業の特性や商圏の大きさに合わせて，適切な企業経営の仕方は大きく異なります。

　商圏は交通・物流の発展とともに拡大してきました。たとえば，鉄道・道路網の発達やモータリゼーション(乗用車やトラック等の普及)によって，人びとが物理的に行動できる範囲が飛躍的に拡大しました。海上物流では，航路網の拡張や船舶技術の進歩によって，大量の貨物を効率的に長距離運べるようになりました。そして陸上輸送でも，高速道路網の拡張などによって，トラックによる陸上輸送が迅速に行えるようになりました。昔は，野菜や魚などの生鮮食料品は産地の近くでしか消費できなかったものが，現在は，冷蔵・冷凍技術の進歩もあって，海外産も含めて広域的に消費されるようになりました。大手のメーカーでは，人件費や土地代などが安い地域に工場を立地し，そこから全世界の消費者に販売するために製品を発送するのが一般的となっています。商圏拡大に伴って，生産コスト以外にも，運送費用や保管費用などのコストが無視できない存在になりました。そこで，貢献したのがロジスティックス(軍事用語で兵站あるいは後方支援の意味)です。戦争では，武器の破壊力より，武器・

弾薬・兵隊・生活必需品を運送(補充)する能力が重要になる局面が多くあります。軍事目的で開発された物資補給に関する技術や手法を民間に活用することによって，運送費用や保管費用などのコストの削減が進みました。

(2) サプライチェーン・マネジメントへの進化

　物理的に発送できるようになっても，モノやサービスが効果的かつ効率的に届けられているとは限りません。消費者が欲しいと思うモノを消費者が買いに行くことができる場所に消費者が望む状態で，適切あるいは安価な価格で消費者に提供されていなければ意味がないからです。店頭に並べられたモノには原材料代や加工費などの製造コストに加えて，輸送費用，倉庫や店舗での保管料などのさまざまなコストが加算されています。そのようなモノが賞味期限を越えて売れ残れば，廃棄コストまでかかってしまいます。そして，売れ残ったモノを生産・流通させることによって，本来売れるべきモノが犠牲になった可能性も否定できません。企業が売上を稼ぐには，売れるモノを円滑に生産・保管・運送・陳列し，販売に確実につなげることが重要です。迅速かつ効率的に補充するためにはどの程度の在庫をどこに保持しておくかが決定的な役割を果たします。これらの活動を効率的に行うことによって，企業はコストを削減し，より多くの利益を獲得することができます。それらの供給側の活動によって，消費者は安い価格で豊富な商品を購入することができるのです。

　このような生産・保管・運送・陳列という一連の活動を効率的に行うには，ICTの進歩と有効活用が不可欠です。ICTは，生産・保管・運送・陳列に関わる人びとのコミュニケーションを円滑にし，データ分析の迅速化と高度化を通して，各工程および全体の無駄な作業，時間，コストの削減に貢献しています。数十年前までは，生産・保管・運送・陳列の一連の活動において，紙媒体が重要な役割を果たしていました。注文する際には，注文書を作成し，FAXや郵送するのが一般的でした。注文を受けた側は，届いた注文書を手作業で集計し，生産や配送計画を策定し，取引先に物資の注文や配送依頼の文書をFAX・郵送していました。これらの作業が生産・保管・運送などの段階で繰

り返し行われていました．このような余分な作業の繰り返しは，人件費などのコスト増に加えて，何度も情報を処理することによって，時間の遅れと情報の歪みを生み出しました．その結果，最新の市場の情報が生産部門や調達部門に正確に伝えられなかったので，需要予測の精度を十分に向上させることができませんでした．最近の情報システムでは，小売における最新の販売情報と店舗や倉庫内の在庫情報を関係者が共有し，その情報に基づいて，受発注作業，生産計画の立案と実施，配送計画の立案と手配などを行うことができるようになり，生産・保管・運送・陳列が効率的に管理できるようになりました．消費者に製品が届けられるまでの全過程の連動体制を推進するSCM(Supply Chain Management; 供給連鎖管理あるいは供給網管理)という概念に発展し，SCMの成否が関連する企業の業績に多大な影響を及ぼすことが認識されてきました．

　近年は，インターネットを介した通信販売などの電子商取引(EC)が活発になっています．電子商取引でも，インターネットの世界だけでは完結していることはほとんどありません．たとえば，インターネット上のショッピングモールで買い物をした場合には，ホームページ上で商品を選択し，代金の支払いや配送の手配を済ませることができますが，実際に宅配するのは，人間です．その他にも，その製品やその原材料・部品の製造・保管・運送や必要な機械や道具を作る人びとが必要となります．消費者はインターネット上で瞬時に注文ができるので，宅配の迅速化への要求は一層高まりました．日本全国に沢山の物流センターを構築し，豊富な在庫を抱え，注文情報を処理した直後に少量でも運送する物流体制を整備できたら，迅速に宅配することができるかもしれませんが，コストが膨れ上がってしまいます．そこで，迅速かつ効率的な物流体制構築に貢献したのが，物流活動の情報化です．具体的には，物流情報システムを注文用のホームページや物流センター内の在庫管理のシステムと連動させます．企業は，市場の売れ筋情報に基づいて在庫を物流センター内に保管します．注文を受けた際には，ホームページ上で，販売可能性や配送日時に関する情報を消費者に即座に示し，消費者に対して購買の意思を確認します．消費者の購入の意図が明確になった後には，請求書(領収書)や配送伝票などの必要な書類

が自動的に出力され，商品のピックアップと配送準備が整い，注文の商品が消費者に配達される仕組みが完成されております。

　ドラッカーによって経済の暗黒大陸と称された物流や流通分野は，商品や原材料などの物流活動を高度化し，自社内の製造部門や販売部門との連携を強化し，自社の利益に貢献できるようになりました。さらに，実際のビジネスでは一企業で完結していることは非常に少なく，ひとつの商品が消費者の手に渡るまでには多数の企業が関与するので，関連企業との協働体制を整備することが必要となりました。ICT を軸として関連企業を巻き込んだ SCM によって，物流や流通分野は経済活動のニモツではなく，ビジネスの成功の鍵となる存在へと飛躍を遂げました。

（樋口　徹）

3 進化する情報社会と経営

(1) オンライン教育の革命

　インターネットは，世の中をすべて変えました。しかし，変えられなかった聖域があるとすれば，そのひとつが教育，特に大学教育です[1]。しかし「ベルリンの壁」のように崩れにくいように見えた大学教育の高い壁がインターネットによって崩れかけています。まず，ひとつの事例を紹介します。

　カザフスタンで学生 2000 人の小さな大学に通う 23 歳の大学生「アスカト・ムザバエブ」君の夢は，世界的なプログラマーでした。問題はその大学で人工知能（AI）など高い水準のコンピュータ関連授業がないことでした。彼は 2012 年にコーセラ（Coursera）というアメリカのオンライン公開講座のウェブサイトを偶然知りました。スタンフォード大学とプリンストン大学など世界の名門大学の正規授業を無料で受講することができるウェブサイトです。ムザバエブ君は「これは二度とないチャンスだ！」と思って，コーセラでスタンフォード大学のコンピュータ講義をいくつか受講し，大学が正式に発行する修了証書までもらいました。彼は修了証書を利用し，パキスタンのアルマティ市のツ

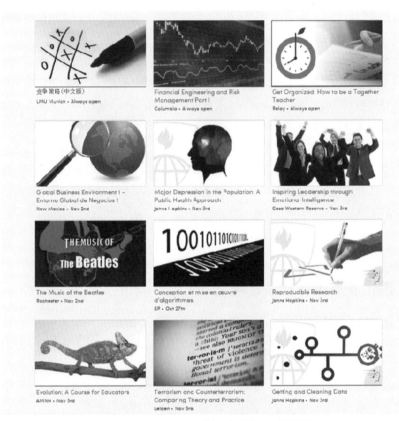

図 8-2　コーセラで新しく開設する科目例
出所）コーセラのホームページ。(https://www.coursera.org/，2014 年 11 月 9 日）

イッター支社にプログラマーとして就職しました。夢を実現したのです。また，MIT が提供した「電子回路」講義で，15 万人が受講し，2 万人が修了しました。そのうち340人が満点を取りましたが，そのひとりにモンゴル・ウランバートルの高校生バトーシグさんがいました。その後 MIT に願書を出して合格し，今は電子工学を専攻しています。優秀で野心的な学生で，モンゴル出身ということもあり，MIT コミュニティに大きなインパクトを与えています。

2013年2月，アメリカの新聞，ニューヨーク・タイム誌は「MOOCの年」(The Year of MOOC)というタイトルで比重のある記事を載せました。MOOCは多数の利用者のためのオープン・オンライン・コース(Massive Open Online Course)の略語で，所謂オンライン講義を総称する言葉になりました。MOOCサービスを提供する一番大きなサービスであるコーセラは，世界62大学の330以上の講義を220ヵ国の会員に無料で提供しています。

フェイスブックは創業2050日で会員数300万人を突破しましたが，2012年4月創業したコーセラは，その期間を350日に短縮しました。共同創業者のひとり，アンドリュー・ウン(Andrew Ng)教授は創業理由について，自分はスタンフォード大学で毎年400人を教えているが，講義をオンラインでオープンしたら10万人が登録した。250年間教える学生をひとつの講義で教えることはやりがいがあると話しています。

勿論以前にも大学が中心になって作ったオンライン講義のウェブサイトはありました。MIT大学のオープン・コースウェア(Open Courseware)，バークレー大学のウェブキャスト(WebCast)，また550個の大学講義を整理して提供してくれるオープンカルチャ(Open Culture)などがありました。コーセラが違う点は，実際の講義のように特定の日に始まり特定の日に終わる，宿題と採点がある，同級生と討論も可能ということです。集中度を高めるために講義は8〜12分単位で切って，途中でクイズ問題が出てくるなど面白い構成になっています。

コーセラ以外にMOOCサービスを提供している主要サービス供給者はユダシティ(Udacity)，MITとハーバード大学が出資したエデクス(edX)があります。[2] すべて2012年にアメリカで作られ，エデクスは非営利団体ですが，コーセラとユダシティは営利企業です。コーセラでは講義は無料で提供するけど修了認定証書の提供は有料にするとか企業と学生を繋いで手数料を取るなどの収益につながるビジネスモデルを検討しています。

多くの専門家は，ナプスターとMP3が音楽産業を変えたように，MOOCが未来の教育をすべて変えることになるだろうと予想しています。人びとの要望

（教育）とそれを可能にする技術（ICT 技術）が会って，制限されたエリートの領域にあった大学教育を時間と空間を越えて拡張したことに意味があります。日本語の字幕が出る講義も沢山ありますので，皆さんもぜひサイトにアクセスして試してみてください。

(2) グーグル革命によるビジネス環境の変化

　ブロードバンド・インターネットの世界的な普及で個人や企業がインターネットを通じて情報を自由に発信し，受け取る時代になりました。インターネットという情報の海で羅針盤の役割をするのが検索サービスです。何百億の数があるといわれるホームページから，自分の関心のある情報を瞬時に選び出してくれる「検索」は，人類が文字を生み出して以来の革命的な発明だという指摘もあります。インターネットの初期段階では Yahoo！などが「カテゴリ検索」で人気を得ました。カテゴリ検索というのは，たとえばスペインのプロサッカーチームのバルセロナ所属のメッシ選手について調べるためには，スポーツからサッカーを選び，海外サッカー，スペイン，バルセロナという順番で探す方法です。しかしこのような方法はウェブページ，情報量が増えることにより直ぐつまずいてしまいました。そこで，独自の検索アルゴリズムを開発した Google が登場して「キーワード検索」が検索の中心になります。

　Google はどういう方法で，いかにも簡単に，みんながほしい情報を探してくれているのでしょうか。Google の創業者サーゲイ・プリンとラリー・ページはスタンフォード大学の大学院生でした。最初はウェブページのバックリンクの研究をしていましたが，それぞれのページにいくつリンクが張られているか，つまりバックリンクの数を数えれば，人びとが「参考にしている」数を測ることになり，人びとの人気やページの質を自動的に選別できると考えました。この考え方はページランクと呼ばれています。科学論文でも多く引用されている論文が価値の高い論文になりますが，いわばリンクの数を人びとが評価した「投票」としてみなし，順位を決定する考え方です。また，どういうサイトからのリンクかを考慮することで非常に正確な検索結果が出せるようになりまし

た。たとえば，ニューヨーク・タイム誌にリンクされると一般サイトより高く評価されます。

　Google がビジネス環境を変えたのは，検索の利用者が急増することにつれて，検索結果が企業の命運を左右することになったからです。検索ランキングを上にあげるための企業間の熾烈な競争が検索サービスの裏側で行われています。突然検索結果に表示されなくなり，倒産の危機に直面する企業も出ています。Google に問い合わせても，その理由を教えてもらえないのです。もうひとつ，Google は検索と広告を連動させたビジネスモデルを確立したことで，ビジネス環境を大きく変えました。検索のキーワードを分析し，それと関係が深い自社の広告を出すことで広告の効果を高める方法です。アメリカのバーモント州の田舎にある花の種の販売業者は，郵便のカタログ広告をやめて検索に連動する広告に切り替えた途端，アメリカ全国から注文が来るようになり，急成長を成し遂げた事例がありました。[4] 主要キーワードは広告料のオークションにかけられ，高い値段が付くことも多いです。また個人でもこの広告システムを利用することができます。ある若者はネット上に趣味の携帯電話の記事を書くだけで，毎月 90 万円の収入を得ていることもあります。Google は検索連動型広告という今までになかった新しい広告システムを作ることで新しいビジネス環境を作り出しました。

　最後に Google で注目すべきことは，今までの常識を覆す収益の上げ方です。Google の売り上げの多くは，中小企業が占めていることです。通常，ビジネスでは，利益は売り上げが大きい人気商品からもたらされました。実際の店販売では，人件費などの運営コストがかかり，利益が出せる優良商品は全体の二割で，残り八割は利益を出せないといわれていました。しかし Google を始めアマゾン，楽天などのインターネット企業の場合，ネット上の自動処理を基本としているので，運営コストが大幅に下がります。そのため従来は利益にならない八割も利益が出るようになりました。横軸を商品の売れ行き順に並べたグラフでは，従来儲からなかった八割の部門が長く連なる恐竜の尻尾の形に見えることで，「ロングテール・ビジネス」と呼ばれています。Google，アマゾン，

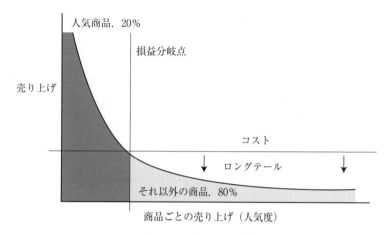

図8-3　ロングテールの概念図
出所）米「Wired」誌の編集長であるクリス・アンダーソンによって
　　　提唱された概念を元に作成。

　楽天などのインターネット企業は，広告費，販売管理費を節約し，従来利益が出なかった八割の商品，中小企業にも新しいビジネス機会を提供しています。

(3) 情報社会のプライバシーと法制度

　情報通信技術(ICT)の発展による情報社会の進展を背景に，特にプライバシー保護が重要な課題になっています。これまでは，紙などに物理的に記載されている情報の場合，いろいろな場所に行って目的の情報を探し出す必要があったため，それを実施する努力と費用が便益を上回り，一元化が実質不可能であり，あまり問題になりませんでした。情報社会においては分散している情報を短時間に検索し，まとまった意味のある情報として集約が可能になっています。情報社会への環境変化によるプライバシー侵害が多数発生することになりました。

　個人情報保護については，情報を収集する際に，目的の明確化・許諾が必要とする消極的保護基準から，国家・地方自治団体をはじめ各所で保有する個人

に関する情報の訂正，削除などを求めることができる，という積極的権利とする見解に変わっています。これを,「自己情報コントロール権」,「積極的プライバシー権」と呼んでいる。

　日本では，個人の情報やプライバシーが侵害される機会が飛躍的に増えたことに対応するために，2003年5月に個人情報保護関連の5法案が成立しました[5]。そのうち中心的な位置を占めるのは,「個人情報の保護に関する法律」(以下「個人情報保護法」と略す)です。「個人情報保護法」の制定目的は,「個人情報の有用性に配慮しつつ，個人の権利利益を保護」することです。同法2条において個人情報とは「生存する個人に関する情報(識別可能情報)」,「個人情報データベース等とは，個人情報を含む情報の集合体」と定義されています。同法3条の基本理念の項には,「個人情報は，個人の人格尊重の理念の下に慎重に取り扱われるべきものであり，その適正な取り扱いが図られなければならない」と記されています。

　個人情報のうち，名前，生年月日，住所等は個人を識別する情報として公知であるので，その公開がプライバシー権の侵害とはならない，と考えるのが常識的です[6]。荷物配送票に，配送先及び依頼人の名前，住所，電話番号等の記載をすることで，荷物が正確に配送されたり，宛先に送付先の人がいない場合は，依頼人に送り返されるなど，物流に大いに役立っています。その反面，たとえば同窓会など仲間内の催しへの参加者の名簿を作るか，それを配布するのか，などがまだ議論になっているなど，公知の個人情報の使用に対するためらいがあるのも現実です。

　個人のプライバシー保護を保証し，個人の許容基準内のプライバシー情報をもとに，個人や社会に有用となるサービスを増やしていくことは，個人にとっても社会にとっても重要であると考えられます。そういう意味で，すでに運営されている「住基ネット」に加え，2016年から所謂「マイナンバー制度が始まることが国会で決まりました[7]。Googleの元会長であるエリック・シュミットは,「新しいデジタル時代」という本の中で,「削除ボタンが削除された時代」の到来に現代社会がどれくらい準備しているのか，と疑問を投げかけています。

小さいとき何気なく書いたコメント，アップした写真，映像が永久に記録される時代になること，削除可能と考えるのは勘違いで，英雄と神話がなくなる時代が来ることを警告しています。最近，Googleは人が死んだあとその情報をどうするか，生前に決めるサービスを始めましたが，情報社会の進展に伴うプライバシー保護の議論はまだ始まったばかりです。

(趙　鏞吉)

4 計量的情報システム

(1) オペレーションズリサーチ(operations research)

　オペレーションズリサーチ(OR)は，第2次世界大戦中のイギリスで，ドイツによる空襲に備えるためのレーダー網の効率的配置のしかたを組織的に研究するために生まれました。そのときの手法がアメリカの軍事研究にも導入され，大戦が終わってからは，産業界での意思決定にも適用されていくようになりました。

　ORを用いて問題を解決する場合，まずモデル化を行います。モデル化とは，対象となる問題の解決のために，本質となる諸要因や，それらの本質的な関係を取り出し，それらを模式化することです。こうして得られたモデルが数学的な形で表現することができる場合，解析的手法，あるいはコンピュータシミュレーションによって解を求めることができます。ここで注意すべきことは，モデル化の段階で目的とする要因以外の諸要因の切り捨てが行われることです。そのため，得られた解が現実を正確に反映しているかどうかは，解が得られたあとに，改めて検証する必要があります。こうした手続きを経て，得られた解が，対象とする現実をどのように表現しているかを解釈することができるようになるのです。

　ORで用いるモデルは，大別すると，確定的モデル(deterministic model)と確率的モデル(stochastic model)に分けられます。確率的モデルでは，モデル中で扱われる変数やパラメータを確率変数として扱い，確定的モデルでは，それを

固定値として扱ったり平均値を変数として扱ったりします。

ここでは，ORで用いられているモデルのうちのいくつかについて述べます。

① 数理計画法(mathematical programming)

数理計画法は，目的関数を，制約条件の下で最大化または最小化するというものです。式として書けば，次のようになります。

目的関数：$z = f(x_1, x_2, \cdots, x_n)$ → 最大化または最小化

制約条件：$g_i(x_1, x_2, \cdots, x_n) \leq b_i$ $(i = 1, 2, \cdots, m)$

たとえば，製品の生産計画や原料の購入，予算の決定などを考えた場合，製品や原料の個数などが変数 $x_1, x_2, \cdots, x_n$ にあたり，それにかかるコストが目的関数 $z = f(x_1, x_2, \cdots, x_n)$ にあたります。いろいろな制約条件の中で，コストが最小になる $x_1, x_2, \cdots, x_n$ を求めるのが，この例での目的です。

さて，数理計画法の中で，目的関数と制約条件が1次式のものを線形計画法(linear programming)といいます。線形計画法は，1947年ダンツィクがシンプレックス法(simplex method)という解法を開発して以来，さまざまな分野で利用されています。

この他にも，目的関数と制約条件のどちらか一方，あるいは両方が1次式でないものを非線形計画法(non-linear programming)といい，関数の性質により，多様な研究がなされています。

② ネットワークモデル

ネットワークとは，ノード(頂点)を矢印で表されたアーク(枝)で結んだ図形のことを指します。ネットワークモデルとは，あるノードから別のノードへネットワークを通じて流れる流れ(flow)を考えるものです。そして，あるノードに流れ込むフローの量と出ていくフローの量が等しいという条件に，それぞれのアークに流すことのできるフローの量の上限を制約条件として設け，フローを流すことによるコストを目的関数として，その最適化を考えるのです。このフローを，パイプで輸送される液体と考えてもよいし，道路の交通網を想

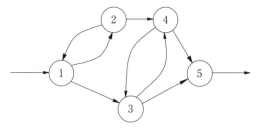

図 8-4　ネットワークモデル

定してもかまいません。

　プロジェクトの日程管理で広く用いられているのが PERT(program evaluation and review technique)や CPM(critical path method)で，日程計画を作るときに，作業の順序関係を表すのにネットワークの考え方が用いられています。

③ 待ち行列モデル

　スーパーのレジや駅のキップ売り場などの前には長い行列ができることがあります。客の到着はランダムですが，混んでくると行列は長くなっていくので，サービスを提供する側としては窓口を増やすことが必要になります。このような待ち行列を確率的モデルで扱うものが待ち行列モデルです。客の到着のしかたや窓口の数などにより，さまざまなモデルが研究されています。

④ 在庫モデル

　ある製品を週 1 回仕入れて販売している企業での，最適な仕入れ個数を求める問題を考えます。仕入れ数が少ないと品切れを起こして損失を招きますし，逆に，仕入れ数が多すぎても売れ残りが生じたりするなどして損失を招くことになるので，最適な仕入れ量を求める必要があります。需要の変動や在庫維持のための費用などを考慮に入れ，適切なバランスを取るように在庫水準を維持するためのモデルが在庫モデルです。

(2) マーケティング情報システム

　企業活動におけるマーケティング活動は，マッカーシー(McCarthy, J.)が提唱によると，4つの要素 4P(product, place, promotion, price)から構成されています。すなわち，単なる販売・流通の管理や促進だけではなく，消費者のニーズを考慮し，顧客満足を考慮した戦略的な活動を指しているのです。現在では，その指し示す範囲はさらに拡大されています。たとえば，JMA(日本マーケティング協会)の定義は次のようになっています。

　「マーケティングとは，企業および他の組織[1]がグローバルな視野[2]に立ち，顧客[3]との相互理解を得ながら，公正な競争を通じて行う市場創造のための総合活動[4]である。

　注：(1) 教育・医療・行政などの機関，団体を含む。
　　　(2) 国内外の社会，文化，自然環境の重視。
　　　(3) 一般消費者，取引先，関係する機関・個人，および地域住民を含む。
　　　(4) 組織の内外に向けて総合・調整されたリサーチ・製品・価格・プロモーション・流通，および顧客・環境関係などに係わる諸活動をいう。」

　このようなマーケティング活動において，情報の管理と利用は大きな役割をもっています。特に，情報技術(information technology：IT)の発達により，マーケティング情報システムは大きな発達を遂げています。

　代表的な例が POS(Point of sales)システム(販売時点情報管理システム)です。POS システムは基本的に，店舗内に置かれる POS レジスタと，店舗事務所などに置かれるストアコントローラと呼ばれるコンピュータから構成されています。POS レジスタは，レジスタとバーコードスキャナで構成されていて，店舗で商品を販売するときに商品のバーコードを読み込みます。読み込まれたバーコードデータはストアコントローラに送られます。ストアコントローラは商品マスタファイルを持っていて，対応する商品名や価格を POS レジスタに返すことで，清算処理が進んでいきます。

　さて，ストアコンピュータは得られたバーコードデータを元に売上ファイルを作成します。こうすることで，どの商品がいつどれだけ売れたかという情報

が蓄積されます。チェーンストアの場合，ストアコンピュータは本部のホストコンピュータに接続されていることもあります。また，クレジットカードや顧客カードの情報と合わせることで，販売実績をさらに詳細に分析することが可能となります。こうして得られた情報の分析結果は，マーケティングや新商品の開発に活用されます。

(3) 生産管理情報システム

　高度経済成長から石油危機を経て，低成長時代へと経済が進む中，生産管理の主眼が生産者から顧客へと移行し，さらに，顧客ニーズの多様化が課題の中心となっていきました。そのような動きの中で，製造業においては少品種大量生産から多品種少量生産への転換が進みました。

　ここで活用されたのが数値制御(numerical control, N/C)工作機です。NC工作機は，製品の加工内容を数値でプログラムしたものを読み取って自動加工をするものです。これに，マシニングセンタ(machining center)，自動工具交換装置(automatic tool changer：ATC)や適応制御(adaptive control：AC)の機能が付加されていきました。また，コンピュータによって工作機を制御する直接制御(direct numerical control：DNC)，中央のコンピュータが複数の工作機を制御する群制御(group control)，各工作機械にコンピュータを付したコンピュータ数値制御(computer numerical control：CNC)へとNC工作機の自動化が進みました。

　これら，システムの自動化が進んだものがフレキシブル製造システム(flexible manufacturing system：FMS)で，以下のような機器から構成されています。

　① NC工作機，マシニングセンタ，DNC機械，CNC機械など
　② 自動搬出入機械
　③ 自動搬送装置
　④ 自動倉庫
　⑤ システム制御用コンピュータ

生産の自動化が進む中で，これらを FA(factory automation)の時代の到来とする見方が一般的となっています。さらに，企業活動全体の効率化をめざして，各部門の業務の流れを総合的にシステム化した CIM(computer integrated manufacturing, あるいは computer integrated management)へと発展しています。

（荻原明信）

〔設問〕次の問いに答えなさい。
1. BPR は，情報システムと人の関係にどのような発想の転換をもたらしたのでしょうか？
2. 流通は，なぜ経済の暗黒大陸と呼ばれていたのでしょうか？
3. ロングテール・ビジネスとは，どのようなビジネスのことをいうのでしょうか？

注
1) 特に日本では情報化を担当する総務省が，行政，教育，医療部門を情報化が遅れている三大分野として指定し，この三部門の情報化を進展させることを情報政策の大きな目標として挙げている。具体的な内容は総務省が毎年発行している『情報通信白書』参考にすること。
2) 日本の東京大学は 2014 年 9 月からエデクスに MOOC 講座を開設しています。
3) Google に関してもっと具体的に知るには，NHK（2009）『グーグル革命の衝撃』を参照。
4) NHK（2009）『グーグル革命の衝撃』の p.80 に詳しく紹介されています。
5) 個人情報保護関連 5 法案は，個人情報保護法，行政機関個人情報保護法，独立行政法人等個人情報保護法，情報公開・個人情報保護審査会設置法，及び整備法です。
6) ただし，本人が公開を欲しない事柄と結びついて公開した場合は，プライバシー権侵害の対象情報になる。
7) マイナンバーとは，原則として日本国内に住むすべての人に固有の番号を割り当てて，政府や地方自治体が社会保障，税務，災害対策の手続きをするときに個々人を確認する手段とする制度です。番号の利用範囲はマイナンバー法案で決まります。2013 年 4 月国会で成立しましたので，政府は 2016 年から通知を始める計画です。

参考文献

Anthony, R. N. (1965), *Planning and Control Systems: A Framework for Analysis*, Harvard University Press.(高橋吉之助訳，1968『経営管理システムの基礎』ダイヤモンド社)

Gorry, G. A. and M. S. Scott Morton (1971), *A Framework for Management Information System*, Sloan Management Review, Vol. 13, No. 1, pp. 55-70.

Hammer, M. and J. Champy(1993), *Reengineering the Corporation: A Manifesto for Business Revolution*, Harper Business.（野中郁次郎監訳，1993『リエンジニアリング革命：企業を根本から変える業務革新』日本経済新聞社）

Simon, H. A. (1960), *The New Science of Management Decision*, Harper & Brothers.（坂本藤良監訳，1964『コンピュータと経営』日本生産性本部）

Wiseman, C. (1985), *Strategy and Computers: Information System as Competitive Weapons*, Dow Jones-Irwin.

Wiseman, C. (1988), *Strategic Information Systems*, Richard D. Irwin, Inc.（土屋守章・辻新六訳，1989『戦略的情報システム』ダイヤモンド社）

秋庭雅夫・石渡徳彌・佐久間章行・山本正明（1998）『経営工学概論』朝倉書店。

浅居喜代治（1988）『現代経営情報学概論』オーム社。

NHK 取材班（2009）『グーグル革命の衝撃』新潮文庫。

岡田正他（2010）『ネットワーク社会における情報の活用と技術（三訂版）』実教出版。

経営史学会編（2002）『経営学史事典』文眞堂，p. 151。

児玉晴男・小牧省三（2011）『進化する情報社会』放送大学教育振興会。

駒谷昇一他（2002）『情報と職業』オーム社。

サイモン，H. A. 著，稲葉元吉・倉井武夫訳（1979）『意思決定の科学』産業能率大学出版部。

作新学院大学経営学研究グループ（2003）『経営学―企業と経営の理論―』白桃書房。

田中隆善・大野勝久・中島健一・小島貢利（2012）『新版生産管理システム』朝倉書店。

遠山曉（1998）『現代経営情報システムの研究』日科技連出版社。

遠山曉・村田潔・岸眞理子（2008）『経営情報論（新版）』有斐閣アルマ。

トフラー，A. 著，徳山二郎監修，鈴木健次・桜井元雄他訳（1980）『第三の波』日本放送出版協会。

林正樹・井上照幸・小阪隆秀編（2001）『情報ネットワーク経営』ミネルヴァ書房。

宮川公男編著（2004）『経営情報システム　第3版』中央経済社。

武藤明則（2012）『経営情報システム教科書　補訂版』同文舘出版。

山本孝・井上秀次郎編（2001）『経営情報システム論を学ぶ人のために』世界思想社。

吉田和男・大橋昭一編（1995）『現代基本経営学総論』中央経済社。

依田高典（2011）『次世代インターネットの経済学』岩波書店。

第9章　公共経営論

❶ 日本の公共政策の主要課題

(1) 人口問題

　日本の政策課題を考えるさい，その出発点に人口問題があります。戦後，日本の政策は，日本の人口が増え続けることを前提にして，年金制度など主要政策が成り立っています。実際，日本の総人口は2010年の1億2,806万人をピークに減少に転じています。人口構成も65歳以上の高齢者が大幅に増えて，生産年齢人口(15～64歳の人口)が減ることで，経済全体，特に社会保障の問題が大きく浮上しています。

　これから日本の人口はどうなるのでしょうか。日本の将来人口については，国立社会保障・人口問題研究所「日本の将来推計人口(2012年1月推計)」における出生中位(死亡中位)推計を基に見てみることができます(図9-1参照)。総人口は，2030年の1億1,662万人を経て，2048年には1億人を割って9,913万人となり，2060年には8,674万人になるものと見込まれています。また，生産年齢人口は2010年の63.8％から減少を続け，2017年には60％台を割った後，2060年には50.9％となるのに対し，高齢人口(65歳以上の人口)は，2010年の2,948万人から，団塊の世代及び第2次ベビーブーム世代が高齢人口に入った後の2042年に3,878万人とピークを迎え，その後は一貫して減少に転じ，2060年には3,464万人となります。そのため，高齢化率(高齢人口の総人口に対する割合)は2010年の23.0％から，2013年には25.1％で4人に1人を上回り，50年後の2060年には39.9％，すなわち2.5人に1人が65歳以上となることが見込まれています。このように，日本は，今後，人口減少と少子高齢化の急速な進展が現実のものとなり，この中で社会保障制度など新たな政策の変換と経済成長に向けた取り組みが不可欠であります。

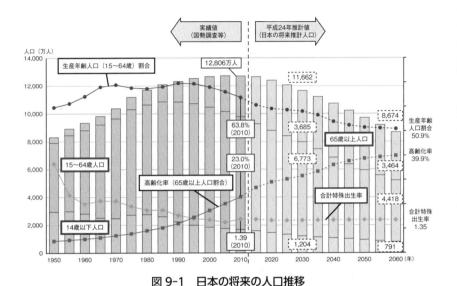

図 9-1　日本の将来の人口推移

出所）総務省「国勢調査」及び「人口推計」，国立社会保障・人口問題研究所「日本の将来推計人口（平成 24 年 1 月推計）：出生中位・死亡中位推計」（各年 10 月 1 日現在人口），厚生労働省「人口動態統計」。

　それでは日本の人口が減少する理由は何でしょうか。また，それを政策的に食い止める秘策はあるのでしょうか。結論からいいますと秘策はありません。できる限りの出生率を上げる政策を打ち出し，人口減少の現実を受け入れて，それに関連する政策を変えていくしかありません。日本の出生率が下がった最大の原因は未婚化・晩婚化・晩産化にあるといわれています。日本では結婚しないで子供を産むと社会的に制約が多いです。これは社会システムの問題ですが，フランスなどでは未婚の状態で子供を産んでも不利益はありません。また，子供を出産した後の育児休暇（夫も含む），職場復帰のための保育園の整備，子ども手当など子育て支援が，少子化を克服した先進国と比べて政策的に十分ではなかったといえるでしょう。現在，政府が保育園など子育て支援に力を入れているので，今までよりは改善されることが予想されます。最後に，外国からもっと多くの移民を受け入れる，という方法があります。国連の報告書では

日本が活力を維持するためには，毎年60万人の移民を受け入れるべきである，という主張もありましたが，単一民族国家に近い日本ではなかなか議論が進まないです。外国の高度人材について門戸を広げる政策にとどまっています。日本のように人口が1億人を超える大きな国が，平和的に人口がこんなに減るのは人類歴史上，初めての経験です。日本が上手く対応できれば，同じく少子高齢化に悩んでいる韓国などアジアの国々と世界の見本になります。

(2) 日本の社会保障制度

日本の社会保障制度の特徴は，すべての国民の年金，医療，介護をカバーする国民皆保険・皆年金体制です。社会保障給付の大部分を占める年金・医療・介護は社会保険方式により運営されています。年金制度は高齢者の生活の基本的な部分を支える年金を保証し，医療保険制度は「誰でも，いつでも，どこでも」保険証1枚で医療サービスを受けられる医療を保証し，介護保険制度は加齢に伴う要介護状態になっても自立した生活を営むことができるように必要な介護サービスを保証します。

日本の社会保障制度の問題は，表9-1で示しているように，日本の社会保障給付費(B)は1970年から急激に増えていることです。給付費総額の推移をみ

表9-1 社会保障給付費の推移

(単位：兆円)

区分／年度		1970	1980	1990	2000	2012
国民所得額 (兆円) A		61.0	203.9	346.9	371.8	349.4
給付費総額 (兆円) B		3.5 (100.0%)	24.8 (100.0%)	47.2 (100.0%)	78.1 (100.0%)	109.5 (100.0)
(内訳)	年金	0.9 (24.3%)	10.5 (42.2%)	24.0 (50.9%)	41.2 (52.7%)	53.8 (49.1%)
	医療	2.1 (58.9%)	10.7 (43.3%)	18.4 (38.9%)	26.0 (33.3%)	35.1 (32.1%)
	福祉・その他	0.6 (16.8%)	3.6 (14.5%)	4.8 (10.2%)	10.9 (14.0%)	20.6 (18.8%)
B／A		5.77%	12.15%	13.61%	21.01%	31.34

出所）国立社会保障・人口問題研究所「平成22年度社会保障費用統計」，2011年度～2012年度は厚生労働省推計，厚生労働省のホームページをもとに作成。

ると，1970年度の3.5兆円から1990年度の47.2兆円，2012年度には109.5兆円に上り，国民所得額の31.34％を占め，対GDP比22.8％，国家予算の規模を超えています。これは，すでに(1)で調べたように，日本の人口の急速な高齢化による結果です。また，日本の社会保障制度は，社会保険方式に公費を投入し，「保険料」と「税」の組み合わせによる財政運営をしています。特に年金は「世帯間の仕送り・助け合い方式」(賦課方式)という，現役世帯の保険料で高齢者の年金を賄う方式ですので，今後の人口構成を考えると，このままでは維持することが難しくなります。それでは，膨大な社会保障給付費はだれが負担しているのでしょうか。また，こんなに増え続けて制度的に持続可能なのでしょうか。

　2012年度の社会保障の給付と負担の現状をみてみましょう。2012年度の社会保障給付費109.5兆円の内訳をみると，年金が53.8兆円(49.1％)，医療35.1兆円(32.1％)，福祉・その他20.6兆円(18.8％)になっています。福祉・その他のうち，介護サービスが8.4兆円(7.7％)，子育て関連が4.8兆円です(表9-1)。子育て関連が極端に少ないのが特徴です。次に負担の内訳をみると，保険料が60.6兆円(60.1％)，うち被保険者拠出が32.5兆円(32.3％)，各制度における事業主拠出の保険料負担が28.0兆円(27.8％)になっています。税の負担は40.3兆円(39.9％)で，うち国の負担が29.4兆円(29.1％)，地方負担が10.9兆円です。国の一般会計から社会保障関係費は26.4兆円で，一般歳出の51.5％を占めています。地方は都道府県・市町村の一般財源です。これに積立金の運用収入等が加わります。将来，日本の人口構成を考えると現在の社会保障制度を維持することが難しいことは誰の目にも明らかです。それで，国は「社会保障・税の一体改革」を重要な政策課題として取り組んでいます。具体的な内容はまだ決まっていませんが，方向性は明らかです。まずは，年金・医療・介護の給付水準を減らすことです。これには，年金受給年齢を68歳に上げるとか高齢者医療の自己負担を増やすことなどが考えられます。所謂痛みを伴う改革になります。次に保険料を上げることですが，上げすぎると若者の働く意欲を損なうことになります。また，事業者の負担を増やして経営の負担になり，国際競争力

を失う可能性がありますから，全体の経済状況を見ながら慎重に進めるべきです。税金は，消費税をすでに8％に引き上げ，平成27年から10％まで上げることはすでに決まっていましたが，景気の状況により，10％の引き上げを計画通りすることができなくなっています。また10％が十分ではない意見もあります。消費税は間接税で，税金を取りやすいこと以外に，現役を引退している高齢者にもある程度負担してもらう意味があります。また，事業運営の効率化を図ることも重要です。年金等は国，医療行政は都道府県，福祉行政は市町村がそれぞれ中心になって，社会保障制度を運営しています。医療・福祉サービスにおいては，既に民間主体が重要な役割を果たしていますがもっと民間の活力を生かす方法も考えないといけません。現在，日本で一番重要な政策のひとつである「社会保障・税の一体改革」が，どういう方向に進むのか，目が離せません。

(3) 日本の財政問題とインフラ整備[1]

　財政というのは何でしょうか。国民生活と財政はどういう関係にあるのでしょうか。財政とは，国や地方公共団体の経済活動のことです。財政に必要なお金は，家計や企業から税金として集められています。その税金は，国や地方公共団体が担う各制度を通じて，年金，医療，福祉などの社会保障，教育，道路の整備や災害復旧等の公共事業，防衛など，生活の基盤整備や社会での助け合いのために使われています。

　それでは国の財政の現状はどうなっているのでしょうか。結論からいうと，国の財政は大赤字です。国の会計は，一般会計と特別会計からなっています。家計と企業が納める税金は，その大半が一般会計に経理され，その使い道が決定されます。税金の使い道（歳出）を見てみると，一般会計歳出のうち，社会保障関係費が約3割を占めています。これに，地方交付税交付金等，国債費を合わせると，全体の約7割となります（図9-2参照）。一方，歳入面をみると，税金は必要な予算の5割程度に過ぎず，5割弱を借金（公債金収入）でまかなっている状況です。

もっと深刻な問題は，国の財政は，歳出が税収等を上回る財政赤字の状況が続いていて，借金の残高は累増していることです。歳出と税収等の差額を借金で埋め合わせた結果，普通国債残高は年々増加し，700兆円を超える見込みです。また，普通国債残高は，税収がピークを迎えた平成2(1990)年度以降約20年間で約530兆円と大幅に増加しています。これは，景気低迷による税収の減少や景気対策等の減税により歳入は減少した一方で，公共事業をはじめとした景気対策や高齢化等による社会保障関係費の増大等により歳出が伸び続けたことによります。

　財政事情を主要先進国と比較しても日本は厳しい財政状況にあります。まず，フロー面をみると，日本の財政収支(対国内総生産(GDP)比)は近年改善してきたものの，平成20(2008)年秋以降の世界同時不況の影響により，主要先進国と同様に赤字幅が拡大しています。それに，東日本大震災の復興予算で財政の負担はますます重くなっている状況です。次に，ストック面をみると，日本の

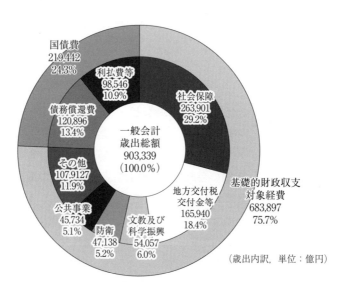

図9-2　平成24年度一般会計予算
出所）財務省のホームページ。

総債務残高(対国内総生産(GDP)比)は主要先進国の中で最悪の水準にあります。また，この20年間で，日本の政府総支出(対GDP比)は増加している一方，租税負担率の水準は大幅に低下したことで，財政収支は大幅に悪化しています。

現状を放っておくと，借金の累増は活力ある経済・社会の大きな足かせとなります。国の財政は，普通国債残高が700兆円を超えると見込まれるなど，極めて厳しい状況にあります。国の債務の累増に伴い，国債費が増加し，教育，公共事業，防衛といった政策を実施するために使うことができる経費が圧迫されています。近年長期金利の水準は低い水準で推移していますが，今後，仮に財政の持続可能性に対する懸念が高まり，金利の水準が急激に上昇すれば，利子の費用が大幅に増加することとなり，歳出面での大きな圧迫要因となります。

また，少子高齢化の進展により社会保障に係る将来の財政負担はますます大きくなります。日本では，高齢化の進展等に伴い，社会保障給付費が増加してきています。一方，社会保険料による収入は，近年横ばいで推移しており，社会保障給付費と社会保険料収入の差額は拡大傾向にあります。この差額分は，国や地方自治体に納められる税金でまかなわれることとなりますが，国の一般会計歳入のうち5割程度は借金でまかなっている状況です。今後，社会保障給付費と社会保険料収入の差額は，毎年1兆円規模で増大していく見込みであり，財政はますます厳しくなることが予想されます。[2]

国と地方の財政状況を比較してみると，国は総体としてどの地方よりも極めて厳しい財政状況にあります。長期債務残高とその究極的な返済原資である税収の比率をみると，国は単年度の税収で20倍を超える長期債務を返済しなければならないのに対し，地方のこの比率は4倍程度となっており，また，基礎的財政収支の推移について国と地方を個別に見てみると，総体としての地方の財政は，国に比べて健全な状況にあります。こうした現状を考慮し，国と地方のバランスのとれた財政健全化を進めていくことが重要です。

財政健全化のために，政府は財政運営戦略を策定し，財政健全化目標の達成に向けた取り組みを進めています。政府は，2010(平成22)年6月に中期財政

フレームを含む財政運営戦略を策定しました。この中で，2015年度までに基礎的財政収支(プライマリー・バランス)の赤字対国内総生産(GDP)比を2010年度の水準から半減し，2020年度までに黒字化するとの財政健全化目標を掲げ，目標の達成に向けた取り組みを進めています。財政運営戦略における中期財政フレームに基づく初めての予算編成となった2012(平成24)年度予算では，歳出の大枠約68.4兆円以下，新規国債発行額約44兆円以下を堅持しました。また，平成24年8月31日に閣議決定した2013(平成25)年度～2015(平成27)年度の中期財政フレームにおいても，引き続き歳入・歳出両面にわたる取り組みを行うこととしています。

　社会保障費の支出拡大以外に，政府の歳出拡大につながる可能性があるのがインフラの老巧化です。中央自動車道の笹子トンネルで起きた天井板の崩落事故は，全国民に衝撃を与えました。笹子トンネルは35年前にできたものです。高速道路のトンネルの5分の1は30年以上前にできたもので，全国のトンネルの3割は作られてから40年以上たっています。トンネルだけではなく，道路，橋，学校，水道，公園など暮らしを支えているインフラの多くが古くなっているのです。国土交通省が所管の社会資本を対象に，2060年度までの維持管理・更新費を推計したデータがあります。それによると，道路・公園などの手入れ，修理，改築に，2011年度から2060年度の50年間に必要な更新費は約190兆円と推計しています。

　財政の厳しさを背景に，政府は最近，老朽化した高速道路や港湾といったインフラの整備に民間資金を活用するための方策などについて議論しています。特に，導入が遅れている民間資金活用による社会資本整備(PFI)の利用拡大に向けて，公共施設の運営権売却などで資金を呼び込む方法を検討しています。厳しい財政状況を踏まえて選択と集中を徹底しながら必要なインフラ整備を進めるのが狙いです。基本方針として「効率的なインフラ整備に向け，PFIについて数値目標を含めたプランを策定する」「民間資金を活用したインフラの維持・更新を推進するため，PFIの抜本改革に向けたプランを早急にとりまとめる」などを発表しています。PFIなど民間資金活用による社会資本整備のいろ

いろな手法と理論的な背景などについては，次の公共経営で紹介されています。

政府はインフラ整備と財政健全化の両立に向けてPFIを推進する方針です。現実的に空港で利用する動きが広がっていますが，より大規模な改修が必要となる高速道路については遅れており，政府では，高速道路の上の空間を使う「空中権」の開放などを通じ，民間資金を呼び込む考えを示しています。

(趙　鏞吉)

2 公共経営とは─行政機関と民間企業

今日，第1節でみたように少子高齢化問題，社会保障問題，そして財政問題など政府や自治体による公共政策にはさまざまな課題があり，早急に行財政改革を行わなければなりません。公共部門の政策を背景とした最近の変化や問題に対し，多くのOECD諸国では，その解決策を模索しています。その中で，日本も含め多くの国々において採用されまた実施されている新たな行財政改革の理論的手法として登場したのが公共経営論です。

公共経営(public management)とは一般的に，国や地方公共団体をはじめとした行政機関や公共部門(public sector)に民間企業における経営(management)や管理(administration)の理念や手法を適用し，効率的で効果的な行政運営を行うことをいいます。しかしながら論者によってその定義が異なっています。また公共部門に経営学の手法を導入することについては，そもそも経営学は民間部門の組織や管理を分析する学問であり，公共部門はむしろ行政学や政治学によって分析されるべきものであるという意見があります。さらに公共部門と民間部門とでは組織形態や環境が異なっているため，公共部門に民間企業の経営(マネジメント)は馴染まないという意見もあります。

しかしながら，近年，省庁や自治体，そして大学や研究機関において公共経営に関する研究が行われ，またその経営手法が公共部門において実践されています。国土交通省，財務省，総務省などを初め，各省庁において公共経営に関する研究や公共経営を踏まえた行財政改革の取り組みが行われています[5]。地方

自治体では行政改革課や政策経営課などにおいて行政経営が実践されています。さらに大学に公共経営大学院(公共政策や公共経営の専門職大学院)や公共経営学部(あるいは学科やコース)などが設置され，公共部門のマネジメントの研究が盛んに行われるようになりました。

前述のように，公共経営とは公共部門に経営的手法を可能なかぎり導入し公共サービスの効率化を図る概念と定義しましたが，そもそも公共サービスの担い手である行政機関による運営と民間企業の経営とはどのような違いがあるのでしょうか。そこで公共経営の特色を知るためにまず民間企業と行政機関のそれぞれの特色およびその相違について，①理念，②意思決定，③市場原理そ

表9-2 行政機関(自治体)と民間企業の比較

	自治体(市町村)	民間企業
理念	公平性・公正性	効率性・生産性
目的	公益の追求(公共の福祉)	利益の追求
意思決定	法律，条例，規則の遵守，前例踏襲主義，手続き重視主義に基づいた意思決定	外部環境や組織内部の状況変化に対応した意思決定
		効率性，生産性の向上を目的としたマーケティング，組織設計，リーダーシップの実践
	顧客(住民)からのフィードバック経路が欠如	顧客からのフィードバックを重視
市場原理 (競争)	なし	あり
	税金による公共サービスの提供	利潤をめぐる競争環境
	安定した組織の存続	持続可能性の追求
	改善・改革といったインセンティブが弱い	改革・改善といったインセンティブが強い
	イノベーションは起こりにくい	イノベーションは必須
資源の配分	政治的な資源配分	市場に基づく配分
	公益の追求を目的とした資源配分	「効率性」「生産性」の向上を目的とした資源の配分
	住民に対する公平な資源の配分	顧客を特定化した資源の配分
	顧客(住民)の退出は容易ではない	顧客(消費者)の参入・退出の自由
	必ずしも住民のニーズに合うサービスが提供されるとは限らない	ニーズに合う商品を選ぶことができる

出所)筆者作成。

して④資源の配分に分けて比較してみることにしましょう。表9-2は，公共部門（主として市町村の自治体）と民間企業のそれぞれの特色を比較したものです。

① 理念：行政機関（市町村）の理念は，地方自治法第1条の2「住民の福祉の増進を図ることを基本として，地域における行政を自主的かつ総合的に実施する役割を広く担うもの」に謳われているように，住民の福祉を公平的かつ公正的に増進することを理念とし，自治体はこの理念を基礎に法律や条例に基づいて公共サービスを提供しています。これに対し，民間企業の場合は，利潤の最大化を実現するために経営の「効率性」や「生産性」を向上させることを理念としています。

② 意思決定：民間企業は，顧客からのフィードバックを重視し外部環境の変化に常に迅速に対応し，また組織内部の効率化を図り利益の最大化を目的とした意思決定を行います。これに対し，行政機関の意思決定は，公共の福祉の向上を目的とし，それを実現するために計画を策定し，法律や条例そして規則を遵守した形で意思決定を行います。

③ 市場原理：民間企業は市場における利潤の最大化をめぐり，他の同業者と競争をしています。常に市場の動向を把握し，顧客の選好に迅速に対応しないと競争に負け，場合によっては倒産してしまいますから，いかに生産性をあげるかというインセンティブが働き，必死にイノベーションを創出しなければなりません。これに対し行政機関は，顧客である住民に公共サービスを提供する代わりにそのコストとして税金を徴収します。そのため民間企業のように市場において利潤を上げるために生産性や効率性を高め，いかに市場において競争するかということを考える必要がなく，また改善改革のためにイノベーションを創出し推進しようという発想も乏しく，それゆえ自ら改革していこうというインセンティブも弱い傾向にあります。

④ 資源の配分：民間企業は市場競争においてよりよい商品を開発しサービスを提供しなければなりません。その際，効率よくサービスを提供する

ためには，対象とする顧客を絞り（ターゲティング）資源を配分します。また，顧客も自分たちに必要な商品を求めて企業を選択します。そのため民間企業は常に顧客のニーズについて正確に把握し，顧客が求めている商品を開発しなければなりません。一方，行政機関は，住民に対して広く公平に資源を配分しなければなりません。すなわち税金を徴収しそれによって公共サービスを提供しなければならないため，民間企業のように一部の顧客を対象とすることは困難です。また納税者である住民にとっては，必ずしも必要とする公共サービスが提供されるとは限りません。しかし住民は容易に自治体を変える（退出・転居する）ことができません。

　このように，行政機関は民間企業と異なり，公益の追求を理念とし，広く公平に公共サービスの提供に努めなければなりません。また法律や規則などを遵守し手続きを重視する政策形成を行うため，前例踏襲主義になりやすく，民間企業でみられるようなイノベーションは起こりにくい傾向にあります。さらに公共サービスは，仮に一部の住民が望まなくても広く公平に配分されるため，提供される公共サービスと住民のニーズとの間に乖離が生じる場合があります。

　しかしながら，1980年代以降，先進諸国は財政赤字に直面し行財政改革をせざるを得ない状況となりました。少子高齢化とともに住民のニーズが多様化し複雑化する一方，公共サービスの提供には，財政的制約が伴い十分なサービスを提供することが困難な状況になりました。そこで，このような行政によるサービスの提供と住民のニーズとの間の乖離に対し，もっと民間の活力（民力）を活用すること（たとえば民営化政策），そして公共部門にも民間企業と同じような効率性を高めるシステムを構築することが必要となり，民間企業の経営手法を参考とした新たなシステムが導入されることとなりました。この新たなシステムを「新公共経営」といいます。

3 新公共経営

　1970年代は，先進諸国において二度の石油危機に直面し財政危機に見舞われるとともに，複雑化する行政需要に対する政府の統治能力が低下した時代でした。1980年代に入り，アメリカのレーガン政権やイギリスのサッチャー政権は，市場原理を最大限に活用した資源配分を行い，行財政の効率化をはかり，「小さな政府」を目指す「新保守主義」「市場原理主義」思想を背景とした行財政改革を実施しました。具体的には，国営企業の民営化（官から民へ）が推し進められるとともに，行政部門の業務体制についても改革が行われました。その行政部門の改革における理論的支柱として登場したのが，「新公共経営」です。

(1) 新公共経営とは

　新公共経営（New Public Management，以下NPMと略す）とは，1980年代以降，イギリスやニュージーランドをはじめ，先進諸国において民間企業における経営手法や成功事例を可能なかぎり行政に導入し，公共部門の効率化や活性化を図る新しい手法をいいます。NPM概念の定義は論者によって異なりますが，NPM理論の中心的な論者であるフッド（Hood, C.）は，① 専門家による行政組織のマネジメントの実践，② 業績の基準と指標の明示，③ 結果（アウトプット）によるコントロールをより一層重視すること，④ 公共部門をユニット（組織単位）に分解すること，⑤ 公共部門における競争を強化する方向への転換，⑥ 民間部門の経営実践スタイルの強調，⑦ 公共部門資源の利用に関する規律と倹約の一層の重視の7つの教義をあげています。またダンレヴィ（Dunleavy, P.）とフッドは「ビジネス・メソッド（の特定の概念）に近い経営，報告，会計のアプローチをもたらす公共部門の再組織化の手法」としてNPMを定義しています。[8]

(2) NPMの特徴

　それでは，NPMは具体的にどのような特徴があるのでしょうか。従来の行

政システムとの違いの中で NPM において注目すべき特徴は次の 4 点です。[9]

① 成果・結果主義

まず NPM では，これまでの行政システムの特性であった「法律遵守，前例踏襲主義，手続き重視主義」という考えから，民間企業と同じように，成果や業績そして結果を重視する「成果・結果」主義へ発想を変えることが重要となります。何を実現したのか，所期の目標を達成することができたのか等，これまでの政策立案や企画に重点を置いてきた行政運営(政策立案，企画業務マネジメント)から，結果や成果を重視した運営(執行業務マネジメント)へと行政システムを転換させることです。

② 市場原理・競争原理の導入

次に，行政システムに「競争原理を導入すること」です。競争原理の導入により改善や改革に対するイニシアティブが高まり，また成果が出せるようなイノベーションが生まれるように，行政システムを成果志向へと変えていくことです。

③ 顧客志向

行政サービスの受け手である住民を顧客として位置づけ，行政サービスに対する満足度が向上するように行政システムを変えることです。

④ 裁量権と責任の委譲，明確化

これまでの行政サービスと住民のニーズの乖離をもたらしてきた「法律遵守，前例踏襲主義，手続き重視主義」を解消し，可能な限り住民に近い第一線の現場にいる職員(ストリート・レベルの行政職員)に権限を委譲し，行政サービスの配分に関する責任を明確にし，住民のニーズを的確に把握することです。

NPM は，1980 年代以降にイギリスやニュージーランドなどのアングロサクソン系諸国を中心に行政事務の現場を通じて形成された理論で，イギリスでは実際，次のような行財政改革が行われました。1982 年に，財務に関する運営と資源における責任の明確化を義務付けた「FMI (財務管理イニシアティブ) 制度」改革，1989 年には省庁の業務を政策の企画や立案を行う政策形成部門

と政策や計画を実施する執行部門とに分け，後者の執行部門の事業に関しては，独立したエージェンシーを創設し運営を委ねる「ネクスト・ステップス・エージェンシー」(Next Steps Agency)の導入，主要なエージェンシーの責任者と所管省庁との間で協議し設定される業績目標の明確化，質の高いサービスの提供者の特定化そして評価に関する「市民憲章」(Citizen's Charter)の導入，さらに1991年には，公共部門の業務に競争入札制度を導入し経費管理の合理化を図る「市場化テスト」(Market Testing)を，そして1992年には公共施設の建設，維持管理，運営等を民間の資金，経営能力および技術的能力を活用して行う「PFI (民間資金を活用した資本整備)」(Private Finance Initiative)などが導入されました。いずれも公共部門の財政支出を抑制することを目的とし，また事業目的や業績指標の明確化，事業の効率化や合理化，そして資金や業務運営の責任の明確化などを目指した行政改革でした。[10]

日本では，三重県が1995年に「みえ政策評価システム」として初めてNPMを導入し，その後，静岡県が「目的指向型行政運営システム」(2002年)を，[11]そして国土交通省も2003年から道路局においてNPMを導入し実践しています。また2001年6月に閣議決定された「今後の経済財政運営及び経済社会の構造改革に関する基本方針」(骨太の方針)において，新しい行政手法としてNPMを挙げ，その方針として，市場のメカニズムをできるだけ活用し「民間でできることは，できるだけ民間に委ねる」こと(たとえば民営化政策，民間委託，PFIの活用，独立行政法人化など)，事業に関する費用対効果の事前評価や業績や成果に関する評価を行い，政策決定，予算，人事評価などにフィードバックしていくこと，そして行政運営に対する監査，情報公開制度を定着化させることなど具体的な改革方策が講じられました。[12]

4 公共経営の手法と公共サービス

公共サービスとは，広く一般の人びとの福利のために公的機関が提供するサービスのことをいいます。教育，医療，司法，交通，消防，警察など市民

の生活に必要とされる公共サービスの提供は「官」(行政機関)の主導によって行われるものと考えられてきました。しかし少子高齢化,住民の行政組織に対するニーズの多様化,さらに行政機関の財政難(さらには自治体の破たん)などの状況がみられ,「官」による公共サービスの提供には量的にも,また質的にも限界がみられています。そこで国や地方自治体は,行政組織に経営学的アプローチを導入し効率的かつ効果的な行財政運営を実現し,公共サービスの提供に努めています。また行政機関に加え,社会的企業や非営利組織(NPO)などの民間組織も「新たな公共サービス提供の担い手」として行政機関と協働あるいは行政機関に代わって公共サービスを提供するなど,提供主体が多様化しています。本節では,公共経営における公共サービスの手法ついてみることにします。

(1) アウトソーシング

　アウトソーシングとは,自治体が民間と契約を結んで行政業務の一部を民間に委託することをいいます。このアウトソーシングの主要な目的は,民間に自治体の事業を委託することによって自治体の支出を抑制しコストを削減することにあります。アウトソーシングは,新公共経営の改革が行われる以前から見られ,公共施設の清掃業務,ガスや電気の検診業務,水道料金徴収などの業務を民間に委託する事業が行われました。最近では,従来は政府によって行われた公共性の高い活動も民間に委託するケースがみられています。たとえば,イギリス,アメリカ,オーストラリアなどでは,刑務所の運営業務の一部を民間に委託するアウトソーシングがみられ,日本においても2007年以降,警備,更生教育プログラムの策定,職業訓練などの運営事業の一部を民間に委託しています。また地方自治体が運営する公営バスの業務についてもその一部を民間事業者に委託して運営されています。[13]

(2) 市場化テスト

　市場化テストとは,国や地方自治体の業務について,「官」と「民」が対等

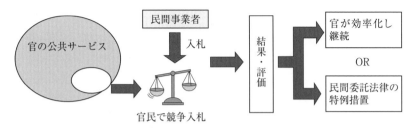

図 9-3　市場化テスト

出所）内閣府「規制改革・民間開放推進会議，市場化テスト（官民競争入札）」のホームページ
（http://www8.cao.go.jp/kisei-kaikaku/old/market/）を参考に作成（2013 年 4 月 10 日閲覧）。

な条件でどちらがより良質かつ低廉なサービスを提供することができるか，競争入札制度を活用して事業の提供者を決定するシステムをいいます。競争入札の結果は第三者機関で審議され，民間事業者が優れている場合は，その事業は民間事業者に委ねられます。この市場化テストの目的は，公共サービスの効率化（経費削減や人員削減など）にあります。また民間事業者との競争入札により，行政機関に質のよい公共サービスを提供しようというインセンティブを働かせる目的もあります（図 9-3 を参照）。

　市場化テストによる公共サービス改革は，ハローワーク（公共職業安定所）の民間委託，国民社会保険料の収納事業の委託，刑務所運営の民間警備会社への委託事業などにみられ，実際，経費の軽減が実現しています。たとえば年金事業を国民年金保険料収納事業（日本年金機構）に移管した結果，経費がこれまでの 181 億から 54 億に軽減され，また登記事項証明書の発行事業の委託では，110 億から 62 億に軽減されました。一方，地方自治体では，窓口業務，職業訓練，職員研修，庁舎管理において市場化テストによる委託事業が行われています。内閣府によると，2012 年には，競争入札の 138 事業において，約 204 億を削減することができた報告がされています。

(3) 指定管理者制度

　指定管理者制度とは，民間企業や財団法人，NPO 法人そして市民グループ

などに公の施設の管理運営を代行させる制度をいいます。もともとは，自治体が提供するサービスの施設(市民ホール，図書館，博物館，体育館，公園，駐車場，特定機能病院など)は，自治体が直接運営し管理するほか，外郭団体や社会福祉法人など一部の公的機関に対しても，施設の管理が委託されていました。この一部の機関に自治体が公の施設の管理を委託することを「管理委託制度」と呼びます。しかしながら，施設運営に関し，民間事業者の能力や経営管理手法を積極的に取り入れ，市民のニーズに的確に対応することが有効であると考えられ，「弾力性や柔軟性のある施設運営」を行う目的として 2003 年 6 月に「指定管理者制度」が創設されました。[16]

佐賀県武雄市は市立図書館の運営に際し，この指定管理者制度を導入しました。[17] 市図書館の運営をカルチュア・コンビニエンス・クラブという民間企業に委託し，2013 年 4 月から新たな市立図書館として開館しました。市民が利用しやすいよう会館時間を年中無休で午前 9 時から午後 9 時までとし，開架図書をこれまでの 2 倍に拡大し，書籍の陳列方法も従来の図書館とはことなった形式で閲覧できる工夫がされています。また館内に書籍販売の書店やコーヒーショップ，CD・DVD レンタル店などが設置されています。市民が誰でも利用しやすく生活をより豊かにすることを目的とした民間経営による新しい図書館として始まりました。[18] 4 月にオープンし 1 日に約 3000 人，開館 1 ヵ月間で 10 万人を超す入館者があり，想定外の盛況ぶりでした。しかしながら一方では，館内に民間企業が運営する CD・DVD レンタルコーナーが併設されたため，地元の CD・DVD 店の売り上げが 2 割から 3 割減少するというマイナス効果も生じています。[19]

指定管理者制度は，民間の手法を用いて，効率よく柔軟な施設の運営を目的とした制度ですが，いくつかの問題点もあります。指定管理の契約期間(3〜5 年間程度)が短い場合，正規の職員を雇用することが困難であり，指定期間満了後に職員の入れ替わり等が生じ，人材育成をすることが難しいこと，また民間のノウハウを活かし，「弾力性や柔軟性のある施設運営」を行うことが指定管理者制度の目的ですが，実際は条例や施行規則などによって運用が阻まれ，

民間の実力を十分に活用されていないという問題が指摘されています。

(4) PFI

PFIとはPrivate Finance Initiative(民間資本を活用した資本整備)の略称で，公共事業，公共施設の建設や管理そして運営を国や市の代わりに，民間の資金や経営のノウハウ，技術のノウハウを活用して，効率的かつ効果的な公共サービスを提供することをいいます。PFIは，国や市が行う事業のうち，民間で行ったほうが費用を減らすことができ，あるいは民間のほうがより質の高い公共サービスを提供することができる場合に活用される手法で，1990年代からイギリスやオーストラリア等でPFIの活用が行われました。PFI事業の選定方法は，VFM(Value for Money)という尺度によって検討されます。このVFMとは，支払に対するサービスの価値をみるもので，PFIにより，公共よりも民間に委ねた方がより安く，またより上質なサービスが提供できると評価された場合，事業は民間に委託されることとなります。

日本では1999(平成11)年に「民間資金等の活用による公共施設等の整備等の促進に関する法」(PFI法)が制定され，それ以降，さまざまな公共事業や公共施設の運営等にPFIが導入されました。しかしながら，当初のPFI法における委託事業は行政主導による改革であり，民力を反映した形での改革ではありませんでした。そこで2011年にPFI法を改正し，「公共施設等運営権」(コンセッション契約方式)[20]が導入されることとなりました[21]。これは施設等の所有権は移転せず，民間事業者にインフラの事業運営に関する権利を長期にわたって付与する方式で，民間のノウハウを活用し事業を推進することを可能とするものです。さらにこの法改正によって，これまでの学校や病院などの建物のほか，公的な賃貸住宅，空港，船舶，航空機など広範囲にわたる事業が対象となりました。

指定管理者制度や貸付は，一般に「管理経営」のみを民間に委ねるのに対し，PFIは，今後発生する維持更新投資等にかかる設計，建設などの資金調達を含めて「一体的に」民間に委ねるところに大きな違いがあります[22]。

表 9-3　分野別実施方針公表件数

(2014 年 3 月 31 日現在)

分　類	事業主体別			合計
	国	地方	その他	
教育と文化（文教施設，文化施設 等）	2	111	37	150
生活と福祉（福祉施設 等）	0	20	0	20
健康と環境（医療施設，廃棄物処理施設，斎場 等）	0	75	3	78
産業（観光施設，農業振興施設 等）	0	14	0	14
まちづくり（道路，公園，下水道施設，港湾施設 等）	8	48	0	56
安心（警察施設，消防施設，行刑施設 等）	8	15	0	23
庁舎と宿舎（事務庁舎，公務員宿舎 等）	41	10	2	53
その他（複合施設 等）	6	40	0	46
合計	65	333	42	440

注）サービス提供期間中に契約解除または廃止した事業及び実施方針公表以降に事業を断念しサービスの提供に及んでいない事業は含んでいない。
出所）内閣府「PFIの現状について　平成26年10月」，内閣府　民間資金等活用事業推進室（http://www8.cao.go.jp/pfi/140331_pfi_genjyou.pdf，2014年10月閲覧）。

　PFIの決定方法は，まず国や市がPFIで行うサービスの内容や事業を決定し，その事業を請け負う民間事業者を募集し，行政と民間事業者との間で契約を結びます。そして民間事業者は，契約に従って事業を推進し，国や市はその内容を確認して費用を支払います。PFIの事業スキームは，①PFI事業者の売り上げがどこからくるか，②事業に必要な資産を誰が所有するか，によって考えられます。①は，事業に対する対価はだれが支払うかによって分けられ，事業を受益者から料金を徴収して売り上げをあげる方法を「独立採算型」方式といい，受益者に代わって行政が事業主体に対価を支払う方法を「サービス購入型」といいます。日本における事業の7割ぐらいが，サービス購入型方式です。次に②の所有者については，施設が完成し，その施設の質が政府の要求水準をクリアしていると認められた後に，所有権を政府に移転してその後のサービスを提供するというBTO（Build Transfer Operate）型といわれる所有形態が多くみられます。[23]

　現在，PFIは，教育と文化（文教施設，文化施設），生活と福祉（職業訓練施設，福祉施設），健康と環境（医療施設，保健衛生施設，廃棄物処理施設，水道施設，浄

化槽施設),産業(農業振興施設,漁港・工業振興施設),まちづくり(道路,公共交通,空港,河川,公園,下水道施設,海岸保全港湾施設,公営住宅,市街地再開発),あんしん(警察施設,消防施設,行刑施設),庁舎と宿舎施設などの分野において事業が実施されています(表9-3参照)。[24]

5 公民パートナーシップ(PPP)

(1) 公民パートナーシップの特徴

1980年代半ばから多くの自治体は,行政改革の一環として,効率化や生産性の向上を目的とした企業の経営手法を行政に応用し,新たな手法としてNPMによる行政改革に取り組んできました。しかしながらその取り組みは,行政主導による行政内部の改革であり,必ずしも住民のニーズに的確に対応したものではありませんでした。これに対し,民間事業者や市民の視点から公共経営を見直すという「パブリック・プライベート・パートナーシップ」(以下PPPと略す)という考え方が生まれました。表9-4はNPMとPPPのそれぞれ

表9-4 NPMとパートナーシップ(PPP)論の比較

	NPM	パートナーシップ論(PPP)
目　　標	行政の効率化	行政の民主化
目標達成の指標	支出に見合った価値 顧客の満足度	公正さの実現 市民意識の向上
市民概念	サービス消費者としての顧客	民主主義主体としての市民
公平性の基準	機会の平等性	機会の平等性・プロセスでの待遇の 平等性・最低保障の確保
合理性	市場による選択	対話による合意
行政統制の関心	成果	プロセス
国家―政府の役割	極小化	舵取り／調整(条件整備者)
民間セクターとの関係	業務の委託または譲渡	協働または権限の付与
活用される 政策科学の方法論	実証主義	ポスト実証主義

出所)北川洋一「地方分権がもたらす行政のマネジメント化とパートナーシップ化―NPMとパートナーシップ論の合流による「第三の道」型改革」,村松岐夫・稲継裕昭(編著)(2003:194)表9-1,一部加筆。

の特徴を比較したものです。

　NPM はこれまでみてきたように，民間企業の理念や手法を取り入れ，市場における競争原理を導入し行政組織の活性化を図るとともに，行政の役割をスリム化し，民間の企業や団体の参入を積極的に行うことがその特徴でした[25]。しかしながら実際は期待されるほどの公共サービスの質の向上が進みませんでした。この原因として国や地方自治体における財政的な制約により市民のニーズの多様化に対しきめ細かなサービスを提供することができない状況や NPM 改革における行政経営の手法は，行政サービスの効率化の追求に偏っており，行政組織の分断化や組織活動の硬直化などの弊害が生じているという問題が指摘されています[26]。そこで NPM を実践する過程において生じた問題を克服するために PPP という概念が考え出されました[27]。

　この PPP は，行政の効率化を目的とした行政主導型の官民パートナーシップという方法から，行政の独占をやめ（行政の民主化），民間事業者，NPO 法人そして市民も公共サービス提供の担い手（主体）となり行政と連携をとりながら活動するところにその特徴があります。この PPP における各アクターの関係は，NPM の場合，行政が主導する垂直的な関係（タテ志向型）であるのに対し，PPP は，行政，民間事業者，NPO 法人そして市民が公共空間に参画し，それぞれのアクターが緩やかに結びつき並列した水平的（ヨコ志向型）関係へと変化します。そして政府や行政機関は，それぞれのアクター間のパートナーシップを重視し，連携や共創（協働関係）を生みだすための「調整（条件整備）者（enabler）」という役割を担うこととなりました。このような水平的な志向によって「協働」関係を実現した体系をガバナンス（governance）といいます。また，それぞれのアクターの関係は，対等な関係であり，協力的あるいは相互依存的な関係にあります。すなわち各アクターは相互に利益を分け合う互恵的な存在であり，またそれぞれがもつ特性を活かして，特定の資源をもちえない場合は，他のアクターが補うという相互補完的な関係にあります。それゆえ各アクターの役割分担および責任が明確になります[28]。

(2) 新しい公共空間とPPP

次に，PPPの導入の対象領域について見てみましょう。図9-4は，アクターの活動領域を「行政活動領域」「公益的領域」そして「民間活動領域」の3つに分け，第3節でみた公共サービスを3つの領域および「官」(行政)の事業に対する関与度によって分類したものです。「行政活動領域」とは，政策形成過程において法令や規定を遵守し計画を策定し，それに基づいて公共サービスを提供する通常の行政活動を指します。一方，「民間活動領域」は，地域住民や民間企業の活動領域です。「公益的領域」とは，行政機関，民間企業，NPO法人，市民のそれぞれがもつスキルやノウハウを活かして地域の公益のために活

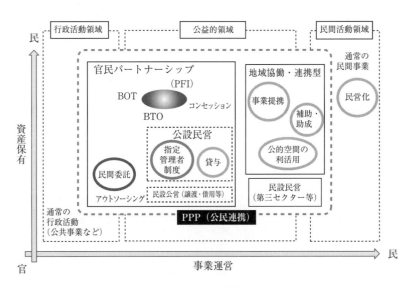

図9-4　PPPの領域と類型

出所）国土交通省，国土交通政策研究所「我が国におけるPFI/PPPの振興策について―英国の経験に学ぶ事は何か？―」(村野清文，国土交通省総合政策局資料)，国土交通省，平成24年2月29日，p.5の図 (http://www.mlit.go.jp/pri/kouenkai/syousai/pdf/.../shiryou5-1.pdf, 2013年4月閲覧)；木更津市「木更津市PPP(官民連携手法)導入指針」の図「PPP導入の対象領域(今後の公共サービス提供のあり方)」(http://www.city.kisarazu.lg.jp/14,219,45,356.html, 2013年4月閲覧)および「木更津市PPP(官民連携手法)」のPPPの概念図 (http://www.city.kisarazu.lg.jp/14,149,45,356.html, 2013年4月閲覧)を参考に作成。

動する領域です。すでにみたように，それぞれのアクターの関係は，対等であり相互補完的なパートナーシップを重視する協働関係にあります。この領域には2つの分野があります。ひとつは，民間企業等の経営理念や経営手法を活用し行政機関と民間事業体との連携(官民パートナーシップ)によって効果的な公共サービスを提供する領域です。

　一方，地域協働・連携型とは，地域社会における NPO 法人，大学，研究機関，自治会等が適切に役割分担を行い，また，連携することによって地域社会に対し効率的なサービスを提供する領域です。行政は直接的にサービスには関与しませんが，「条件整備者」として民間主体が行うサービスの提供に対して，活動に必要な情報の提供，財政的な支援(補助・助成)を行います。PPP は図 9-4 にあるように，公益的領域を中心に，3つの領域をオーバーラップしているところに特徴があります。

		管 理 運 営	
		行　政	民　間
所有	行政	(1) 【公設公営（従来の公共サービス）】 ・全て行政が担当 ↓ ・民間への一部業務の委託	(2) 【公有民営】 ・指定管理者制度 ・管理運営委託 ・貸付 ・PFI（RTO/BTO） ・DBO
	民間	【民設公営】 ・セール ・リースバック (3)	【民有民営】 ・PFI（ROT/BOT/, 　RPP/BOO） ・民営化（行政関与型） 　（譲渡，株式取得） (4)

図 9-5　PPP の事業形態の整理（現在提供中の公共サービスの場合）
出所）佐野修久（編著）（2009：178）

(2) PPPにおける事業形態の分類

PPPによる事業形態で地方自治体によって提供されている公共サービスには主に4つあります。図9-5および表9-5は，公共サービスを施設の所有と管

表9-5 PPPの事業形態の概要（現在提供中の公共サービスの場合）

事業形態		概　要
(1) 公有公営		
	業務委託	行政が所有・管理運営する施設等について，管理運営を構成する一部の業務を民間主体に委託する形態。
(2) 公設民営		行政が施設の建設やシステムの構築を行い，運営を民間に委ねる。コスト負担の面からさらに以下の類型に分けられる。
	指定管理者制度	行政が所有する「公の施設」の管理運営を，指定管理者として指定した民間主体に委ねる形態。
	管理運営委託	行政の所有する施設（「公の施設」以外）の管理運営を，民間主体に包括的に委託する形態。
	貸付	行政の所有する施設等を民間主体に貸し付け，当該施設等を活用した事業運営（管理運営）を民間主体に委ねること。
	PFI (RTO/BTO)	施設等の管理運営に加え，今後発生する維持更新投資等にかかる設計・建設（改修等）・資金調達もあわせて長期にわたり民間主体に委ねる形態。その際，事業に関する施設等の既往分・新設分ともに行政が所有する。【設計・建設等・管理運営に要する費用を最終的に負担する主体により，a. サービス購入型，b. 独立採算型，c. ジョイント・ベンチャー型に分類】
	DBO	行政が施設等を所有しつつ，民間主体に管理運営を委ねるに当たり，今後発生する維持更新投資等にかかる設計と建設（改修等）工事の請負もあわせて一体的に民間主体に委ねる形態（施設等の設計と建設工事等の発注（設計・建設主体）・資金調達・所有は行政が担当）。【管理運営費用を負担する主体により，a. 指定管理等支払型，b. 利用料金型，c. 併用型に分類】
(3) 民設公営		施設等の所有を民間主体に移転し，その管理運営は引き続き行政が担うもの。
	セール＆リースバック	行政が所有し実際に利活用している施設等を一旦民間主体に売却し所有権を移転すると同時に，当該施設等を借り戻し，従前どおり行政が管理運営を担う形態。
(4) 民有民営		施設等の所有・管理運営ともに民間主体に委ねるもの。
	PFI (ROT/BOT)	施設等の管理運営に加え，今後発生する維持更新投資等にかかる設計・建設（改修等）・資金調達もあわせて長期にわたり民間主体に委ねる形態。その際，事業に関する施設等の既往分・新設分ともに民間主体が所有し，契約期間終了後，施設等の所有権を行政に移転する。【設計・建設等・管理運営に要する費用を最終的に負担する主体により，a. サービス購入型，b. 独立採算型，c. ジョイント・ベンチャー型に分類】

PFI (ROO/BOO) 譲渡方式		施設等の管理運営に加え，今後発生する維持更新投資等にかかる設計・建設(改修等)・資金調達もあわせて長期にわたり民間主体に委ねる形態。その際，事業に関する施設等の既往分・新設分ともに民間主体が所有し，契約期間終了後も施設等の所有権は行政には移転しない。 【設計・建設等・管理運営に要する費用を最終的に負担する主体により，a.サービス購入型，b.独立採算型，c.ジョイント・ベンチャー型に分類】。
民営化 (行政関与型) (譲渡)		行政の所有する施設等を民間主体に譲渡し，それに伴い事業運営も民間主体に移転するもので，譲渡後も行政が一定の関与をする形態(施設等を譲渡した対価を金銭により受領(無償のケースあり))。
民営化 (行政関与型) (株式取得)		行政の所有する施設等を民間主体に譲渡し，それに伴い事業運営も民間主体に移転するもので，譲渡後も行政が一定の関与をする形態(施設等を譲渡した対価を株式により受領⇒行政が得たこの株式は市場等で売却。

出所) 佐野修久 (2009：179)

理運営に分け，PPPの事業形態を整理したものです[29]。

① 「公設公営」とは，管理と運営は両方とも行政が行うが，一部の業務は民間主体に委ねる。ただし委託等の費用は行政が負担します。
② 「公有民営」とは，施設の所有は行政が担うが，管理運営は民間に委ねる方式です。
③ 「民設公営」とは，行政が所有する施設を売却し民間に移転させるとともに当該施設を借り戻し(リースバック)し行政が管理運営を行います。
⑤ 「民有民営」とは，所有および管理運営はすべて民間が行う形態です。

(3) PPPの事例

PPPにおける基本的な考え方は，「公(官)—私(民)」のパートナーシップにおいて，「得意な者がそのスキルとノウハウを活かし得意なことを実施する」ことです。そして今日，さまざまな分野においてPPPの手法が実施されています。表9-6は主要な事業分野におけるPPPの実施方法を整理したものです。公共施設のインフラ整備，上下水道，空港，鉄道，情報通信，電力などさまざまな分野において，建物(施設)と運営を分離させ，あるいは分野ごとに役割分担を行うことによって効率性をあげることを目標にPPPが実施されています。

たとえば軌道系(鉄道，地下鉄など)においては，「上下分離方式」に基づいて，

表9-6　分野事業別 PPP プロジェクトの形態と特徴

	サービス市場自由化の動向	PPP の形態と特徴
道路・橋	・道路維持管理分野では自由化が進展，有料道路は英米系国，仏，西，伊等でも新規・既存今セッション化，公団民営化も進展	・土木構造物も含む有料道路事業の BOT 化 ・上下分離方式 ・パッケージ方式 ・既存資産のコンセッション化 ・有料橋，トンネル事業の BOT 化
港湾	・地主型港湾でも自由化の進展	・地主型港湾でコンテナターミナル事業を BOT 化 ・地主型港湾で既存バルクターミナル等をコンセッション化 ・既存コンテナターミナル，バルクターミナルの民営化
空港	空港公団単位の民営化が進展。プレーヤーとして海外進出	・滑走路・ターミナルの資産売却 ・滑走路・ターミナルのコンセッション化 ・新規ターミナルの BOT 化 ・空港経営への民間資本参加 ・空港経営の民営化
軌道系	・公共経営と民間経営が混在	・上下分離方式による地下鉄や LRT の BLT，BOT 化 ・公社との JV 方式による新規事業のコンセッション化 ・開発権利を付与した新規事業のコンセッション化 ・補助金方式での新規事業のコンセッション化
通信	・他のインフラ分野に先駆けて，公社民営化などが進展。携帯電話などの新規サービスも競争が本格化	・基本回線地域分割によるコンセッション化 ・資産売却による民営化（基本回線，新サービス） ・ライセンス方式による民営事業化
電力	・通信同様，他のインフラ分野に先駆けて市場民営化が進展。民営化された電気会社 IPP をコンセッション化。送配電も自由化	・電力公社の民営化，分割（送，配，発，地域）民営化 ・分割後電力株式会社へ民間資本参加 ・発電事業の IPP 化 ・発電事業のマーチャントプラント化 ・送電事業・配電事業の自由化 ・プログレッシブ・コントラスト PPP
水	・貯水池建設などのインフラ部分を除くと水道事業の民営化が進展。プレーヤーとして海外に進出	・水道公社の分割（浄水，送水，配水，エンジニアリング等）民営化 ・既存浄水場のコンセッション化 ・新規浄水場のコンセッション化 ・水道事業の地域分割によるコンセッション化 ・プログレッシブコントラクト化

出所）JICA 研究所（2007：9-10）表 1-1 から抜粋して作成。(http://jica-ri.jica.go.jp/IFIC_and_JBICI-Studies/jica-ri/publication/archives/jica/etc/200504.html) 2007 年。(2013 年 4 月 15 日閲覧)。

公共経営と民間経営とが混合(協働)しています。鉄道といったインフラ系の「下」と，その運営や経営を行う「上」とに組織を分離し，「上」の経営運営部門は公共事業で行い，「下」の事業である鉄道やトンネル工事，空港施設や駅舎建設，変電，通信システムなどの建築は民間が行い，またそれらの資金調達も民間が行うという方法です。さらに定期的に事業の目的や成果の見直しなども PPP 契約を結んだ民間企業が行います。インフラ事業の民間への委託により，民間の技術のノウハウがいかされ，また成果ある事業を行うことが可能となり，経費も削減することができます。

たとえばロンドンの地下鉄事業では，地下鉄の老朽化を改善するための費用不足が深刻化したため，2003 年に「上下分離方式」による PPP が導入されました。地下鉄の運営(車両，駅舎，スタッフの運営)は公的機関であるロンドン交通局が管理し，線路，トンネル，信号機などのインフラ部門は民間の企業が管理改善を行い，インフラの資金調達は民間が行うこととなりました。この PPP では，民間事業者が目標の設定や成果の見直しを行い，また駅の改善，線路の交換，車両の改良などの整備を 30 年間行う契約が結ばれ事業が始まりました。しかしながら，運営会社が経営破綻し 7.5 年間ですべて打ち切りとなり，「上下分離方式」による PPP は失敗に終わっています。[30]

日本では，国土交通省が「鉄道整備における PPP 等による民間資金の活用方策に関する調査委員会」を設置し，幹線の整備や LRT 事業において PPP を導入し，民間資金を活用し民間企業の創意工夫を事業に取り組むことによって資金の削減とサービスの効率化をはかっています。PPP/PFI 支援の取組みとして国土交通省は，官民連携事業の推進に関する検討調査(コンセッション方式の運用による事業の課題を検討)，先導的官民連携支援事業(地方公共団体に対し，官民連携事業導入の検討に要する資金を助成し，先導的な官民連携事業の事例となる事業を推進すること)，そして震災復興官民連携支援事業(官民連携事業導入の検討にようする費用を助成し，震災復興における PPP の案件を形成する事業)の 3 つの分野で案件を募集し，PPP/PFI 事業の先例となる事業に対して補助金等の交付を行っています。[31]

6 公共経営における課題と今後
―新たなパートナーシップ構築のために

　今日，厳しい財政状況の中，高度化・多様化する住民のニーズの変化にいかに迅速かつ的確に対応し公共サービスを提供するか，これまでの行政の「法律遵守，前例踏襲主義，手続き重視主義」による一律的なサービスでは充分に対応できません。NPM は企業経営の手法を行政機関に導入し成果や結果を重視した改革を行うことがその目的でしたが，実際は行政主導による行政内部の改革であり，必ずしも住民のニーズに迅速に対応するものではありませんでした。そこで行政機関のほか，民間企業，NPO 法人そして市民も公共サービスの受け手から公共サービス提供の担い手として公共空間に参画し，それぞれの新たな視点から公共経営を見直すという PPP（公民パートナーシップ）概念が生まれ実践されています。

　PPP において重要なことは，公共領域において行政機関，民間企業，NPO 法人，自治体，そして市民が連携しパートナーシップを構築することです。このパートナーシップを築くためには，いくつかの条件があります。まず，それぞれがもっている特性や活力を活かし，公共サービスの提供にあたり的確に役割分担を行うことが必要です。次に行政と民間との間で情報を共有すること，そしてそれぞれが効率的かつ効果的な公共サービスを提供しようという意識をもつことが必要です。さらに重要なことは，一般的に，行政は民間に対する信用度が低い傾向にあり，またリスクに対する考え方も民間よりも行政の方が低いと言われています[32]。そこでお互いが情報を交換しかつ対等な関係であることを認識し，信頼関係を築くことが重要です。これらの条件を満たすことによって行政，民間企業（社会的企業），NPO 法人そして市民の間で真のパートナーシップがうまれ，お互いが連携し「協働」することによってはじめて，PPP は地域社会の形成や発展に大きく貢献することとなるでしょう。

（第 2 節〜第 6 節　荒木　宏）

〔設問〕次の問に答えなさい。
1. 現代日本の公共政策の課題と変容について説明しなさい。
2. 「新公共経営」(NPM) の特徴について説明しなさい。
3. 「公民パートナーシップ」(PPP) の特徴について説明しなさい。

注

1) 財務省，日本の財政を考える (http://www.zaisei.mof.go.jp/) から財政データと資料を引用している。
2) 財務省の試算による予測。
3) 基礎的財政収支（プライマリー・バランス）とは，税収・税外収入と，国債費（国債の元本返済や利子の支払いにあてられる費用）を除く歳出との収支のこと。その時点で必要とされる政策的経費を，その時点の税収等でどれだけまかなえているかを示す指標。
4) 国土交通省，『平成21年度国土交通白書』(http://www.mlit.go.jp/hakusyo/mlit/h21/index.html)。
5) 国土交通省国土交通政策研究所 (2002)『New Public Management—歴史的展開と基礎理論』国土交通省国土交通政策研究所。
6) 行政機関と民間企業との比較については次の文献を参考のこと。上山信一 (2012)「第5章　公共の経営学の考え方」山内弘隆・上山信一編『公共の経済・経営学』慶應義塾大学出版会, pp. 115-116。北川正恭・岡本正耿編 (2006)『行政経営改革入門』生産性出版, pp. 42-48。淡路富男 (2009)『自治体マーケティング戦略』学陽書房, pp. 23-32。
7) Hood, Christopher (1991) "A Public Management for All Seasons?", *Public Administration*, Volume 69, Issue 1, pp. 3-19. 稲継裕昭・山田賢一 (2011)『行政ビジネス』東洋経済新報社, p. 123。
なお，公共経営の定義については，次の文献を参考のこと。宮脇淳 (2003)『公共経営論』PHP, pp. 8-16。大住荘四郎 (2010)『行政マネジメント』ミネルヴァ書房, 第1章。
8) Dunleavy, Patrick and Christopher Hood (1994) "From old public administration to new public management", *Public Money & Management*, volume 14, issue 3, pp. 9-16. 村松岐夫・稲継裕昭編 (2003)『包括的地方自治ガバナンス改革』東洋経済新報社, pp. 123-126。
9) 玉村雅敏 (2012)「第6章　パブリックマネジメントの実際」山内弘隆・上山信一編『公共の経済・経営学』慶應義塾大学出版会, pp. 140-142。
10) 稲継裕昭・山田賢一 (2011)『行政ビジネス』東洋経済新報社, 第6章, pp. 125-126。
11) 三重県庁ウェッブページ「みえ政策評価システム」www.soumu.go.jp/iken/pdf/051108_4_70.p, (2013年4月30日閲覧)。静岡県編 (2008)『県庁を変えた「新公共経営」—行政の生産性の向上を目指して』時事通信出版局, 第1章 第1節。
12) 経済財政諮問会議 (2001)「骨太の方針」「今後の経済財政運営及び経済社会の構造改革に関する基本方針概要」(プレスリリース), 2001年6月26日, http://www.kantei.

go.jp/jp/kakugikettei/2001/honebuto/0626ga.html，（2013 年 4 月 30 日）．
13）今井照（2006）『自治体のアウトソーシング』学陽書房．稲継裕昭・山田賢一（2011）『前掲書』第 6 章．
14）内閣府，「公共サービス改革：市場化テスト」http://www.5.cao.go.jp/koukyo/kaisetsu/kaisetsu.html，（2013 年 4 月 30 日閲覧）．
15）内閣府，「公共サービス改革：市場化テスト」同上ホームページ．
16）出井信夫・吉原康和（2006）『最新事例　指定管理者制度の現場』学陽書房．
17）樋渡啓祐（2014）『沸騰！図書館：100 万人が訪れた驚きのハコモノ』角川 One テーマ．猪谷千香（2014）『つながる図書館：コミュニティの核をめざす試み』ちくま新書，第 5 章．
18）カルチュア・コンビニエンス・クラブ株式会社（2013）「News Release，武雄市図書館 2013 年 4 月 1 日オープン」http://www.ccc.co.jp/fileupload/pdf/news/201300401-takeo.pdf，（2013 年 4 月 10 日閲覧）．
19）西日本新聞（2013）「新装武雄市図書館 10 万人　開館 1 カ月で突破」2013 年 5 月 2 日朝刊 Web 版，http://www.nishinippon.co.jp/nnp/item/361421，（2013 年 5 月 2 日閲覧）．
20）コンセッション方式とは，民間事業者が自治体の条例のもと，施設の料金を決め，サービスの提供や料金徴収を行うことができるように，国や自治体が施設の所有権を維持したまま，運営権は民間事業者が設定するシステムのことをいいます．
21）福田隆之・赤羽貴・黒石匡昭・日本政策投資銀行 PFI チーム編（2011）『改正 PFI 法解説』東洋経済新報社．
22）佐野修久編（2009）『公共サービス改革』ぎょうせい，p. 184．
23）所有形態については，BTO のほかに，BOT（Build Operate Transfer）型──施設完成後も民間が所有権を有したままサービスを提供し，サービス提供機関終了後に所有権を政府に移転する方法，BOO（Build Own Operate）型──民間が施設を所有したままサービスを提供するが，サービス提供期間終了後に取り壊しを行う等の理由で，施設を政府に引き渡さない方式などがあります．
24）内閣府，民間資金等活用事業推進室（2013）「PFI とは」，http://www8.cao.go.jp/pfi/aboutpfi.html，2013 年 4 月 25 日．内閣府，民間資金等活用事業推進室（2013）「PFI の概要について」，http://www.google.co.jp/url?sa=t&rct=j&q=&esrc=s&frm=1&source=web&cd=1&ved=0CCsQFjAA&url=http%3A%2F%2Fwww8.cao.go.jp%2Fpfi%2Fpdf%2F100608gaiyou.pdf&ei=232PUeCrN8KgkQWu4YDYDA&usg=AFQjCNFU4aD6N93k9_pFTIVU_cqcgV9CeA（2013 年 4 月 25 日閲覧）．内閣府「PFI の現状について　平成 26 年 10 月」，内閣府　民間資金等活用事業推進室（http://www8.cao.go.jp/pfi/140331_pfi_genjyou.pdf，2014 年 10 月閲覧）．
25）北川洋一（2003）「地方分権がもたらす行政のマネジメント化とパートナーシップ化──NPM とパートナーシップ論の合流による「第三の道」型改革」村松岐夫・稲継裕昭（2003）前掲書，p. 194．
26）片木淳（2012）「公共施設の経営と自治体市民」片木淳・藤井浩司編『自治体経営学

入門』一藝社，p. 27。
27) 宮脇淳 (2003) 前掲書，pp. 61-76。
28) 松行康夫・松行彬子 (2004)『公共経営学―市民・行政・企業のパートナーシップ』丸善，p. 31。
29) 佐野修久編 (2009)『前掲書』pp.177-179。
30) 小役丸幸子 (2010)「研究者の視点：ロンドン地下鉄 PPP の失敗」運輸調査局。(www.itej.or.jp/assets/www/html/archive/shiten/2010_115.pdf)。
31) 国土交通省 (2014)「報道・広報，平成 26 年度 PPP/PFI 推進のための案件募集について」(http://www.mlit.go.jp/report/press/sogo21_hh_000015.html) 及び (http://www.mlit.go.jp/common/001029607.pdf)，(2014 年 10 月 25 日閲覧)。平成 25 年度の国土交通省による PPP/PFT 支援事業として，「官民連携推進事業の推進に関する検討調査」については，イギリスのサウスエンド航空におけるインフラ運営事業への多様な民間事業者の参入の調査，「先導的官民連携支援事業」として静岡県浜松市の西遠流域下水道における官民連携の手法の検討，そして「震災復興官民連携支援事業」については，宮城県気仙沼市における共同建替え事業等の地域・官民連携による都市基盤整備検討調査などの取り組みが行われた。国土交通省「国土交通省官民連携政策課における PPP/PFI 支援の取り組み」(http://www.mlit.go.jp/common/001049683.pdf) を参照。(2014 年 10 月 25 日閲覧)。
32) 村林正次・船渡川純 (2007)「特集 PPP (Public Private Partnership) の経緯・課題と今後」価値総研，『Best Value』Vol. 15。

参考文献

Dunleavy, P. and Christopher Hood (1994) "From old public administration to new public management", *Public Money & Management*, volume 14, issue 3, pp. 9-16.
Hood, C. (1991), "A Public Management for All Seasons?", *Public Administration*, Volume 69, Issue 1, pp. 3-19.
淡路富男 (2006)『自治体マーケティング戦略』学陽書房。
出井信夫・吉原康和 (2006)『最新事例 指定管理者制度の現場』学陽書房。
稲継裕昭・山田賢一 (2011)『行政ビジネス』東洋経済新報社。
猪谷千香 (2014)『つながる図書館：コミュニティの核をめざす試み』ちくま新書。
今井照 (2006)『自治体のアウトソーシング』学陽書房。
片木淳・藤井浩司編著 (2012)『自治体経営学入門』一藝社。
木更津市 (2006)「木更津市 PPP（官民連携手法）導入指針 」(http://www.city.kisarazu.lg.jp/14,219,45,356.html)。
北川正恭・岡本正耿編著 (2006)『行政経営改革入門』生産性出版。
経済財政諮問会議 (2001)「骨太の方針」，「今後の経済財政運営及び経済社会の構造改革に関する基本方針概要」(プレスリリース), 2001 年 6 月 26 日 (http://www.kantei.go.jp/jp/kakugikettei/2001/honebuto/0626ga.html)。

厚生労働省（2012）「人口動態調査」（http://www.mhlw.go.jp/toukei/list/81-1a.html）。
国土交通省，国土交通政策研究所（2002）『New Public Management―歴史的展開と基礎理論』国土交通省国土交通政策研究所。
国土交通省（2009）『平成 21 年度国土交通白書』ぎょうせい。
国土交通省（2014）「報道・広報，平成 26 年度 PPP/PFI 推進のための案件募集について」（http://www.mlit.go.jp/report/press/sogo21_hh_000015.html）。
国立社会保障・人口問題研究所（2010）「平成 22 年度社会保障費用統計」（http://www.ipss.go.jp/ss-cost/j/fsss-h22/h22r.pdf）。
国立社会保障・人口問題研究所（2012）「日本の将来推計人口（平成 24 年 1 月推計）」（http://www.ipss.go.jp/syoushika/tohkei/newest04/sh2401top.html）。
小役丸幸子（2010）「研究者の視点：ロンドン地下鉄 PPP の失敗」一般財団法人運輸調査局，(www.itej.or.jp/assets/www/html/archive/shiten/2010_115.pdf）。
佐野修久編著（2009）『公共サービス改革』ぎょうせい。
静岡県編集（2008）『県庁を変えた「新公共経営」―行政の生産性の向上を目指して』時事通信出版局。
内閣府（2013），「公共サービス改革（市場化テスト）」（http://www.5.cao.go.jp/koukyo/kaisetsu/kaisetsu.html）。
内閣府，民間資金等活用事業推進室（2013）「PFI とは」（http://www8.cao.go.jp/pfi/aboutpfi.html）。
内閣府，民間資金等活用事業推進室（2014）「PFI の現状について」（http://www8.cao.go.jp/pfi/140331_pfi_genjyou.pdf）。
樋渡啓祐（2014）『沸騰！図書館：100 万人が訪れた驚きのハコモノ』角川 One テーマ。
福田隆之・赤羽貫・黒石匡昭・日本政策投資銀行 PFI チーム編著（2011）『改正 PFI 法解説』東洋経済新報社。
松行康夫・松行彬子（2004）『公共経営学―市民・行政・企業のパートナーシップ』丸善。
宮脇淳（2003）『公共経営論』PHP。
村野清文（2011）「我が国における PFI/PPP の振興策について―英国の経験に学ぶ事は何か？」国土交通省国土交通政策研究所（www.mlit.go.jp/pri/kouenkai/syousai/pdf/.../shiryou5-1.pdf）所収。
村林正次・船渡川純（2007）「特集　PPP(Public Private Partnership) の経緯・課題と今後」，価値総研，『Best Value』vol. 15, 2007 年 8 月　（http://www.vmi.co.jp/info/bestvalue/pdf/bv15/bv15_01.pdf）。
村松岐夫・稲継裕昭編著（2003）『包括的地方自治ガバナンス改革』東洋経済新報社。
山内弘隆・上山信一編著（2012）『公共の経済・経営学』慶應義塾大学出版会。

第10章 「新しい公共」の登場と「公」「共」「私」の再編成

1 「企業経営」「公共経営」「地域経営」の異同を考える

　これまでの各章において,「企業経営」と「公共経営」について説明してきましたが, 経営学部の授業には「地域経営論」という科目も置かれています。ここでいう「地域経営」とは,「企業経営」や「公共経営」と同じように考えてもよいのでしょうか, それとも異なるものなのでしょうか, また, どこが同じで何が異なるのでしょうか。第1節では, これらのことについて, 経営(マネジメント)を軸に考えてみましょう。

(1) 経営(マネジメント)の対象は何か

　これまで「企業経営」にせよ「公共経営」にせよ, それらはいずれもが特定の組織のマネジメント(経営)を扱うものとして説明されてきました。たとえば,「企業経営」であれば企業(基本的に営利組織)のマネジメントであり,「公共経営」であれば行政機関や公共部門(基本的に非営利組織)のマネジメントです。そもそも経営(マネジメント)は, 長年にわたり企業経営として実践され発展してきたものなので, 企業という実在する特定の組織を対象にしてきました。ただ最近では, そうした企業組織以外に, 行政組織であったり, スポーツチームであったりと, さまざまな組織や場面でマネジメントが導入されています。映画にまでなって大ヒットした『もしドラ』(正式なタイトルは「もし高校野球の女子マネージャーがドラッカーの『マネジメント』を読んだら」です)も, 甲子園への出場を目標とする高校野球チームを対象にしたスポーツマネジメントの物語でした。

したがって、組織の定義やマネジメントの機能については後ほど説明しますが、この段階でもっともシンプルに「経営とは何か」を言い表すとすれば、対象とする組織の如何に関わりなく、それは「組織のマネジメント」であるとすることができるでしょう。なお、第9章（公共経営論）では、特に民間企業と行政機関について、両者の特色を比較しながらマネジメント（経営）を説明していますので参照してください。

ところが「地域経営」については、言葉どおりに理解すると「地域」の経営という意味になるので、特定の組織を対象にしたマネジメントではありません。地域（またはコミュニティ）には、ビジネスを展開する企業や行政機関としての役所の他に、地縁組織としての町内会や自治会、各種のボランティア団体やNPO、文化・スポーツ団体、農協や生協などの協同組合、各種の社会的企業など、営利・非営利を問わず多種多様の組織が存在し活動しています。このように、数多くの多様な活動主体（組織と個人）が集合しているのが地域といえますが、それらは地域という特定の空間（たとえば○○市とか△△地区など）を舞台として活動している点では共通しているものの、各活動主体は独立した存在として活動しているため、災害時における緊急対応などを除き、それぞれに活動の目的や方向は異なっているのが普通の状態です。こうした「組織」とはいえない「地域」を対象にして、果たしてマネジメント（経営）を考えることはできるのでしょうか。

(2) 組織の成立条件と「地域」

ここで改めて組織マネジメントの機能を考えてみましょう。近代管理論の創始者とされるバーナード（Barnard, C. I.）は、組織（公式）を「意識的に調整された2人またはそれ以上の人びとの活動や諸力のシステム」と定義し、それが成立する条件（要素）として、①協働（貢献）意欲、②共通目的、③コミュニケーションを挙げています[1]。つまり、組織とは個人ではできない目的を達成する場であり、そのためには人びとが目的を共有（共通目的化）して、その実現に向け個々人が意欲的に協働・貢献（協働意欲）することが必要ですが、そうした共

第10章 「新しい公共」の登場と「公」「共」「私」の再編成　221

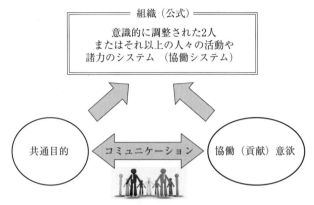

図10-1　組織の定義（バーナード）
出所）筆者作成。

通目的と協働意欲を結び付けるのがコミュニケーションであるとするものです。要するに組織とは単なる人の集合体ではないというのです。図10-1は，このようなバーナードによる組織の定義をわかりやすく図式化したものです。

こうしたバーナードの考え方に立てば，それぞれの組織において，その組織を構成する各個人の意欲や能力を高め，ヒト・モノ・カネ・情報という経営資源を上手に活用するとともに，構成メンバー相互の「協働」関係を形成して，各個人の単純総和を上回る成果をいかに実現するかが問われます。たとえば，構成員が10人の組織であれば，10人で11人以上の成果を目指すということです。これが組織のマネジメントなのです。

これを地域のマネジメントに適用するとどうなるでしょうか。先に，地域を「数多くの多様な活動主体（組織と個人）の集合」と捉えましたが，この状態では組織として成立するための条件を欠いた「単なる人の集合体」と変わりません。そこで，バーナードの組織論を援用して，「地域」を「協働システム」として機能させる（マネジメントする）ことが「地域経営」であると考えます。言い換えれば，「地域」をあたかもひとつの「組織」（協働システム）のように機能させることを意味しますが，それは「地域」を丸ごと「組織」に変換することでは

なく，特定の共通目的(たとえば地域防災や地域福祉など)ごとにひとつの組織のように機能させることです。その際に中心となるマネジメントの機能は「協働」ですが，その場合には地域を構成する個々の組織における「組織内の協働」にとどまらず，「組織間の協働」が重要になるでしょう。詳しくは第4節で取り扱います。

2 「公共」の「公」および「共」への分離

　皆さんは「ゆりかごから墓場まで」(from the cradle to the grave)という標語を聞いたことがあるでしょうか。これは第2次世界大戦後にイギリス労働党が掲げたスローガンですが，その意味は，人が生まれてから死ぬまでの生涯にわたって，国家として国民生活の安定を図ることを宣言したものです。こうした社会保障の充実を福祉政策として展開する国を「福祉国家」といい，国家の役割を安全保障や治安維持などに限定する「夜警国家」の対極に位置します。こうした福祉国家は，第2次世界大戦後の経済成長期(1960～70年代)を中心に，先進諸国で多様なパターンを伴いながら発展していきました。ところが，世界的に広がりを見せた福祉国家ですが，2度のオイルショック(1973年および1979年)以降の経済停滞により税収が落ち込み，さらに経済のグローバル化による資本の国外逃避などもあって，福祉政策を支える国家財政と経済活力に不足を来たし，社会保障経費の削減を余儀なくされるなど行き詰まりを見せるようになります。

　このような状況の下で登場したのが，「鉄の女」と呼ばれたイギリスのサッチャー首相(在位：1979～1990年)です。サッチャー首相率いる保守党政権は，それまでの労働党政権が進めてきた福祉国家政策を覆し，自由と競争を重視して規制緩和や民営化を推し進める経済政策(サッチャリズム)によって，「大きな政府」から「小さな政府」への転換を強引にめざすことになります。このような政策を新自由主義(新保守主義)といいますが，アメリカのレーガン大統領や日本の中曽根・小泉首相にも受け継がれることになります。こうして1980

第10章 「新しい公共」の登場と「公」「共」「私」の再編成 223

(括弧の数字は在位期間)

マーガレット・サッチャー
(1979～1990年)
大幅減税,電気・ガス・航空・空港・水道等の民営化,金融改革

ロナルド・レーガン
(1981～1989年)
大幅減税,運輸・通信・金融等の分野における規制の緩和と撤廃

中曽根康弘
(1982～1987年)
三公社(国鉄・電電・専売)の民営化,JALの完全民営化,規制緩和

小泉純一郎
(2001～2006年)
郵政事業の民営化,道路関係4公団の民営化,規制緩和,金融改革

図10-2　新自由主義の政治リーダーと主要政策
出所)筆者作成。写真はウィキペディアより。

年代以降に「ポスト福祉国家」(福祉国家後)の時代を迎えることになりますが,第9章で説明した「新公共経営(NPM)」とは,こうした新自由主義政策にもとづく公共経営(行政運営)を意味するものです。なお,図10-2において,これら政治リーダーのポートレイトとその下で実施された代表的な経済財政政策を紹介しておきます。

　しかし「ポスト福祉国家」といっても,かつての「夜警国家」に戻ることを意味するものではありません。ただ,こうした変化を契機としながら,それまでの「公共(Public)」の概念は大きく変容することになります。本節では,ポスト福祉国家の時代になって公共概念がどのように変容したのかについて,「公共」の担い手の視点から政府(行政)と市民(社会)との関係の変化に着目しつつ考えることにします。

(1) 福祉国家における「公共」概念

　日本国憲法第25条は,「すべて国民は,健康で文化的な最低限度の生活を

営む権利を有する」と明記するとともに,「国は,すべての生活部面について,社会福祉,社会保障及び公衆衛生の向上及び増進に努めなければならない」と規定しています。すなわち,国民の「健康で文化的な最低限度の生活」を保障するのは,国家の責任であり義務であることを明示しているのです。これは,基本的人権のひとつである社会権に位置づけられる生存権を保障するものとして,普遍的な価値を有するものです。そして,ここで挙げられた「社会福祉,社会保障及び公衆衛生」は,あくまでも一例にすぎませんが,個人的・私的な利害を超えた「社会一般の利益」または「住民の福祉」とみなすことができ,こうしたものが「公共」または「公益」(以下,単に「公共」といいます)と呼ばれるものです。

　これが社会保障制度のように法律に基づく制度(仕組み)として整備されると,基本的に政府(行政)が関与しその責任を果たすようになります。福祉国家とは,このような「公共」を政府の責任として自ら提供するという枠組みに基づき,もっぱら「国家による福祉」を拡充・推進するものといえます。したがって,高度経済成長が終わりを告げ急速な少子高齢社会を迎える中で,こうした「国家による福祉」を拡充・推進していけば,当然の結果として「大きな政府」にならざるを得ませんが,その一方で必要となる財源の確保はますますむずかしくなります。しかも,たとえばその下における福祉サービスの需要と供給の関係を考えると,その多くは政府⇔国民という一対の関係となるでしょう。しかし,このような"政府"対"国民"という集権的な全国一律の関係では,個々の事情や必要に応じたきめ細かなサービスを提供することは困難にならざるを得ません。

　前章(第9章)では,民間企業と比較した政府(行政)の特性について,① 公益の追求を理念とし広く公平に公共サービスの提供に努めなくてはならない,② 法律や規則などを遵守し手続きを重視するため前例踏襲になりやすくイノベーションは起こりにくい,③ 公共サービスが広く公平に配分されるため個別の事情が考慮されにくく住民のニーズとの間にかい離が生じる場合がある,といった特徴があると説明しています。このようなことからも,「公共」を政

府が独占的に担うことは，財政的に困難となるだけではなく国民の側から見ても必ずしも望ましいこととはいえません。しかし，そうだからといって「公共」に関する政府の責任を無条件に解除し，政府が財政的に身軽になることと引き換えに，ナショナルミニマム（国家による国民の生存権の保障）の解体が進むことは許されないでしょう。

(2) ポスト福祉国家における「公共」の分離

　福祉国家の時代は，政府（行政）が「公共」を独占する傾向が強く，これにより「公共（Public）＝政府（Government）」という図式が成立する場面が多く存在しました。しかし，ポスト福祉国家の時代になると，担い手の観点から「公共」概念が「公」と「共」に分離するようになります。これにより従来の「公」（官）と「私」（民）による二元的な世界から「公」「共」「私」のトライアングル関係が形成されることになります。

　このトライアングル関係を理解するには，それぞれがどんな役割を担うのかを明らかにする必要があります。①「私」は，市場での取引（売買）により配分されるもので，個人的に解決したり調達できるモノやサービス（一般商品・飲食・旅行・映画・理美容など）が対象であり，企業や個人がその担い手となります。②「公」は，生活するうえで不可欠でありながら市場での売買や個人的な対応が不可能か極めて困難である（司法・外交・防衛・警察・一般道路整備など）か，そうすることが相応しくないモノやサービス（公教育・公的年金・国民健康保険・公衆衛生・社会的規制など）であり，その担い手は政府（行政）になります。③「共」は，「公」でなければできないとまではいえないものの，政府・市場・個人による対応では不十分となるか，望ましいとはいえないようなモノやサービス（地域自主防災・お祭り・地域運動会・高齢者見守り・環境保護活動など）であり，その担い手は地域の自治会・町内会，各種のボランティア団体やNPO，PTAや文化・スポーツ団体，農協や生協などの協同組合，社会的企業（後述します）などです。こうしたポスト福祉国家時代における「公」「共」「私」のトライアングル関係をわかりやすく示したものが図10-3です。

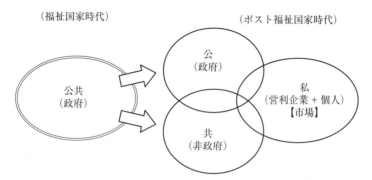

図 10-3　公共分離と公・共・私のトライアングル関係
出所）筆者作成。

　以上,「公」「共」「私」の各領域において,どのようなモノやサービスが求められ,その担い手は誰かを説明しましたが,その際に注意すべきことは,ここで示した「担い手」は必ずしも直接の「提供(供給)者」とは限らないということです。特に「公」については,公務員がすべての業務を直接行っているわけではなく,「共」や「私」(特に企業)に委託する場合も多くみられます。これを官民連携(PPP)といい,NPM(新公共経営)に基づく行政運営では多用される傾向にあり,詳しくは前章(第9章)を参照してください。しかし,それによって政府(行政)の責任が曖昧にされることがあってはなりませんので,この場合には「最終責任者としての担い手」とすべきともいえます。

　ところで,図10-3において「共」を「非営利」(Non Profit)ではなく「非政府」(Non Government)とした理由は,「共」の領域には各種の社会的企業(Social Enterprise)が含まれるからです。社会的企業とは,社会的課題の解決にビジネスの手法を用いて取り組む(これをソーシャルビジネス(social business)といいます)企業をいい,その組織形態は株式会社でもよく営利・非営利の別を問いません。そのため,「共」の担い手を非営利組織(NPO)に限定することはできませんので,「共」を担う政府以外の組織という意味で非政府としてあります。次節では,この「共」の領域を「新しい公共空間」として改めて取り上げて考

察するとともに、そこにおける「公共経営」と「企業経営」との関係を考えます。

3 「新しい公共空間」とは何か

前節において、これまで政府(行政)が独占してきた「公共」(Public)が分離し、政府(行政)の「公」とは異なる新たな活動主体により、非政府の「共」が形成されたことを説明しました。この「共」は「公」とともに Public(公共)を構成することから、ここでは「共」を「新しい公共」と呼び、その領域を「新しい公共空間」とします。このようにして Public(公共)とは、以下の図 10-4 に示すように、新しい公共【共】+政府(行政)【公】となります。なお、この図で行政(公)に記されている「警察」「消防」「法務」「企画」「規制」などは、他の活動主体に代替させられない行政が自ら行うコア(核心)の業務です。

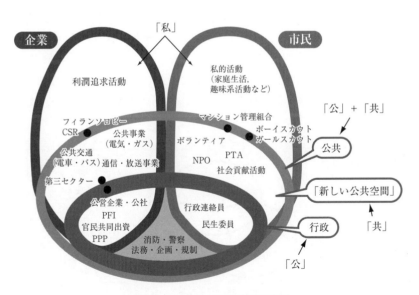

図10-4 新しい公共空間の形成

出所) 分権型社会に対応した地方行政組織運営の刷新に関する研究会 (2005:3) 一部修正。

(1) 新しい公共空間と社会的企業

新しい公共空間とは,図10-4に示されるように,公(政府・行政)でも私(営利企業+個人)でもない,その中間に位置する領域を意味します。これを別の言葉で表現すれば,「政府の失敗」と「市場の失敗」という2つの失敗(政府も市場も期待される成果が実現できないか困難なこと)に対して,第3の解決を図る領域として位置づけられるものです。

この領域にはさまざまな活動主体が存在しますが,ここでは近年注目されているソーシャルビジネス(以下「SB」という)を担う社会的企業を取り上げ,その役割や特徴を通じて新しい公共空間に関する理解を深めることにしましょう。SBとは,ビジネスの手法を用いて社会的課題を解決するもので,図10-5のような3つの要件を満たす主体による活動をいい,特定の組織形態(株式会社やNPO法人など)を前提とせず,また,法人格の有無も問わないとされています[3]。その概念的なイメージを示すならば,図10-6のとおりです。

このようにSBとは,社会的課題の解決を事業活動のミッションとする「社会性」では,ボランティア活動やコミュニティ活動と共通ですが,非営利活動ではなくビジネス(「事業性」)として行う点で異なります。また,ボランティア活動などの場合にも創意工夫が必要とされますが,それは必ずしも今までの常識を覆すような「革新性」とはいえません。その一方で,SBと一般企業とは

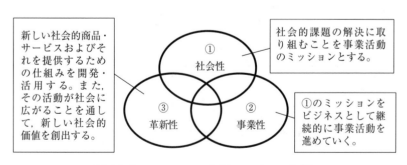

図10-5 ソーシャルビジネスの3つの要件

出所)経済産業省(2008)より作成。

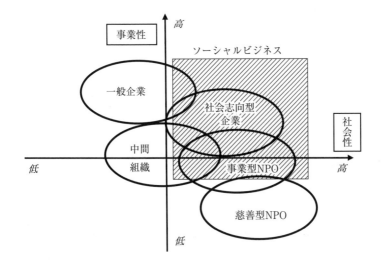

図10-6　ソーシャルビジネスの担い手

出所）経済産業省（2008）

ビジネスという点では共通しますが，営利追求が最大の目的ではなく，社会的課題の解決が目的であることに大きな特徴があります。こうした意味で，SBは「新しい公共」として位置づけられますが，それは非営利活動に基づく従来型の「共」とは異なるユニークな存在です。

　以上のようなSBが，もし社会的に広く受け入れられ持続的に発展するならば，"社会的課題の解決" と "雇用や経済的活力の創出" の同時実現も夢ではありません。しかしそのためには，「新しい社会的商品・サービス及びそれを提供するための仕組みを開発し活用する」ことが必要で，やがて「その活動が社会に広がることを通して新しい社会的価値を創出する」ことに繋がります。[4] これが3つ目の要件とされる「革新性」です。

　こうしたSBの世界的な代表例とされるのがバングラデシュのグラミン銀行です。その特徴は，担保（土地などの資産）のない貧困層（主に女性）を対象に，5人一組のグループによる連帯保証を条件に融資を行い，経済的な自立を支援す

る仕組み(マイクロクレジット事業)ですが，資産のない貧困層を対象に融資するという銀行業の常識を覆す革新的なものです。こうした仕組みにより，これまで数百万人の貧困女性を中心に融資し，しかも返済率98％を維持しながら貧困の削減に大きく貢献したことで，創始者のムハマド・ユヌス氏は2006年にノーベル平和賞を受賞しています。まさに，慈善事業ではなくビジネスとして，新しい社会的商品やサービス(融資)の仕組み(ビジネスモデル)を開発し活用することにより，貧困を削減するという新しい社会的価値を創出したことになります。

図10-7は，日本のSBの事業分野ですが，6割以上を占めているのが「地域活性化・まちづくり」分野です。

またSBの担い手は，法人格の有無を問わず特定の組織形態を前提とするものではない(図10-6参照)ことから，「社会志向型企業」(営利法人)であることも，

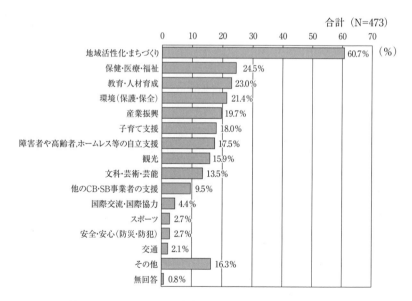

図10-7　ソーシャルビジネスの事業分野 (2008年)
出所) 経済産業省 (2008)

第10章 「新しい公共」の登場と「公」「共」「私」の再編成　231

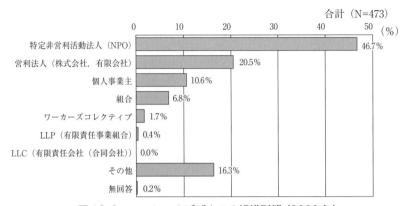

図 10-8　ソーシャルビジネスの組織形態（2008年）
出所）経済産業省（2008）

「事業型 NPO」の場合もありますが，図 10-8 に示されるように，その約半数は「事業型 NPO」です。

以前から使われている類似の用語として，コミュニティビジネス(CB)といわれるものがあります。ともに社会性・事業性・革新性を有するビジネスとし

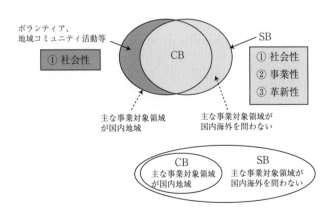

図 10-9　コミュニティビジネス（CB）とソーシャルビジネス（SB）の関係
出所）経済産業省（2008）

て共通性があることから，これをSBとして捉えることも可能です。しかし「コミュニティ」という言葉に象徴されるように，主に一定の国内地域（地理的範囲）を対象にする点で，その活動が国内外に亘ることもあるSBとは区別して用いることにします（図10-9を参照）。

(2) 「新しい公共」と公共経営

「新しい公共空間」とは，「公」でも「私」でもない（つまり政府でも市場でもない）両者の中間に位置する公共領域ですが，そこで活動する主体は実に多種多様です。図10-10は，こうした活動主体の多様性を事業性と地域性の大小により整理し，おおよその分布状態を表したものです。生協や農協については，それ自体は組合員を対象にした協同組合ですが，最近はSBへの参加も見られます。また，図では細かく表記できてはいませんが，事業型NPO，文化・スポーツ団体，商工業団体などは，地域性において狭域から広域までさまざまな広がりを有しています。ここで問われるのは，こうした多様な主体が活動する「新しい公共空間」が大きな存在となる中で，これまで公共を独占してきた公

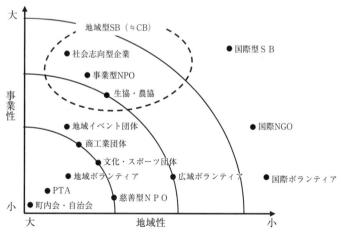

図10-10　新しい公共空間における各種の活動主体

出所）筆者作成。

第10章 「新しい公共」の登場と「公」「共」「私」の再編成　233

共経営(行政運営)はどのように変容し，両者はいかなる関係を形成することになるのかということです。

「新しい公共」が登場し「公」による「公共」の独占が崩れたことについて，これをゼロサム(総量不変)的な変化として捉え，「公共」の一部が「公」から「新しい公共」へ移行したものと理解すると，移行した分だけ「公」の領域や役割が縮小したことになります。しかし，ゼロサムではなく「公共」領域全体が増大し，かつ増大分のすべてが「新しい公共」に向かうわけではないとするならば，「公」の役割が変容することはあっても，その領域や役割が縮小することを意味することにはなりません。たとえば，近年における少子高齢化の急速な進行，家族やコミュニティにおける扶養・扶助力の脆弱化，経済的な格差や貧困の拡大などを考えると，これらを背景にして生じる社会的諸問題を個人や市場による自助努力ですべて解決することは難しいといえます。そこで，公や共の関与に基づく解決(公助・共助)が求められることになり，共とともに公の関与(たとえば社会保障など)を含む「公共」領域全体が拡大・増大することにな

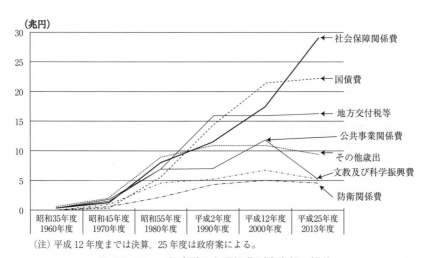

図 10-11　一般会計の主要経費別歳出額の推移
出所)財務省主計局「我が国の財政事情」(2013年1月)

ります。図10-11は，一般会計の主要経費別歳出額の推移を示したものですが，実際の状況を見ても全体として経費の膨張が確認できるとともに，特に社会保障関係費が一貫して増加し最大の経費となっていることがわかります。

　そうであるならば，「新しい公共」が存在感を高めることと歩調を合わせて，「公」の領域や役割が拡大することも大いにあり得ます。すなわち，「新しい公共」が大きくなればなるほど，反射的に「公」は小さくなるとは必ずしもいえないのです。しかし，「官から民へ」の標語に象徴されるように，もっぱら「公」の圧縮を目的として，「新しい公共」の担い手との間で「地域協働，契約を介した外部委託」を推進し，行政(構造)改革の観点から「小さな政府」をめざす動きがあります。これは，財政危機や景気低迷を背景にしながら，規制緩和や民営化によって「公」の市場化(官製市場の開放)を推し進めようとするものです。これが前章(第9章)で説明した新公共経営論(NPM)の核心的ともいえる部分で，その影響は公共経営のみにとどまりません。

　このように，「新しい公共」と公共経営との関係をめぐっては，① 政府と市場の2つの失敗を克服し，公・共・私の多様な主体が自律的に協働して社会的課題を解決しようとする流れとともに，② 新自由主義的な観点に基づいて「小さな政府」を目指し，行政改革から市場化を進めていこうとする流れ(公共の市場化)もあります。「新しい公共」をめぐる動向にはこうした二面性が存在し，そのいずれの流れが優勢なのかにより様相は大きく変化します。

(3)「新しい公共」と企業経営

　さて「新しい公共」と企業経営との関係はどうでしょうか。すでに「新しい公共」に位置づけられる企業経営としてSBを詳しく説明しましたので，ここではSB以外の企業経営を対象に，「新しい公共」との関係について結論的な部分に限って述べることにします。

　まず，「新しい公共」(つまり「公」以外の「公共」)と営利企業に代表される企業経営との境界は，かなり曖昧化しつつあるということに注目します。たとえば，図10-6にも示されているように，一般企業においてもその一部分はSB

のエリアと重複しています。その背景または要因として，一般の営利企業においても，単に「法律遵守にとどまらず，市民，地域及び社会等の企業を取り巻くステークホルダーに利するような形で，自ら，経済，環境，社会問題においてバランスの取れたアプローチを行うことにより事業を成功させること」[5]が求められていることがあります。このことは，企業の社会的責任(CSR：Corporate Social Responsibility)と呼ばれており，今日，名の知れた企業においてCSRを掲げていない企業は存在しないといっても過言ではありません。

こうしたCSRは，かつて寄付や慈善活動または社会貢献活動(フィランソロピー)として，つまり企業活動(本業)の外縁に位置しビジネスとは直接かかわらない活動として，企業も社会も受け止める傾向がありました。しかし今日では，前述の「バランスのとれたアプローチ」という位置づけからさらに進化し，「CSRはコストでも制約でも，また慈善行為でもなく，ビジネスチャンスやイノベーション，そして競争優位につながる有意義な事業活動である」[6]として，図10-12に示すように，本業の外縁ではなく企業経営として本体に内在化させる"戦略的CSR"という考え方さえ生まれています。

こうなると，一般企業(CSR)とSBの差異は，事業目的に社会的課題の解決を掲げているか否かに過ぎないともいえそうです。ただ，CSRは利潤追求を企業目的とすることを否定するものではなく，かえって利潤追求上の競争優位をもたらすと考えるのに対して，SBは社会的課題の解決のためにビジネスの

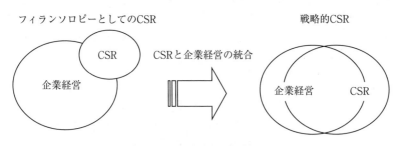

図10-12 企業経営の社会化

出所) 筆者作成。

手法を活用するもので、その逆ではないというスタンスの違いがあります。とはいえ両者の差異が曖昧化しつつあることは否めません。

たとえば、東日本大震災の際に被災地のコンビニがいち早く営業を再開し、コンビニ本部も輸送ルートを確保し当該店舗へ優先的に商品を配送した例、離島や過疎地域にも宅配便を展開する大手宅配業者の例、外出が困難な高齢者世帯を対象に御用聞きと商品配達を行う商店の例、商品配達の際に商売とは無関係な家事サービスを無償提供する家電販売店など、一般企業でありながらSBと変わらない役割を担っている事例は全国各地に見られます。しかも、そうした本業としての営業活動が社会的に評価され、企業の成長や利益にもつながる場合が、まさにマイケル・ポーター（Porter, Michael E.）などがいう戦略的CSRということでしょう。

どんな商品や販売方法でも「つくれば売れる時代」はとうに過ぎ、消費者のニーズと信頼に応えることがビジネスの基本となっていることを考えると、「新しい公共」と企業経営とは、意外と密接な関係を有しているともいえるかもしれません。

4 「協働」のマネジメントと「地域経営」

本章のまとめとして、ここでは、これまでの説明を振り返りつつ、再び「地域経営」を取り上げ、そのあり方についてより詳しく考えてみましょう。まず、「地域経営」とはその言葉通りに「地域」の「経営」ですが、「地域」は一定の地理的範囲に区切られた空間であり、「経営」は組織（形態は問いません）のマネジメントを意味します。しかし現実の地域は、数多くの多様な活動主体（組織と個人）の集合体にすぎないので、そのままでは組織とはいえません。そこで、組織とはいえない地域のマネジメント（経営）を考えるために、「組織とは協働システムである」とするバーナードの組織論を導きに、地域を「協働システム」（つまり組織）として機能させることが「地域経営」であるとしました。

しかし、地域を協働システムとして機能させるといっても、それは「地域」

第10章 「新しい公共」の登場と「公」「共」「私」の再編成　237

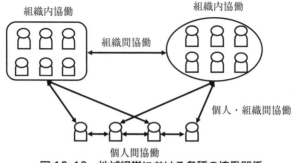

図 10-13　地域経営における各種の協働関係
出所) 筆者作成。

を丸ごと単一の「組織」に変換することではなく，特定の共通目的ごとにあたかもひとつの組織のように機能させることであるとしました。また，その際に中心となるマネジメントの機能を「協働」としたうえで，① 地域を構成する個々の組織における「組織内の協働」だけではなく，② 組織と組織の相互における「組織間の協働」が重要になるとしました。しかし，図 10-13 に示すように，「組織内の協働」を超える協働には，「組織間の協働」だけではなく，組織を離れた「個人間の協働」や個人と組織との関係である「個人・組織間の協働」も考えられるため，これらを総合的に協働システム化することは，「組織内の協働」とは別次元のマネジメントが求められます。これ以降，こうした地域経営をめぐる別次元のマネジメントについて，公共経営や企業経営との比較を交えて考えていきます。

(1) 「タテの協働」と「ヨコの協働」

　公共経営であれ企業経営であれ，いずれもが自己の組織における「組織内の協働」をマネジメントの主な対象としています。たとえば，自己の組織が行政体・企業体・スポーツチームであれば，仮にマネジメントの手法に相違がある（トップダウン型かボトムアップ型かなど）としても，首長・経営者・監督などによるトップマネジメントが必ず存在します。その際，トップには各組織の性格

に応じて一元的な責任と権限が与えられ，その指揮や命令に基づき組織としての統合的な活動が展開されます。このように「組織内の協働」においては，各構成員の自発性（貢献意欲）やモチベーションが重視されるとはいえ，すべてが各人の自由意思に委ねられるというわけではありません。すなわち「組織内の協働」では，トップマネジメントの存在を前提にしてはじめて協働がシステム化されることから，この意味において「タテの協働」とすることができるでしょう。

　しかし，「地域経営」における協働とは，特定の組織を対象にした「組織内の協働」とは異なり，特定の組織を超えた協働のマネジメントが求められます。なぜなら，地域にはさまざまな活動主体が多元的かつ多様に混在するだけではなく，解決すべき課題もさまざまであるため協働意欲の根拠となる共通目的も多岐にわたるからです。たしかに地域にもリーダーやまとめ役となる人はいますが，それは組織的な責任と権限を一元的に担う経営者のような存在ではありません。このように多元的で多様な活動主体が混在し，協働するために不可欠な共通目的も多岐にわたる地域においては，災害等の特別な事情が生じない限り一元的な指揮や命令は通用しません。要するに「地域経営」における協働は，トップマネジメントに基づく上下（タテ）の関係を前提として形成・維持されるものではなく，合意に基づくフラットで対等な関係による協働が基本となります。したがって，これを「ヨコの協働」と呼ぶことができるでしょう。

(2) 協働のマネジメントとガバナンス

　このように地域経営の場合には，多様な活動主体と多岐にわたる共通目的を前提にして，組織間，個人間，個人・組織間といった「ヨコの協働」をいかにマネジメントするかが問われます。換言するならば，みんなの力で地域の諸課題を解決し住みよい地域社会を創出するために，フラットな「ヨコの協働」を形成し，それを正しく機能させ，必要な意思決定と諸活動を適切にコントロールすることが求められます。まさに，「企業経営」とは別次元のマネジメントといえますが，こうした地域社会における協働のあり方を表す言葉として，

"ガバナンス"(ローカル・ガバナンス)という概念があります。

ガバナンスは一般に「統治」と訳されますが，その概念をめぐっては多様なアプローチや捉え方があり，その代表的なものにコーポレート・ガバナンス(企業統治)があります。これは，いわゆる「所有と経営の分離」によって，オーナー(出資者)である株主は経営には直接関与せず，専門経営者を代理人と定め経営を委ねる(依頼する)ことから，プリンシパル(依頼人)とエージェント(代理人)の関係として議論されてきたものです。具体的には，経営者が関与した粉飾操作など不祥事の頻発を契機にして，そうした経営者の独走・暴走や組織ぐるみの違法行為をチェック・防止し株主の利益を守るために，監査役の機能強化などに関する会社法の改正(2002年5月)などが行われてきました。

しかし，このプリンシパル・エージェント関係は，単に経営者と株主(投資家)との関係のみにとどまらず，企業を取り巻く従業員・顧客・取引業者などのステークホルダー(利害関係者)との関係にも及ぶ事柄ともいえます。したがって，コーポレート・ガバナンスに関する議論は，直接の法制度上の問題としては，専門経営者と株主(投資家)との関係をめぐる問題といえますが，より本質的には，ステークホルダーさらには企業を社会的存在として捉えるならば，社会との関係における企業のあり方を問う問題として理解することもできます。このように，「経営者」対「株主」から「企業」対「社会」へとガバナンス概念の範囲は拡大されてきたといえますが，それでも「企業」を起点とすることに変わりはなく，多面的な双方向の関係として捉えられているわけではありません。

これに対し，「地域経営」における協働は多面的な双方向の関係であるだけでなく，そもそも「企業経営」や「公共経営」におけるプリンシパル(株主や市民など)とエージェント(経営者や首長など)といった関係は該当しません。そうした協働のあり方を表す言葉として，ガバナンスは「統治」ではなく「協治」と訳されることもあります。ここでは，ガバナンス(governance)という概念を「協治」として理解するために，ガバメント(政府：government)と対比しながら考えることにします。本章第2節において，"福祉国家の時代"には「公共＝政府」という関係が成立していましたが，経済・財政状況の変化と集権・一

律的サービス供給の限界により"ポスト福祉国家の時代"へと移行し,「公共」が「公」と「共」へ分離したことを説明しました。このことによって,政府だけではなく多様な活動主体が「公共」の担い手として登場するようになり,それら多様な活動主体間の協働関係のあり方が注目されるようになったのです。

　このような公共をめぐる協働関係のあり方や協働のシステムを言い表す概念がガバナンス（協治）です。その特徴は,これまでのような政府（行政）との放射状による一対一の関係ではなく,図10-14に示すように,「ヨコの協働」によるネットワークとして捉えることもできるでしょう。ここでいうネットワークとは,① それぞれに独立した多様な活動主体が,② タテ（上下）や主従の関係ではなく対等なヨコの関係として自発的に結びつき,③ 共同（共通）の課題を解決するために相互補完的に協働する繋がりのことです。すなわち,ローカル・ガバナンスとは,「多様な活動主体が,合意に基づく意思決定とヨコの協働により,相互補完的に活動して地域の課題を解決する仕組み」であるといえます。[7)]

(3) ガバナンスとエンパワーメント

　ガバナンスについて,ここでは上記のとおり定義しましたが,実際には人や場面により多義的な使われ方がされています。それでいながら,ガバナンスと

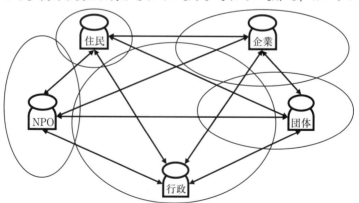

図10-14　地域経営のガバナンス・イメージ

出所）国土交通省「『新しい公共』の考え方による地域づくり」より筆者作成。

いう言葉(用語)自体は多用される傾向にあるだけでなく，「ガバメントからガバナンスへ」といった表現もよく見受けられます。しかし，政府による公共の独占が崩れたとはいえ，直ちに政府の役割が否定されたわけではありません。公共領域(Public)において，政府は唯一の存在から相対化されたにすぎず，依然としてガバメントもガバナンスの一構成要素だということです。

　ただ，本来はそうした相互補完の関係にあるのですが，活動主体である住民組織や個人などの力量(能力)の現状は行政と比べ脆弱であることも確かで，公共の担い手として十分とはいえない場合もあります。そこで，各活動主体の資金・人材・権限などに関する力量の強化が重要な課題となりますが，そのことをエンパワーメント(Empowerment)とかキャパシティ・ビルディング(Capacity Building)などといいます。こうした力量の強化が図られない場合には，「協働」といっても名ばかりとなって，相互補完的な関係とはいえない実態が形成されてしまい，行政の単なる下請けとなってしまったり，特定の組織に従属してしまうことにもなりかねません。

　エンパワーメントを「力量の強化」(力をつけること)としましたが，具体的には，①「権限の委譲」「決定への参画」「経済的な自立」などのように，他(者)との関係または社会や組織での地位において「力をつける」という側面，②各個人が啓蒙や啓発などによって目覚めること(意識改革)により「力をつける」という側面とがあります。また，そうしたエンパワーメントのレベルとしては，① 個人のレベル，② 組織のレベル，③ 社会のレベル(国または地域)があります。したがって，こうした「側面」と「レベル」の多様な組み合わせにより，実際のエンパワーメントは図られることになります。

　このようにローカル・ガバナンスとは，地域の多様な活動主体のエンパワーメントを通じて，可能な限り対等な相互補完関係を形成・維持しながら，その下における合意に基づく意思決定とヨコの協働により，地域の課題を解決する仕組みということになります。地域経営においては，このようなローカル・ガバナンスをいかに創造し，持続的にマネジメントすることができるのかが問われることになります。

〔設問〕
1. 地域経営についてバーナードの組織論を援用して説明しなさい。
2. 「新しい公共」とソーシャルビジネスの関係を説明しなさい。
3. コーポレート・ガバナンスとローカル・ガバナンスの相違を説明しなさい。

(太田　正)

注

1) バーナード，C. I. 著，山本安次郎・田杉競・飯野春樹訳 (1968)『新訳・経営者の役割』ダイヤモンド社。
2) 分権型社会に対応した地方行政組織運営の刷新に関する研究会 (2005)『分権型社会における自治体経営の刷新戦略』総務省。
3) ソーシャルビジネス研究会 (2008)『ソーシャルビジネス研究会報告書』経済産業省。
4) 経済産業省，同上書。
5) 経済産業省 (2004)『通商白書2004年版』。
6) ポーター，M. E.・クラマー，M. R. 著，村井裕訳 (2008)『競争優位のCSR戦略』ダイヤモンド社 (*Harvard Business Review*, January 2008)
7) PPPをめぐるガバナンスモデルについては次の著書を参照されたい。太田正 (2011)「第6章 水道事業 (PPPの手法選択とガバナンスモデル)」塩見英治編『現代公益事業―ネットワーク産業の新展開―』有斐閣に所収。
8) エンパワーメント概念の分類や分析については次の著書に負うところが大きい。青木幹喜 (2000)「経営におけるエンパワーメント―そのコンセプトの変遷―」『経営情報科学』Vol. 12，東京情報大学に所収。

第11章 観光まちづくりの世界

1 「観光まちづくり」って何をすること

(1) 経営学と観光まちづくりとの関係
　観光まちづくりは，経営学の応用分野に位置づけられます。すなわち，経営学を応用する対象として具体的な地域を考えて，その地域の資源を活かして地域活性化を図るという地域経営の分野です。

　しかし一度，地域経営手段としての観光事業を考えれば，考えるべき事柄は住民の生活全般にわたり，あらゆる領域に関わるものにならざるを得ません。他産業との関係はもちろん，環境，交通，文化，教育など，あらゆる生活分野との関わりとの関係を考えざるを得なくなるのです。学問の対象を狭い生活の現場，すなわちまちづくりの世界に下ろしたとたんに，逆に考えるべき領域が広がるというパラドックスがここでも見られます。

(2) 「観光まちづくり」とは
　「観光」の語源は，中国の古典『国語』の中に記された「国の光を観る」という言葉にあるとされています。そしてそこでいう「国の光」とは，名所旧跡のみを示すものではなく，地域の文化やそれに裏打ちされた景観，あるいはそれらを生み出し守ってきた人の営みを含むものです。

　しかしこれまでは，わが国において観光は，いわゆる「物見遊山」から発した，あくまで来訪者の立場から見た娯楽的なものと捉えられてきました。その表れとして観光行動も，たとえば名所旧跡を足早に巡り，夜は宴会という団体観光を中心とするものでした。このような観光においては，ともすれば観光業の従事者をはじめとする受入側の地域の住民は来訪客を楽しませるために，ひたすらにサービスに努め，時には忍従を強いられることになる傾向があったの

です。そしてこうした傾向は国際関係における南北問題のように，地域間の格差を前提とするものでした。たとえば素晴らしい環境の中で存分に余暇を楽しむことができるリゾート施設の一歩外には，観光業の従事者を含む貧しい生活を営む人びとが暮らす集落が散在するという，発展途上国を中心にしばしば見られる光景に通じるものです。そしてそれは，観光の本来の意味とは異なるものです。観光は，来訪者も受入側も対等な交流関係を基本とするものと考えられるべきなのです。

「観光まちづくり」とは文字通り「観光」と「まちづくり」との融合を考え

コラム　近者説遠者来

「近き者説（＝悦：よろこ）び遠き者来（きた）る」。『論語』の中の孔子の言葉である。君主葉公から「政（まつ）りごとの要諦は？」と問われた孔子はこう答えた。「近臣が悦んで仕えるような政治を行えば，その名声を聞いて遠くから人材が集まり，国の力になる。」

二千年以上も前にこのような言葉が語られ，なおかつそれを今日に伝えてきた中国の文化の奥行きには感嘆せざるを得ない。もっとも残念ながら現在の彼の国の状況を見ると，つくづく政争やイデオロギーの無益さ，悲惨さを感じる。いや翻って見れば，我が国の政治の現況も変わらず悲惨である。年間三万人に及ぶ自殺者，子供の犯罪，ワーキングプア，年金問題，「現代版姥捨て」と呼ばれる政策。国民はとても悦ぶことのできる状況にはない。中国にも日本にも，昔から「国政が乱れると天変地異が起こる」という言い伝えがあるのだが……

さて気を取り直して「近者説遠者来」に話を戻そう。孔子の語った通りに解釈すれば，行政の指針，首長の姿勢として非常に示唆に富んだ言葉である。そしてさらに今，これがまちづくりの新しい指針として注目されている。たとえば観光の面では，従来の地域の生活と分離した世界での観光ではなく，地域の住民が日常的に楽しんでいる生活の素晴らしさの一部を，来訪者に分けてあげるという新しいツーリズム型観光の考えである。

農村レストランなどのコミュニティ・ビジネスや特産品開発の面でみても，日常的に地域の住民が消費者・顧客として活用しており，週末には外からのお客が大勢やってくるという展開が望ましい。福島県飯舘村の，村の生活を一番楽しんでいる人を自薦他薦で選び贈られる「カントリーライフ大賞」。高知県馬路村の，「村の人は遊びが好きだ。都会の人（の遊び方）はまだまだだなぁ」と語るウナギ釣り名人。こういう人が遠くから人を惹きつけるのである。「住んで良いまち，来て見て良いまち」こそ，目指すべき地域の姿であろう。

出所）橋立達夫『町村週報』第 2652 号・平成 20 年 9 月 8 日　全国町村会。

たものです。「住んでいる人がそれぞれの地域で自分たちの生活を楽しみ，そこに訪れた人にもその楽しみを味わってもらう。」これが新しい観光の考え方です。暮らしやすく誇りのもてるまちをつくることは，環境や文化，そこに住む人，訪れる人，すべての暮らしや心を豊かにすることにつながります。このように新しい地域の可能性を拓くのが観光まちづくりの目的です。

　すなわち，住民が地域のもつ価値に気付き，それを磨いて誇りとして共有し，それを来訪者にも提供することでビジネスを成立させる。そのような内発的観光開発の意義と可能性を探るのが観光まちづくりの考え方です。そしてその心は，「住んでよいまち，来てみてよいまち」をつくることです。

2 住民による地域経営としてのまちづくり

(1) 見つけよう新しい地域の暮らし方

　住民が自ら地域の将来を考えて計画を立て，その実現に向けて協力していくこと，一人ひとりがみんなの幸せを考えて，少しずつでも自分のできることをできる範囲で実行していくこと，それがこれからのまちづくりの方法です。住民が地域の抱える問題点を深く考え，また地域にある資源を活かして何ができるかを考えるところからまちづくりが始まります。従来の声の大きい人しか意見をいえない会議とは違って，近年は参加者がみんなで考えるワークショップ型の楽しい会議の中で，今やるべきことを見つけることができるようになりました。自分達の地域のもつ文化の価値を再発見し，それを大切にして暮らすことから，農村都市交流，地産地消，スローライフなど，新しい地域の暮らし方の可能性が見えてきます。

　このようなまちづくりは，すでに1950年代後半から見られるようになり，先進的な取り組みから学んだ各地での取り組みが急速に全国に広がっています。

(2) まちづくりの手法としてのワークショップ

　「ワークショップ」とは，参加者全員が掲げた目標に向かって頭や体を働

> **コラム　まちづくりの宝箱**
>
> 　北海道から沖縄まで，全国のまちづくりに関わる仕事をさせていただいて44年になる。当初はまだ「まちづくり」という言葉さえなかった時代だったが，すでに昭和30年代初頭から近代のまちづくりの原点とも言うべき岩手県沢内村での村民の命を守る取組みが始まっている。その後，福島県三島町の「ふるさと運動」，「工芸運動」，愛知県足助町の「三州足助屋敷」と「百年草」，町田市の「23万人の個展」，大分県湯布院町の「クアオルト構想」，北海道池田町の「十勝ワイン」，大分県大山町の「NPC運動」，遠野市の「トオノピア」，長野県浪合村の「トンキラ光農園」，栃木県茂木町の「茂木シャインズ」と「美土里館」，長浜市の「黒壁」，長野県栄村の「田直し事業」と「下駄ばきヘルパー」，高知県馬路村の「ゆず加工」，熊本県小国町の「悠木の里」と「コミュニティ・プランニング」，横浜市の「都市デザイン」，愛媛県内子町の「街並保存」，「村並保存」と「からり」，宮崎県綾町の「照葉樹林文化」，水俣市の「環境モデル都市」，掛川市の「生涯学習都市」，米子市の「田園プロジェクト」，北海道ニセコ町の「まちづくり基本条例」，徳島県上勝町の「いろどり」，人吉市の「ひまわり亭」，福島県矢祭町の「合併しない町宣言」，最近では鹿児島県串良町の「やねだん」，村上市の「町屋のお雛さま巡り」，岩手県東和町の「新長屋こっぽら」など，全国のキラ星のようなまちづくりの事例に行き会ってきた（注）。
>
> 　これらのまちづくりの素晴らしいところは，それぞれの活動の軸になる精神がしっかりとして揺らがないこと，そしてその結果，現在も連綿と受け継がれているところである。山梨の宝石商の新人研修では，ヨーロッパに連れて行き徹底的に最高級の宝石だけを見歩くのだという話を伺ったことがある。これらのまちづくりの輝く宝石を，できれば現地で体感することで，心の眼を磨くことができる。またそれを語り継いでいくことが私の世代の務めだと思う。
>
> （注）すでに合併により町村名がなくなったところもあるが，敢えて合併前の町村名で記述した。

出所）橘立達夫『町村週報』第2774号・平成23年9月26日　全国町村会。

かせることにより目標を達成しようとするミッションです。

① **地域の将来を自分たちで考える**

　従来，地域の将来を考える計画づくりは，もっぱら行政の役割でした。そして行政はその計画づくりの作業を外部に委託し，出来上がった計画案を，住民を含む検討機関にかけて承認を得たうえで，議会の審議に委ねるという例が数多く見られました。しかし地域はそれぞれ独自性をもっており，地域の将来

を住民自らで考えなければなりません。そしてそのような計画づくりは誰でもが議論に加わることのできる「ワークショップ」という手法が普及することによって，はじめて可能になったとみることができます。

② 民主的合意形成手法

近年，まちづくりの現場において，ワークショップ型の会議が行われるよう

コラム　女性たちのまちおこしのきっかけ ―「料理のワークショップ」―

　ここ数年，まちおこしのプログラムとして，各地で「料理のワークショップ」を展開してきた。パートナーは熊本県人吉市の郷土の家庭料理レストラン「ひまわり亭」代表の本田節（ほんだせつ）さんである。

　参加者は自分の家でとれた季節の食材や加工食品を持ち寄り，本田さんがそれらの材料を見て，十数種類の献立を考える。献立が決まれば各回　名ほどの参加20者は自然に役割分担をしながら，日ごろの家庭の台所での技を駆使して手早く料理を仕上げていく。味付けは経験にものを言わせて目分量だが，栄養バランスやコスト，調理時間には厳しいチェックが入る。野菜の皮なども無駄なく調理され，ほとんど捨てるごみが出ないという徹底ぶりである。それぞれの地域で伝統の郷土料理２～３品の他は，すべて本田さんオリジナルのおもてなし料理という料理が出来上がったら，バイキング方式の試食・懇談会が始まる。各地の参加者は，この食材でこんな料理ができるのかと驚き感心することしきりである。

　ワークショップの狙いは新たなコミュニティビジネスを立ち上げるきっかけを作ることにある。始まるまでは遠い存在だった農村レストランの運営が，実際に自分たちの手で生み出された料理を目の当たりにし，さらに味わうことによって，意外に手の届くところにあることに気づいていただく。もともと農山漁村の女性たちは，地域に冠婚葬祭があれば大人数向けの料理を手分けして作ってきた。みそや漬物，その他の食品加工はお手の物，何より日頃，家族の健康を考えて食を担ってきた達人である。その思いと技を生かせば時代のニーズに合う安心安全の食を提供するビジネスの担い手としての資格は十分である。そして女性たちは一度目覚めれば行動は早い。料理のワークショップから，すでに各地でコミュニティビジネスに向かう動きが生まれている。

　では調理の間，私は何をしているのか。地域の男性たちとまちづくり談義をして意識をほぐし，女性の活躍の場を広げるのが，私の役目のようである。

出所）橋立達夫『町村週報』第2675号・平成21年4月6日　全国町村会。

になり，まちづくりの計画に住民の意見を反映することが容易になりました。従来の会議では声の大きい人(地域の実力者と目される人)だけが発言し，一般の住民は黙ってそれに従うのが普通でした。しかしワークショップ型の会議では，参加者全員が意見を出し，それをまた参加者全員が聴くことのできるため，日頃の声の大きさに関わらず，参加者の一人ひとりが対等な立場で参加することができます。大勢の人が集まり，全員が対等な立場で意見を出し，みんなでそれをまとめ上げていくという方法は，極めて民主的な合意形成手法ということができます。

③ 実際の活動に結びつく体制

また，ワークショップのもうひとつの特色は，その過程自体が参加者のつながりとやる気を生み出し，まちづくりの活動につながるということです。ワークショップによって地域の将来に向けての計画を考えることにより，自分たちで考えた計画をみんなで協力して実現させようという，「参画協働」への体制が形成されるのです。

(3) まちづくりとリーダーシップ

前節2(1)でみたようなまちづくりの先進的取り組みの背景には，優れたリーダーの存在がありました。まちづくりの主役は地域住民であり，その中に先見性と強い信念をもったリーダーの存在が欠かせないのです。ここでまちづくりにおけるリーダーシップについて考えて見ましょう。

① まちづくりのリーダー像

全国のまちづくりのリーダーたちの中にはカリスマ的な力を発揮している方も居ますが，それは後から付いてきた評価で，最初は皆，涙ぐましいほどの地道な努力と苦労から始まっているということを忘れてはなりません。成功の事例の裏には，多くの失敗の歴史が積み重ねられているのです。

② リーダーの条件

ではリーダーの条件とは，どんなものでしょうか。

リーダーの条件（2011 とちぎ県民カレッジワークショップ資料）　橋立作成

【人間的魅力】
- 熱い心　　　　　情熱　強い意志　郷土愛
- 夢，目標を語る　みんなの共感を得る大きな理念　目標を示す　夢を語る
　　　　　　　　　遠くを見据える
- やさしさ　　　　弱者への思いやり　寛容　任せた仕事を最後まで見守る
　　　　　　　　　時には厳しく
- 人間臭さ　　　　人が好き　ユーモアのセンス　酒席が好き
　　　　　　　　　自分の失敗を笑って語る　陽気なペシミスト
- 柔軟性　　　　　柔らか思考　失敗にくじけない　人の意見を聞く　謙虚
- 行動力　　　　　自分から率先して動く　小回りが利く　パワフル　ポジティブ
　　　　　　　　　健康
- 信頼　　　　　　クリーン　時間を守る　自分の所在を明確に

【課題対応力】
- 広い視野　　　　地域を客観的にみる眼　広い視野
- 課題発見力　　　観察力　課題発見能力　分析力　情報力　歴史を知る
- 決断力　　　　　意見をまとめる力　決断力　危機管理力
- 人をつなぐ力　　人脈（多様な地域課題について，相談することのできる各分野の専門家　地域内における顔の広さ）
　　　　　　　　　人を活かす　人をほめる
　　　　　　　　　調整力　説得力
　　　　　　　　　多くの意見を引き出す力
- マネジメント力
- 行政との対応力

---

③ リーダーになるために

以上をまとめると，これから地域のリーダーとして活躍するためのステップがみえてきます。それは次のような取り組みです。

ⅰ）多くのリーダーと接してみること
ⅱ）地域のことをよく知ること（客観的にみることを含めて）
ⅲ）まず率先して自分から動くこと
ⅳ）人間的な魅力を磨くこと
ⅴ）周囲の共感を得ることのできるビジョンをもつこと
ⅵ）あきらめずに成功するまでやり続けること

コラム　究極の住民主体の地域づくり―『やねだん』に学ぶ

　鹿児島県鹿屋市串良町柳谷集落，愛称「やねだん」。人口約300人，その4割が高齢者という，高齢過疎化が進む全国の農山村と同じような地域であった。その地域が16年前，地元出身の豊重哲郎さんを公民館長に迎えたことから次第に変貌し，今や，「地域再生のお手本」として全国に知られるところとなった。『住民にボーナスが出る集落』ということでマスコミにもしばしば登場する。

　地域づくりへの住民の関わり方として1960年代に現れた「住民参加」は，やがて行政の中に取り込まれ形骸化していった。そこで生まれたのが，計画段階から住民が加わって事業案を考え，その実現に向けて協力して働くという「参画協働」である。ワークショップ型の会議の手法の普及定着と相まって，今，全国に参画協働の活動が広がっている。そして参画協働の先にあるのが「市民自治」の取組みです。本当に自分たちのやりたいことをやろうと思ったら，行政に頼らず財源から自分たちで確保して行わなければならないことに気付き，実践したこと。その意味でやねだんの活動は究極の住民主体の地域づくりということができる。

　やねだんは今も進化し続けている。「（コミュニティ・ビジネスによって得た）剰余金をボーナスとして配るよりも，もっと社会に役立つことやみんなで楽しめることに使って欲しい。」と住民が辞退し，お年寄へのシニアカーのプレゼント，海外研修旅行，子供たちの補習教育，そして東日本大震災の被災地支援などが実現した。また，文化こそ地域再生の力の源泉ですという信念の下に，芸術家を移住者として招き，Iターン者も受け入れて人口の増加を実現させている。子供たちの目は輝いている。
　やねだんの活動を目指すべき地域の将来ビジョンとして見ることにより，後に続く地域は，たとえそこに至る道筋は異なっても，正しい方向性を保つことができるであろう。全国のまちづくりリーダーは，是非，やねだんの活動記録DVDを入手し，繰り返して見ていただきたいと思う。

出所）橋立達夫『町村週報』第2787号・平成24年1月30。

3 観光まちづくりの実践

観光産業は極めてすそ野の広い産業であり、総合産業といわれます。その波及効果をどのように受け止め、分配していくかが重要な課題です。今、国内の観光産業は大きな構造変化の局面を迎えています。その変化への対応方策をまちづくり(広い意味の地域の福祉向上)方策としてまとめてみます。

(1) 観光まちづくりの3ステップ
① 身近にある資源の価値に気付く

地域固有の歴史や文化、郷土料理、花や雪、里山、農業体験。どれもが大事な観光資源です。多様な魅力をもつさまざまな地域での出会いが、訪れた人、住む人の人生を豊かにしてくれます。そういう新しい観光が、今、成長産業として期待されているのです。有名な観光資源などなくても、そこに行けばあの人に会える、あの感動体験をもう一

図 11-1　茂木町「竹取応援団」の活動
出所) 筆者撮影。

度味わうことができる。それができれば全国どこでも観光地としての資格が生まれます。荒れた竹林という資源があったからこそ新しい農村都市交流型の観光が生まれた茂木町竹原地区の「かぐや姫の郷」の例は、何も資源がないと嘆く地域にとって、大いなる希望をもたらすものでしょう。

② 資源を磨き地域の誇りにまで高める

もちろん、いくら豊かな自然や温かい人情があっても、それだけで観光が成り立つわけではありません。それらの価値について住民が気づき、一歩前に踏

コラム　厄介者が農村都市交流の資源に

　竹原という小さな集落が栃木県芳賀郡茂木町の北部にある。戸数18戸，人口は100人に満たず，高齢化率38%の山村集落である。今ここが，まちづくりの先進地域として名高い茂木町の中でも最も元気な集落の1つとなっている。何もないと思われていた集落に，昨年度は1,300人もの観光客が訪れた。内閣府有識者会議により「立ち上がる農山漁村」に選定されもした。4年前に始まった「かぐや姫の郷づくり」が，着実に成果を上げているのである。竹原はその名の通り，竹の多い郷である。竹林は農業資材や農具の材料を得る場としてどこの集落でも確保されてきたが，今やその用を失い放置されてきた。現代の農家にとって，竹林は家屋敷，農地，山林に続く4番目（つまり最低）の価値しか認められていない。

　竹林はいつしか荒れた竹やぶになり，さらに家屋敷，農地，山林を侵食するほどはびこる厄介者になった。竹原のまちづくりでは，この厄介者の竹やぶを利用することで始まった。竹やぶを，かぐや姫が出てきそうな美しい竹林に変えたいという一致した思いの下に，竹林の整備を，都市住民に呼びかけ「かぐや姫の郷づくり応援団」を立ち上げることで実現したのである。しかもいわゆる3K（きつい，汚い，危険）のボランティア作業にもかかわらず参加費をいただくという，いわば「逆有償ボランティア」として。この仕組によって，荒れた竹やぶが農村都市交流の資源となった。そして伐り出された竹は竹炭に焼かれ，また復活した筍は，生や干し筍として道の駅で販売され人気を博している。さらに竹細工や青竹の中に米と水を入れて焚き火で炊く竹筒ご飯などの技が集落で育ちつつある。昨秋のイベントでは，竹灯篭が集落の道を美しく飾った。

　農村都市交流の資源は，必ずしも美しいものでなくても良い。むしろ，都市と農村の住民が協働により美しいものを創り出すという創造性と達成感が人を惹きつけるということもあるのである。

出所）橋立達夫（2007）

み出すことが必要です。そして資源を熟成させるのは，地域の住民の力です。日々の生活の中に資源を活かした暮らしを採り込み，生活を楽しみながら，その楽しみを文化として膨らませていくという地域の方々の活動がさまざまな場面で行われるようになることが大切なのです。ときには外の人の評価やセンスを導入して，さらに高い次元の熟成を促すということも有効です。地域の資源を磨いて地域の誇りにまで高め，それを訪れる人に見てもらいたいという心があれば，そこからおもてなしの心が生まれます。

③ おもてなしの心を基盤にしてビジネスを起こす

　おもてなしの心が地域に広がれば，そこから新たな観光ビジネスを起こすことができます。地域を持続的に発展させるためには，地域の生活の価値に気付く，文化を高める，そしてビジネスを起こすという考え方が必要です。組織として動くのではなく個人として動くボランティアに頼っていては，その個人の都合によって事業が途絶えてしまう可能性があります。事業として長続きさせるためには，生活を支えるビジネスとして展開することにより，組織化を図る必要があるのです。

(2) 観光まちづくりのスキル ― 「ホスピタリティマネジマント」
① ホスピタリティマネジマントとは

　これからの観光産業の決め手は，「リピーターの確保」と「従業員の定着」にあります。この状況を作るために，従業員と顧客の心の問題に踏み込んで，対応策を考えてみましょう。キーワードは"ホスピタリティ・マネジメント"です。

　ホスピタリティという言葉はラテン語(hospes)から発したもので，病院(Hospital)と語源を共にしています。すなわち「ホスピタリティ」とは，かつて交通機関や宿が整備されていない時代に，危険と隣り合わせで巡礼する異邦人を歓待する地域住民の善意を表す言葉でした。(佐々木茂・徳江順一郎(2009)『ホスピタリティ研究の潮流と今後の課題』)。

　観光産業においてはこの歓待する意味のホスピタリティ精神(ホスピタリティ・マインド)が大変重要視されています。ホスピタリティに関する知識を学び，それを知識にとどめず行動規範として身につけることにより，お互いの人格を尊敬し，お互いの気配りから成立する行動をとることができます。このホスピタリティ精神と行動をマネジメントし，従業員と顧客の双方に満足をもたらそうという目論見がホスピタリティマネジメントです。

② **地域や仕事への誇りから生まれるホスピタリティ（おもてなしの心）**

　ホスピタリティは，お客様に一方的に尽くすことではありません。お客様の心に寄り添い真心のこもったサービスをすることが大切です。そのためには，地域と自分自身の仕事に自信と誇りをもつことが大事です。一人ひとりが心を磨くことで，本当のおもてなしができる人材になることができます。そしてそのことは，従業員の仕事に対する満足感にも通じ，よい従業員が定着し，よいサービスによって顧客に満足を与えるという好循環を生むのです。

③ **地域全体のホスピタリティ精神**

　ホスピタリティを求められるのは，観光業の従事者だけではありません。観光客が地域に訪れた時，最初に出会う住民の対応によって，すなわち，地域の第一印象によって，その後の満足感が強く規定されるからです。到着駅の駅員，タクシーの運転手，道を尋ねた時の住民の応対，こうした受入れ側の住民の対応が重要であり，そのために，地域全体でホスピタリティ精神を磨きあげておく必要があります。

　観光は時に，観光公害と呼ばれる住民の生活との摩擦を生じさせます。観光客による騒音，プライバシーの侵害，ごみ，交通渋滞などが，観光業従事者ではない住民の生活に悪影響を及ぼすのです。住民は地域の観光にどう向き合うべきかを問われることになり，拒否反応を示すこともあります。しかしこの問題の解決の糸口は，前節でみた「地域への誇り」に見出すことができます。地域への誇りは観光業従事者のみでなく，地域住民が共有できることだからです。地域への誇りから生まれるホスピタリティ精神により，地域の住民すべてが来訪者に接することができれば，観光客の評価が高まり，また観光客もマナーに気を付けるようになり，さらに地域の人間関係も温かいものになって，まさに「住んでよいまち来てみてよいまち」が実現されるでしょう。

(3) 観光まちづくりの担い手を活性化させる「地域マネジメント」

　これまで，観光地のまちづくりは，もっぱら地域の観光協会（観光業者と行政

による組織)に委ねられてきました。中でも老舗の旅館や大ホテルのオーナーなど，いわゆる旦那衆が，地域の実権を握ってきたのです。しかしながら，観光協会は対外的な宣伝活動に力を発揮する一方，まちづくりには熱心ではなかったと考えられます。たとえば大ホテルでは，来訪客の消費活動をホテルの中に囲い込み，飲食はもちろん，アミューズメント，土産物の購入に至るまで，すべてホテルの中で完結する仕組みを作ってきました。その結果，観光客は街に出ることがなくなり，街が寂れてしまうという状況を招いてしまったのです。

　しかし，新しい観光まちづくりにおいては，観光業者のみならず，商業者，農業者，一般住民に至るまで，地域のあらゆる主体が，観光客を迎える主体となります。したがってまちづくりを進めるに当たっては，当然観光の効果が地域の隅々まで届くように，初めから考えて進められることになります。前述のようなワークショップにより，「住んでよいまち来てみてよいまち」をつくるための検討が始まるのです。

　こうした体制をつくるために，今注目されているのが「地域マネジメント」という考え方です。地域のまちづくりに関わるさまざまな主体が，地域の課題解決のために，それぞれの得意とする分野で力を発揮し，全体として成果を上げるという考え方です。たとえば，ひとり暮らしのお年寄りの見守りについては，ケアマネジャーやヘルパーだけでなく，民生委員，町内会，老人会，給食ボランティアなど，さまざまな主体が互いの役割を確認し，それぞれができることをすることで全体として目的を達するというような取り組みです。

　観光まちづくりの世界でも，若いまちづくりリーダーが，時には外の専門家の協力を得ながら，地域のさまざまな主体のもつ力をコーディネートして，課題解決に取り組むという例が各地で見られるようになりました。企業，ボランティア団体，町内会，個人有志などが，それぞれ対等な立場で参加し，事業プランを作成し，そのプランに基づいて各主体が自分たち固有の力を発揮して実現させていきます。テーマによってさまざまな主体が離合集散しながら，全体として地域活性化と地域への誇りの醸成にチャレンジし続けるという新しい試みです。

静岡県熱海市で展開されている「温泉玉手箱事業（通称『オンたま』）」は，観光まちづくりの世界に地域マネジメントの考え方を導入した活動の典型です。静岡県熱海市では，まちづくりNPOが中心となって地域のさまざまな主体に働きかけ，「オンたま」という名前の下に60種類以上の観光プログラムを開発提供しています。商店主，漁協の青年部，農家などさまざまな主体が，「観光資源棚卸ワークショップ」「トライアルミーティング」などに参加することによって役割意識に目覚め，「オンたま」の活動に参加しています。そしてこの

コラム　地域マネジメント型観光まちづくり

　長野県飯田市は1996年から『体験型観光推進事業』に取組んできた。伝統的な天竜舟下りに加え，地場産業である水引工芸の見学・体験，中心市街地の名店や裏路地探訪，周辺の農山村部における農林業体験，農家民泊などを組合せて，主として中高生の体験学習型修学旅行の誘致に努めてきたのである。そして2001年，『南信州観光公社』が設立された。現在は下伊那郡の全18市町村，企業・団体18社，個人2名が出資者となっている。そして150もの体験プログラムが用意され，2010年の受入客数は約2万人，体験プログラム参加者は延べ5万人に上った。
　公社は地域観光情報発信の核となるとともに，観光振興の基本的考え方（ポリシー）を定め，それを圏域内の観光業者はもとより，商業・サービス業者，農業者，そして一般住民に至るまで浸透させる役割を担っている。ポリシーは次の3つに集約される。①感動は本物の体験から生まれる。②本物の体験の実現のためには，地域の人々がインストラクターや受入農家となってしっかりと関わる。③受入組織（窓口）は内向き，外向きに対して一つ。公社が体験プログラム全体の手配，調整，コーディネート，精算の一切を行う。完全な一元管理を行うことにより，ポリシーをプログラム全体に徹底させることができ，また農繁期には農業体験を避けてお客を別のプログラムに誘導するなど，来客にとっても受入側にとっても参加しやすい環境が提供されている。常に客を迎える体制が整っている旅館やホテル，レジャー施設とは異なり，農家や一般市民も担い手となる観光では，受入側の都合を考えた上でのプランでなければ成り立たない。逆にいえば，「できる人ができる時間にできることを」という，生業の余力の部分で対応する観光である。そしてこの余力の部分を探し出し，紡ぎ合わせるという力＝コーディネート力こそが，南信州観光公社の特色である。今脚光を浴びる静岡県熱海市の地域マネジメント型の観光まちづくり＝『温泉玉手箱』と肩を並べる取組みが，ここでは12年も前から行われていたことになる。

出所）橘立達夫『町村週報』第2849号・平成25年8月5日　全国町村会。

NPO(「atamista」)は，さまざまな主体が集い企画を創造する場＝プラットホームとして機能しているのです。

そしてこのような地域マネジメントにおいては，当然ビジネス感覚が必要とされ，その意味で従来もっぱら行政が担ってきた公共的事業をビジネスとして展開する社会起業家の役割も大きいのです。

(橋立達夫)

〔設問〕次の問に答えなさい。
1.「観光まちづくり」とこれまでの「観光振興」とはどこが違いますか。
2. 地域の人たちが観光まちづくりに参加するための原動力となるのは何ですか。
3.「地域マネジメント」の考え方の特色を説明しなさい。

§ **参考文献** §
「まちづくりから地域マネジメント戦略へ」『季刊まちづくり』2012年12月号，学芸出版社。
橋立達夫(2007)『町村週報』第2599号，全国町村会。

第12章　スポーツマネジメント

1 スポーツマネジメントとは

(1) スポーツマネジメントとは？

　そもそも「スポーツマネジメント」とは，どのような学問でしょうか？
　「スポーツマネジメント」とは，「スポーツ」と「マネジメント」という2つの言葉から成立している用語であり，「Management」とは「経営，管理，取り扱い，やりくり，処理…」と訳されています。つまり，何かをManageする（操縦し，管理し，うまくやる）ことです。そしてこの章では，「Sport」を定義づけることはむずかしく，スポーツは個人の価値観により解釈することができます。スポーツの多くは，人間の社会に自然に生まれ育ってきた文化であり，自分自身が体を動かし汗を流し表現することでした。しかしながら，時代の社会的発展とともにスポーツが組織化されてくると，人びとは「スポーツをする」ことのみならず，「スポーツをみる」ことへの楽しみを見いだしてきました。さらにスポーツの産業化・スポーツのビジネス化が巨大化するにつれ，「スポーツを支える」といった，"縁の下の力持ち"としてスポーツをプロデュースしたり創造したりする能力が問われるようになってきました。まさに，スポーツのさらなる普及と高品質化を目指したマネジメント力が，これからのスポーツ界では必要になってきます。
　日本において，体育・スポーツの分野に「経営」という概念を取り入れたのは，宇土[1]の「体育管理学」です。そして，1980年代になるとゴルフやスキーなどのスポーツレジャー産業の急成長とともに，フィットネスクラブやスポーツクラブの急増が，スポーツの領域において，合理的な経営のノウハウや理論化の試みに大きな関心が集まるようになりました。1985年に設立した

北米スポーツマネジメント学会(North American Society for Sport Management：NASSM)は，スポーツにおける経営現象として，スポーツビジネスのグローバル化にともない，スポーツマネジメントの教育・研究に大きな影響をもたらしました。

NASSMでは，スポーツマネジメントは，「あらゆる方面の人々によって事業化が推進されているスポーツ，エクササイズ，ダンスおよび遊戯に関連したマネジメントの理論と実際[2]」と定義されています。この定義は，広範囲なスポーツ領域を意図し，非常に広義的な概念となっています。山下[3]は，「スポーツ経営学」の著書の中で，スポーツ経営を，「スポーツ活動の生産と販売を目的に諸資源の展開を図ること(スポーツ活動を産み出す組織の活動)」と定義しています。さらに，「スポーツ経営学は広くスポーツマネジメントを研究対象としてよいが，第一義的な定義はこうすべきであろう」と述べています。そして原田[4]は，スポーツマネジメントが普及した背景は，① 欧米におけるスポーツビジネスの拡大，② 国際的なスポーツマネジメントの人材需要の高まり，③ トップスポーツのパラダイムシフト－企業スポーツから起業スポーツへ－と，3つの要因をあげています。このように，スポーツマネジメントは，スポーツをめぐる情勢が大きく様変わりしたことを背景に，「経営学」を基礎とし，応用的学問として発展した新しい学問領域です。

(2) スポーツマネジメントの関連分野科目として

スポーツマネジメント研究の分野において畑[5]は，マネジメントの一般理論とスポーツマネジメント理論について，よりスポーツ領域において実践的な業務へのリンクを図れるように，モデルの構築を行いました。

図12-1は，スポーツマネジメントの研究領域として，① スポーツの政策論，② スポーツの組織論，③ スポーツのマーケティング，④ スポーツの資源論と4つに分類したモデルです。

① スポーツの政策論……公的機関(行政)を中心とするはたらきかけ

昭和36年に制定された「スポーツ振興法」から約50年ぶりに，わが国にお

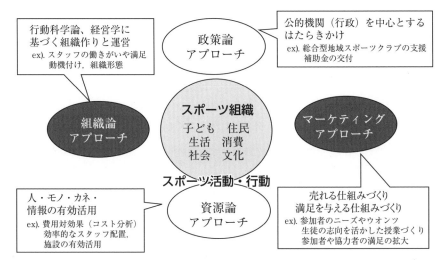

図12-1 スポーツマネジメント研究の体系化モデル

出所）畑（2009）日本体育学会第60回学会大会発表資料に加筆。[6]

けるスポーツ推進のための基本的な法律として，2011（平成23）年に「スポーツ基本法」が制定されました。スポーツに関する基本理念を定め，国家戦略としてスポーツに関する施策を総合的・計画的に推進します。

　ex）・わが国におけるスポーツ選手（プロスポーツ選手含む）が，国際競技大会（オリンピック他）等において優秀な成績を収めることができるためのサポート
　　　・スポーツ施設の整備
　　　・総合型地域スポーツクラブへの支援，補助金の交付

② **スポーツの組織論……行動科学論，科学的管理論などに基づく組織づくりと運営**

　組織はトップマネジメント，ミドルマネジメント，ロアーマネジメントの3つの階層から成り立っています。企業における経営戦略を実行するためには，責任・権限を委譲し，指揮命令系統を明確にすることが重要です。サッカー日本代表の岡田武史監督が，2010年ワールドカップ決勝トーナメント進出を決

めたときに、「サッカーはチームスポーツであることを証明したかった。個人より組織が重要である」と述べています。各種スポーツチームにおいては、構成員の提供する活動や力によってスポーツ組織の目的は達成されるのです。

  ex)・選手が同じなのに監督やコーチが変わっただけで急に強くなるチーム
   ・サッカー日本代表監督、トルシェ・ジーコ・オシムのリーダーシップ

③ **スポーツのマーケティング……売れる仕組みづくり、満足を与える仕組みづくり**

 マーケティングとは、顧客のニーズを探りそれを満たすための企業の活動です。テニスラケットを購入する場合、「十人十色」といわれるように人の好みはさまざまです。値段を重視する人、機能性を重視する人、ブランドを重視する人、デザインを重視する人など。つまり、顧客のニーズを満たす製品づくりが、売れる商品になるわけです。

  ex)・東北楽天イーグルスのマーケティング戦略
   ・大ヒット商品ナイキバスケットボールシューズ「エア・ジョーダン」
   ・自転車マーケットの急成長

④ **スポーツの資源論……人・物・金・情報の有効活用**

 経営者は、経営資源「人・物・金・情報」を最適に配分することで、業務が滞りなく効率的に行われているかを管理することが重要な役割です。スポーツクラブを運営する場合、費用対効果を分析し、フロント業務スタッフやインストラクターなど各種スタッフを効率的に配置し、ジム・プール・スタジオなどの施設の有効活用が大切です。各種プロスポーツビジネスも同様といえるでしょう。

  ex)・フィットネスクラブ・スポーツクラブ経営における会員獲得のポイント
   ・プロ野球やJリーグの経営資源

2 売れるスポーツのモノづくり

(1) スポーツメーカーの製品コンセプトづくり

 スポーツメーカーにとって、売れる製品を開発し、その製品を市場へ投入し、

利益を上げることはいうまでもなくあたり前のことです．しかし，市場は生きモノであるといわれ，市場の成熟が進むと，顧客の満足を満たすためには，新しいアイディアを創出し続けなければなりません．それには，つねに市場調査やデータ収集など，新しい顧客情報が必要となります．

コトラー[7]は，「製品とは，特定のニーズや欲求を充足する興味・所有・使用・消費のために市場に提供されうるすべてのものを指す．それは，物理的財・サービス・人間・場所・組織・アイディアを含んでいる」そして，消費者にとって製品とは，「自らのニーズを満足させるようなベネフィット（便益，効用）の束である」と，定義しています．

つまり，スポーツメーカーにとって製品のコンセプトづくりは，顧客にとっての価値を明確にすることであり，顧客の視点は，商品化の最終段階でとても重要な役割を果たします．各スポーツメーカーは，他社製品よりも自社製品がよりよいモノであることをアピールしなければなりません．

(2) スポーツメーカーにおけるブランド戦略

ビジネスの世界では，自社商品を他社商品から識別するために，名前，シンボル，ロゴマーク，デザイン，もしくはそれらの組み合わせのことを「ブランディング」と呼んでいます．小川[8]は，メーカーにとってのブランド意義・目的を，①固定客の獲得（高ロイヤルティ・高シェア・高収益），②品質保証（企業イメージ・評判・信頼性），③流通との交渉力（価格維持・チャネル支配力・店頭スペース確保），④ブランド拡張（イメージの活用，事業多角化，ブランド買収）と示しています．

国際的な企業では，コカコーラ，マイクロソフト，IBM，トヨタなどが高いブランド評価を受けています．ちなみに，スポーツ関連企業では，ナイキやアディダスが高いブランド評価を受けています．

スポーツの世界にも，多くのブランドが存在しますが，その特徴はスポーツメーカー（ナイキ，アディダス，プーマ，ミズノ，アシックス，デサントなど），ブランドとしてのリーグやチームやクラブ（NPB，Jリーグ，読売ジャイアンツ，浦

和レッズなど),そして選手自身(長嶋茂雄,イチロー,三浦和良,香川真司など)であり,これらはすべてブランド化されたスポーツプロダクトです。

ここでのブランド戦略については,スポーツメーカー(用品)について述べていきます。

まず,世界的にもブランド価値が高い「ナイキ」を例にあげて考えてみましょう[9]。ナイキの商品は,若者を中心に高い評価を得ており,その中心的価値はパフォーマンスのレベルに見合った機能性にあります。特に,その成功の最大の要因は,空気をクッションとして利用する「エア」と呼ばれる独自の技術にあるとともに,徹底してプロフェッショナルなレベルを追求したことにあります。

ナイキは,今ではバスケットボール界の神様といわれるマイケル・ジョーダンに代表されるように,プロスポーツ界やプロスポーツ選手との間に,非常に深い関係を築いてきました。そして,ナイキはNBAで活躍するM・ジョーダンと契約を結ぶことにより,「エア・ジョーダン」というバスケットボールシューズが,世界で爆発的大ヒット商品となったのです。

また,社名については,ギリシャ神話に出てくる勝利の女神に由来する「ニーケー(Nike)」から,「NIKE(ナイキ)」となり,ブランドの価値を一気に高めることとなりました。ナイキのブランド戦略としては,マイケル・ジョーダンの他にも,タイガー・ウッズ,クリスチャーノ・ロナウド,コービー・ブライアント,マリア・シャラポアなど,各スポーツ界のスーパースターとの契約が,顧客に憧れのプレーヤーとの自己同一化を期待させ,共感を呼ぶこととなり,そのブランド価値を高めることに繋がっています。

表12-1　日本国内スポーツ用品メーカー売上高ベスト3

	アシックス	ミズノ	デサント
売上高	2,353億円	1,500億円	757億円
営業利益	215億円	45億円	37億円
時価総額	2,405億円	471億円	266億円

出所)『2012年版業界地図ダイジェスト』[10]より筆者作成。

次に表12-1は，日本国内のスポーツ用品メーカー大手3社である，アシックス，ミズノ，デサントの2010年度の売上高を示したものです。

日本国内スポーツ用品メーカーの2010年度の売上高第1位は，アシックスが2,353億円であり，その売上構成は，スポーツシューズ類が74％と最も高く，次いでスポーツウェア類19％，スポーツ用具類7％となっています。つまり，アシックスでは，スポーツシューズにそのブランド力の高さが際立っており，「シューズ」が一番の強みといえるでしょう。

アシックスは，創業者である鬼塚喜八郎が1924年神戸市に鬼塚株式会社を設立し，スポーツシューズ専門メーカーを目指して，バスケットボールシューズの他，各種スポーツシューズの開発，生産，販売を開始しました。その後1977年に商号を「株式会社アシックス」に変更し，1985年には，スポーツの科学的基礎研究体制強化のため，「スポーツ工学研究所」を設置しました[11]。特に，ランニングシューズの機能性を徹底的に追求し，シドニーオリンピックマラソン金メダリストの高橋尚子選手のシューズには，その英知が結集されているといっても過言ではありません。

さらに，イチロー選手こだわりの野球用スパイクシューズでは，「軽さ」「フィット性」をより高いレベルで実現するために，マラソンや陸上の短距離など他分野のアシックスのスポーツシューズで使われる素材や機能性を取り入れ，今では歴代最軽量の230g（片足）のスパイクシューズを開発しました。アシックスのシューズは，海外でもその評価は高く，まさに日本の職人技であるモノづくりのスペシャリストとして，そのブランド力の価値を高めています。

3 栃木県のプロスポーツ

現在，栃木県では地方都市にはめずらしく，4つのプロスポーツチームを擁しています。サッカーの「栃木SC」アイスホッケーの「H. C. 栃木日光アイスバックス」バスケットボールの「リンク栃木ブレックス」そして日本初のサイクル（自転車）ロードレースの「宇都宮ブリッツェン」です。さらにモータース

ポーツでは，ツインリンクもてぎにおいて，ロードレース世界選手権（MotoGP）やインディカー・シリーズ（インディジャパン300）なども開催されていました。

これらのスポーツにおける地元メディアの扱いとしては，試合結果やさまざまな地域貢献活動については，栃木テレビや下野新聞などで報道はされますが，全国的な知名度はまだまだ低く，栃木県内でも一部のファンだけが盛り上がっており，全体的な知名度・認知度は低いように感じます。

プロスポーツの主な収入源は，観客の入場料収入，スポンサー契約，グッズの売り上げ，放送権料などです。しかし，現実問題として，観客動員数の確保や，チームの経営方針などさまざまな問題が生じており，今後のプロスポーツ経営において，戦略的なマーケティングおよび合理的なマネジメントが求められています。

プロスポーツにおける顧客（観戦者）サービスは，多くの複合的要素が含まれており，観戦者が求める基本的なニーズを踏まえた，多彩なウォンツの具体化が必要です。サッカー日本代表の公式試合などは，海外ビッククラブでプレーする香川，本田，長友のようなスーパースターの存在は，それだけで爆発的な集客につながる結果を示していますが，必ずしもそれだけが集客要因ではないことに注目する必要もあります。

サービスを提供する側のチームやクラブの理念的な目標は，観戦者が満足する高品質なサービスを提供することです。しかし，基本的な観戦者の満足は，個々の主観に左右される性質にあり，供給（クラブ・チーム）側のサービスと，需要（観戦者）側の期待と満足は，必ずしも一致するとは限りません。

図12-2は，本研究ゼミナール（2011年）において，栃木県プロスポーツチームである種目特性が異なる栃木SC（サッカー）と日光アイスバックス（アイスホッケー）のサービス評価について比較した結果です。直接会場へ来ている観戦者にアンケート調査を実施し，5段階の評定尺度で回答を求めました。[12]

全体的に日光アイスバックスのサービス評価が高い傾向にあります。しかし，どちらのチームにおいても，特に，「会場までの交通の便」に対する評価はとても低く，日光アイスバックスのホーム会場がある日光霧降アイスアリーナも，

第12章　スポーツマネジメント

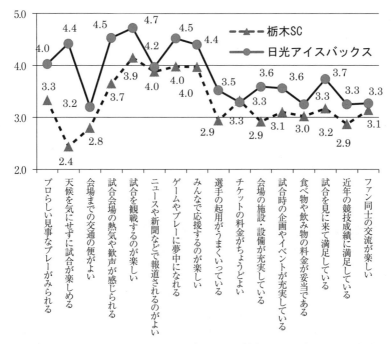

図 12-2　栃木 SC と日光アイスバックス観戦者のサービス評価の比較
出所）小山（2013）日本体育学会　第 65 回学会大会発表資料

　栃木 SC のホームスタジアムがある栃木グリーンスタジアムも，主要交通網が集中する宇都宮駅からは非常に便が悪い場所にあるといえます。スポーツ観戦者のマーケットを拡大させるためには，より多くの人びとが会場まで足を運んでくれることが前提条件であり，そのためには，弱みを改善するあらたなマーケティング戦略が重要となります。　　　　　　　　（第 1 節～第 3 節　小山さなえ）

4 地域スポーツとスポーツ政策

(1) 実践領域という発想：地域というフィールドの位置づけ

　スポーツを通じて地域を活性化する―現在こうしたスポーツの社会的機能に

対して大きな期待が寄せられています。「地域社会と一体となったクラブづくり」(Jリーグ)[13]，「スポーツで再建・地域の交流」(朝日新聞・岩手全県)[14]，「東京オリンピック・パラリンピックの機会を活用した地域活性化」(経済産業省)[15]など，「地域とスポーツ」をめぐる膨大な数の言説がさまざまなアクターによって産出されていることはその証左といえるでしょう。こうした状況の中で，本節では，「地域住民による地域住民のためのスポーツ経営」という現象に焦点化し，そうした営みを方向づけてきたスポーツ政策の変遷について理解しながら，地域スポーツクラブをめぐる今後の論点について議論します。

はじめに，スポーツ経営学における基本的な思考法のひとつである「実践領域」について紹介し，本節のテーマについて解題したいと思います。スポーツ経営とは「スポーツ活動を産み出す組織の活動」[16]のことですが，そうした営みを一定の類似性に基づき分類するために考案されたのが「体育・スポーツ経営の実践領域」という発想です。表12-2のように，経営組織(スポーツ経営の担い手)や経営対象(スポーツサービスを提供する相手)等の差異に基づき，学校，地域，企業民間，職場という領域を設定することで，学問として体系的な議論を蓄積することを試みてきました。

本節のテーマに深く関連するのは，「地域の体育・スポーツ経営」という実践領域であり，より具体的にいえば，そこでの経営活動を主体となる「地域の非営利スポーツ経営組織」と「体育・スポーツ行政組織」です。地域の非営利スポーツ経営組織とは，地域の活性化を目的にスポーツ経営を行う組織のことです。この組織は，経済的な利潤の獲得を目指すのではなく，健康の増進や住民間の繋がりの構築といった「地域コミュニティの活性化」を主たる目的として，地域住民にスポーツの機会を提供します。その代表例である地域スポーツクラブは，「地域住民による地域住民のためのスポーツ経営」を営む組織といえます。こうした地域スポーツクラブについては，スポーツ経営学の前身の学問領域である体育管理学において，その創始者の宇土は「経営体としての地域社会」[17]という表現を用いて着目しましたが，実は「体育」管理学の時代から焦点化されてきた研究対象なのです。こうした地域スポーツクラブをめぐる今日

表 12-2　体育・スポーツ経営組織の種類と体育・スポーツ経営の実践領域

体育・スポーツ経営組織	具体例	経営対象	実践領域	領域固有の経営目的
学校の体育経営組織	教員組織と児童生徒の組織	児童生徒	学校の体育・スポーツ経営	教育的・体育的効果
地域の非営利スポーツ経営組織	体育協会，レクリエーション協会，地域スポーツクラブ等	地域住民	地域の体育・スポーツ経営	地域社会の活性化　コミュニティづくり
体育・スポーツ行政組織	教育委員会の生涯スポーツ部局等	地域住民		
民間営利スポーツ経営組織	フィットネスクラブ，ゴルフ場等	顧客	企業のスポーツ経営	経済的利潤
職場スポーツ経営組織	福利厚生のための部課	従業員	職場のスポーツ経営	生産性の向上

出所）清水（2002）[18]を参照し，筆者が作成。

的状況を理解すること，それが本節の重要な目的のひとつです。

　他方のスポーツ行政組織について考えてみましょう。スポーツ行政組織とは，行政組織（公務員による組織）のうちスポーツを所管する部局のことを意味します。こうした組織も，スポーツ教室やイベント，施設開放など，さまざまなスポーツ活動の機会を地域住民に提供しています。所管部局については，旧来は教育委員会が中心となっていましたが，2007年の「地方教育行政の組織及び運営に関する法律」の一部改正により，地域振興課や政策企画課といった首長部局でもスポーツ関連の業務を分掌することが可能となりました[19]。さらに昨今においては「新しい公共」という公共サービスの提供に関する新たな考え方が台頭し，地域住民に対してスポーツサービスを提供する主体が多様化することで，行政の役割が相対化されつつある状況です（「新しい公共」については本書10章3節を参照）。こうしたなかで，スポーツ行政の重要な役割のひとつは，スポーツを発展させるための「政策」の立案・実施・評価といったプロセスからなるスポーツ政策の経営です。スポーツ政策は，これまでも地域で展開される住民たちのスポーツ活動に強く影響を与えてきており，今日の地域スポーツを理解する上でも不可欠な要素といえます。本稿では，地域におけるスポーツ

経営組織を規定する外部環境としての政策について理解を深めることも目指していきます。

こうした関心に基づき，次項では，行政は「地域とスポーツ」にいかなるまなざしを向けてきたのか，という視点から地域スポーツ振興策（スポーツ政策）の歴史を紐解いていきましょう。

(2) 地域スポーツへのまなざし:「社会体育」から「コミュニティ・スポーツ」へ

わが国では，どんな地域スポーツ振興策が実施されてきたのでしょうか。戦後日本における地域スポーツ振興策の端緒とされるのは「社会体育」の文脈で展開された活動です。1946年，旧文部省は，「社会体育実施に関する件」という通達を発し，「社会体育実施の参考」を各都道府県に配布するなど，国民に社会体育の必要性を高唱しました。1949年には「社会教育法」が制定され，そこで社会体育が社会教育の一環として位置づけられることで，社会体育を推進するための法的根拠が整備されました。こうした動きを契機として，戦後の国内の荒廃した雰囲気を改善するとともに，健康と幸福を増進し，福祉社会を建設することを目指して，旧文部省が中心となり地域社会で展開される健全なスポーツやレクリエーション活動が奨励され始めたのです[20]。その後，1960年に文部省によって発表された「社会体育—考え方・進め方—」では，社会体育は人間関係の希薄化という問題の改善に寄与するものとして位置づけられ，その後の「コミュニティ・スポーツ」に繋がる考え方が示されました[21]。

1960年代に入ると，高度経済成長政策の裏側で生起した負の部分を問題視する議論が隆盛し，個人中心の生活構造の成立によって喪失した地域コミュニティを再編するための方途が模索され始めます。その皮切りになったのが，国民生活審議会調査部会・コミュニティ問題小委員会が1969年に発表した答申「コミュニティ～生活の場における人間性の回復」です。そこでは，旧来の地域共同体が崩壊するなかで，「生活の場において，市民としての自主性と責任を自覚した個人および家庭を構成主体として，地域性と各種の共通目標をもった，開放的でしかも構成員相互に信頼感のある集団」としての「コミュニティ」

を形成する必要性が謳われました。ここでの主張を受け，旧自治省がモデル・コミュニティ事業(1971年)を開始するなど，各中央省庁や財界が相次いでコミュニティの再生に向けたプランを打ち出すこととなりました。

　こうした所謂「コミュニティ構想」の中で，スポーツは人びとの繋がりを産み出すためのひとつの有効な手段として注目を集め，「コミュニティ・スポーツ」という新たな用語が使用されながらその振興が図られていきました。1971年の社会教育審議会答申では，地域連帯意識を回復するという観点からスポーツ振興の必要性が謳われました。1972年には，旧文部省の諮問機関である保健体育審議会答申によって「日常生活圏における体育・スポーツ施設の整備基準」が示され，翌年度以降における文部省の施設整備予算の増加に強く影響を与えました[22]。さらにこの答申のなかでは，「自主的なグループ活動」の促進についても言及がなされ，住民の自主性に基づく組織の形成が官主導のもとで目指され始めました。経済企画庁においても，1973年に策定された「経済社会基本計画－活力ある福祉社会のために―」で地域住民相互の接触を深めるためにコミュニティ・スポーツ施設の整備を進めること等が定められました。柳沢[23]は，こうしたコミュニティ構想ではゾーニング(範囲設定)，コミュニティ施設の建設，地域住民の組織化という共通の手法が採用されたと指摘し，こうした手法の考え方は昨今の総合型地域スポーツクラブ育成構想(後述)にも連続していると述べています。

　このように，中央省庁を挙げてコミュニティ・スポーツ政策が推進されていくなかで，それをめぐる研究が数多く蓄積されてきました。森川[24]や三好[25]は，施策の裏側で政府や財界の意図が強く働き，そうした権力の側によってスポーツが社会問題を解決するための手段として利用されることに対して強く批判を投げかけました。彼らは，スポーツ活動はコミュニティ形成に十全に機能するという政策当局による楽観的な見通しを批判するとともに，そうしたスポーツの社会的機能の限界性を考究する必要性を指摘する点で同じ視野を有していました[26]。

　さらに，フィールドワークによって現場の実態を深く理解することを重視する研究者からは，スポーツ政策の枠組みから外れる動きを議論の俎上に載せる

必要性が指摘されました。中島と上羅[27]は，社会体育に関する従来の論説が社会体育行政との関連のもとでなされてきたため，「社会体育行政とは別個に生起し，展開している自生的・内発的な住民スポーツ」の存在が等閑視されてきたと指摘し，香川県坂出市林田地区における事例研究を実施しました。そこで浮き彫りになったことは，地区の住民たちはスポーツを子どもの非行防止といった他の生活要求と同次元で捉えていたこと，すなわちスポーツを「生活課題」のひとつとして認識し，ときに行政当局を「先導」するほどアクティブな活動を展開したということです。後に上羅[28]は，宮城県遠田郡涌谷町洞ヶ崎地区におけるスポーツ集団の分析を通じて，自らの生活の都合にあわせてスポーツ政策の受容・拒否を選択する主体として地域住民を理解する見解を示しました。同様に，洞ヶ崎地区でフィールドワークを行った松村は，「家」の生活の論理によってクラブへの参加が規定されていることを明らかにし[29]，スポーツに関連する要因のみに着目するのではなく地域生活との関連でスポーツ活動を理解する必要性を指摘しました[30]。中島や上羅，松村などの実証的研究を重視する立場に共通するのは，地域住民を運動者ではなく生活者として捉え，彼らの生活の機微に目を向けながらスポーツを理解しようとする点です。そして，政策当局によって喧伝されるスポーツの意義を相対化し，政策で描かれた青写真とは異なる実態をも焦点化するという共通の視角を有していました。

(3) 生涯スポーツ社会の実現へ：基本計画と総合型地域スポーツクラブ

以下では，今日推進されている「基本計画」の内容を整理し，地域スポーツ振興策の現状について理解しながら，行政の側が地域スポーツをいかに発展させようとしているのかについて議論します。ここで着目するのは，「スポーツ振興基本計画」(2000年)と「スポーツ基本計画」(2012年)という2つのマスタープランです。この2つの計画に共通するのは，中長期的な視点に立ってスポーツ振興を推進するための政策目標と施策を提示する点，そして，地域スポーツを生涯スポーツの観点から重要視する点です。

「スポーツ振興基本計画」は，2000年9月に旧文部省によって発表されたス

ポーツ振興に関する総合的な計画です。1961年に制定された「スポーツ振興法」では「文部大臣は，スポーツの振興に関する基本的計画を定めるものとする」(第4条) と規定されていましたが，そうした「基本的計画」はスポーツ振興基本計画の策定に至るまでの約40年もの間，一度も定められることはなかったのです。そうした状況下において，その策定を後押ししたのは1998年に成立した「スポーツ振興投票法」でした。サッカーくじの収益の一部を国庫納付金とすることを定めたこの法律によって，長年問題視されてきたスポーツ振興に必要な財源が確保されたため，「スポーツ振興基本計画」が制定されることとなったのです。[31]

それでは，「スポーツ振興基本計画」では何が目指されたのでしょうか。そのなかでは，2010年度までの約10年間を見据え，「生涯スポーツ」「競技スポーツ」「学校スポーツ」という3つの視点から政策目標と具体的な施策が示されました (図12-3)。[32]

この計画の中で地域スポーツとの関連で理解しておくべきは，「1. 生涯スポーツ社会の実現に向けた，地域におけるスポーツ環境の整備充実方策」の内容でしょう。この政策では，国民の誰もが生涯にわたりスポーツに親しむことができる「生涯スポーツ社会」の実現が政策目標として掲げられ，その具体的な到達目標として「成人の週1回のスポーツ実施率の向上」が目指されることとなりました。そして，その目標を達成するために，「総合型地域スポーツクラブ」という地域住民組織を全国各地に創設することを最重要施策としたのです。この総合型地域スポーツクラブの特徴は以下のように記されました。

1　複数の種目が用意されている
2　子どもから高齢者まで，初心者からトップレベルの競技者まで，地域の誰もが年齢，興味・関心，技術・技能レベルなどに応じて，いつまでも活動できる。
3　活動の拠点となるスポーツ施設及びクラブハウスがあり，定期的・継続的なスポーツ活動を行うことができる。
4　質の高い指導者の下，個々のスポーツニーズに応じたスポーツ指導が行われる。
5　以上のようなことについて，地域住民が主体的に運営する。[33]

1. 生涯スポーツ社会の実現に向けた，地域におけるスポーツ環境の整備充実方策
    政策目標：国民の誰もが，それぞれの体力や年齢，技術，興味・目的に応じて，いつでも，どこでも，いつまでもスポーツに親しむことができる生涯スポーツ社会を実現する。その目標として，できるかぎり早期に，成人の週1回以上のスポーツ実施率が2人に1人（50パーセント）となることを目指す。
    A. 政策目標達成のため必要不可欠である施策
       ○総合型地域スポーツクラブの全国展開
       到達目標 ・2010年（平成22年）までに，全国の各市区町村において少なくとも1つは総合型地域スポーツクラブを育成する。
              ・2010年（平成22年）までに，各都道府県において少なくとも1つは広域スポーツセンターを育成する。
    B. 政策目標達成のための基盤的施策
       (1) スポーツ指導者の養成・確保
       (2) スポーツ施設の充実
       (3) 地域における的確なスポーツ情報の提供
       (4) 住民のニーズに即応した地域スポーツ行政の見直し
2. 我が国の国際競技力の総合的な向上方策
    政策目標：オリンピック競技大会をはじめとする国際競技大会における我が国のトップレベルの競技者の活躍は，国民に夢や感動を与え，明るく活力のある社会の形成に寄与することから，こうした大会で活躍できる競技者の育成・強化を積極的に推進する。具体的には，1996年（平成8年）のオリンピック競技大会において，我が国のメダル獲得率が1.7パーセントまで低下したことを踏まえ，我が国のトップレベルの競技者の育成・強化のための諸施策を総合的・計画的に推進し，早期にメダル獲得率が倍増し，3.5パーセントとなることを目指す。
    A. 政策目標達成のため必要不可欠である施策
       (1) 一貫指導システムの構築
       (2) トレーニング拠点の整備
       (3) 指導者の養成・確保
       (4) 競技者が安心して競技に専念できる環境の整備
    B. 政策目標達成のための基盤的施策
       (1) スポーツ医・科学の活用
       (2) アンチ・ドーピング活動の推進
       (3) 国際的又は全国的な規模の競技大会の円滑な開催等
       (4) プロスポーツの競技者等の社会への貢献の促進
3. 生涯スポーツ及び競技スポーツと学校体育・スポーツとの連携を推進するための方策
    政策目標　生涯にわたる豊かなスポーツライフの実現と国際競技力の向上を目指し，生涯スポーツ及び競技スポーツと学校体育・スポーツとの連携を推進する。
    A. 政策目標達成のため必要不可欠である施策

(1) 子どもたちの豊かなスポーツライフの実現に向けた学校と地域の連携の推進
　　(2) 国際競技力の向上に向けた学校とスポーツ団体の連携の推進
　B．政策目標達成のための基盤的施策
　　(1) 児童生徒の運動に親しむ資質・能力や体力を培う学校体育の充実
　　(2) 学校体育指導者・施設の充実
　　(3) 運動部活動の改善・充実

図 12-3　スポーツ振興基本計画（2000 年）の概要[33]

　このような特徴は「多種目」「多世代」「多志向」「拠点施設」「住民による自主運営」といった言葉で説明されることも多く，こうした総合型地域スポーツクラブは従前の日本のスポーツのあり方を転換させるという大きな期待を背負って登場しました。さらに，「スポーツ振興基本計画」の中では，総合型地域スポーツクラブの対象地域は「中学校区程度」とするといった方針も示され，そうした日常生活圏に居住する住民を対象にスポーツの機会を提供することが期待されながら，その育成が推進されることとなりました。[34] 具体的には，2010年までに「各地区町村において少なくともひとつ」の総合型地域スポーツクラブを育成するという到達目標を実現するため，政策立案側が中心となり，モデル事業の実施や運営財源の助成，人材養成，支援組織（広域スポーツセンター）の設置などの育成策を実施されていきました。その結果，2014 年 7 月には，全国 80.1％の市区町村に，おおよそ 3,512 の総合型地域スポーツクラブが育成されました（図 12-4）。

　「スポーツ振興基本計画」の年限を迎えると，文部科学省は，2011 年に発表した「スポーツ立国戦略」を基盤として，2012 年 3 月に「スポーツ基本計画」を新たなマスタープランとして策定しました。その中で，今後 10 年間程度を見通しながら，おおむね直近 5 年間で取り組むべき諸施策を示しました。それらの施策は，「子どものスポーツ機会の充実」「ライフステージに応じたスポーツ活動の推進」「地域のスポーツ環境の整備」「国際競技力の向上」「国際大会の誘致・開催」「スポーツ界の公正性の向上」「好循環の創出」という 7 つの観点からまとめられました（図 12-5）。

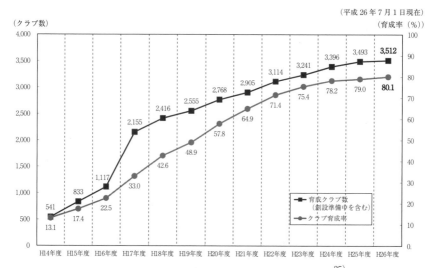

図 12-4　総合型地域スポーツクラブ育成状況推移[35]

　この「スポーツ基本計画」では，スポーツ実施層の量的拡大を図るという「スポーツ振興基本計画」の方針が継承され，総合型地域スポーツの育成も継続されることとなりました。そうした中で，地域スポーツに関連する下記の二点の変化があったことは明記しておくべきでしょう。第1に，到達目標として掲げられるスポーツ実施率の水準が引き上げられたことです。成人の週1回のスポーツ実施率については，到達目標が「50％」から「65％程度」へと見直され，より高い要求水準になりました。さらに，週3回以上のスポーツ実施者を30％程度にすること，成人のスポーツ未実施者(1年間に一度もスポーツをしない人)をゼロに近づけることを新たな目標とすることで，「実施頻度の向上」と「未実施者の減少」へのアプローチの必要性が明示化されました。「体力・スポーツに関する世論調査」では成人の週1回以上のスポーツ実施率が37.2％(2000年)から47.5％(2012年)へと増加傾向にあることも明らかとなり，こうした状況を踏まえれば，この到達目標の高度化は，計画的なスポーツ推進という

第12章　スポーツマネジメント　277

1. 学校と地域における子どものスポーツ機会の充実
   子どものスポーツ機会の充実を目指し，学校や地域等において，すべての子どもがスポーツを楽しむことができる環境の整備を図る。そうした取組の結果として，今後10年以内に子どもの体力が昭和60年頃の水準を上回ることができるよう，今後5年間，体力の向上傾向が維持され，確実なものとなることを目標とする。
2. 若者のスポーツ参加機会の拡充や高齢者の体力つくり支援等のライフステージに応じたスポーツ活動の推進
   ライフステージに応じたスポーツ活動を推進するため，国民の誰もが，それぞれの体力や年齢，技術，興味・目的に応じて，いつでも，どこでも，いつまでも安全にスポーツに親しむことができる生涯スポーツ社会の実現に向けた環境の整備を推進する。そうした取組を通して，できるかぎり早期に，成人の週1回以上のスポーツ実施率が3人に2人（65％程度），週3回以上のスポーツ実施率が3人に1人（30％程度）となることを目標とする。また，健康状態等によりスポーツを実施することが困難な人の存在にも留意しつつ，成人のスポーツ未実施者（1年間に一度もスポーツをしない者）の数がゼロに近づくことを目標とする。
3. 住民が主体的に参画する地域のスポーツ環境の整備
   住民が主体的に参画する地域のスポーツ環境を整備するため，総合型地域スポーツクラブの育成やスポーツ指導者・スポーツ施設の充実等を図る。
4. 国際競技力の向上に向けた人材の養成やスポーツ環境の整備
   国際競技力の向上を図るため，スポーツを人類の調和のとれた発達に役立てるというオリンピズムの根本原則への深い理解に立って，競技性の高い障害者スポーツを含めたトップスポーツにおいて，ジュニア期からトップレベルに至る体系的な人材養成システムの構築や，スポーツ環境の整備を行う。その結果として，今後，夏季・冬季オリンピック競技大会それぞれにおける過去最多を超えるメダル数の獲得，オリンピック競技大会及び各世界選手権大会における過去最多を超える入賞者数の実現を図る。これにより，オリンピック競技大会の金メダル獲得ランキングについては，夏季大会では5位以上，冬季大会では10位以上をそれぞれ目標とする。また，パラリンピック競技大会の金メダル獲得ランキングについては，直近の大会（夏季大会17位（2008／北京），冬季大会8位（2010／バンクーバー）以上をそれぞれ目標とする。
5. オリンピック・パラリンピック等の国際競技大会等の招致・開催等を通じた国際交流・貢献の推進
   国際貢献・交流を推進するため〜中略〜オリンピック競技大会・パラリンピック競技大会等の国際競技大会等の積極的な招致や円滑な開催，国際的な情報の収集・発信，国際的な人的ネットワークの構築等を行う。
6. ドーピング防止やスポーツ仲裁等の推進によるスポーツ界の透明性，公平・公正性の向上
   スポーツ界における透明性，公平・公正性の向上を目指し，競技団体・アスリート等に対する研修やジュニア層への教育を徹底するなどドーピング防止活動を推進するた

めの環境を整備するとともに，スポーツ団体のガバナンスを強化し組織運営の透明化を図るほかスポーツ紛争の仲裁のための基礎環境の整備・定着を図る。
7. スポーツ界における好循環の創出に向けたトップスポーツと地域におけるスポーツとの連携・協働の推進
　トップスポーツの伸長とスポーツの裾野の拡大を促すスポーツ界における好循環の創出を目指し，トップスポーツと地域におけるスポーツとの連携・協働を推進する。

図 12-5　スポーツ基本計画（2012 年）の概要
（今後 5 年間に総合的かつ計画的に取り組むべき施策）[36]

観点から評価できる点といえます。

　第 2 に，特定の総合型地域スポーツクラブに対して「新たな役割」を期待した点です。この役割は，「7. スポーツ界における好循環の創出に向けたトップスポーツと地域におけるスポーツとの連携・協働の推進」のなかで言及されていますが，「拠点クラブ」となる総合型地域スポーツクラブが引退後のトップアスリートを活用し，近隣地域で活動する他のクラブや学校等を対象とした巡回指導を実施するといったものです。トップアスリートのキャリア開発にも期待を寄せるこうした取り組みは，「地域スポーツとトップスポーツの好循環推進プロジェクト」という事業として実施されてきており，総合型地域スポーツクラブをめぐる新たな動向として注目しておくべき事象です。[37]

(4) 地域スポーツクラブをめぐる今後の論点とは

　本節では，社会体育，コミュニティ・スポーツ，生涯スポーツという一連の流れを整理してきました。社会体育やコミュニティ・スポーツ政策で注目を集めたのは，地域社会における連帯の喪失という社会問題の解決策としてのスポーツの役割でした。一方，スポーツ振興基本計画やスポーツ基本計画で最も強調されたのは「生涯スポーツ社会の実現」や「成人のスポーツ実施率の向上」というスポーツ実施者の量的拡大という次元であり，そうした傾向は，政府が国民の「スポーツ権」を保障する必要性を謳う「スポーツ・フォー・オール・ムーブメント」の世界的な潮流と軌を一にしたものとの指摘もなされてい

ます。このように考えると，わが国のスポーツ政策は，スポーツのもつ社会的な機能を重視してきたコミュニティ・スポーツから，スポーツをする個人へのアプローチを重視する生涯スポーツへの転換と捉えられるでしょう。

　しかし，こうした変化を迎えた昨今においても，注目しておくべきは過去のコミュニティ・スポーツ政策の時代に蓄積された諸研究での成果だと思います。なぜならば，コミュニティ・スポーツから生涯スポーツへと重点は変容しつつも，スポーツの社会的な機能に対しては変わらずに期待が寄せられているからです。さらに，先述したように，コミュニティ・スポーツ政策での政策手法と今日展開される総合型地域スポーツクラブ育成策の考え方に深い共通点がみられることも，その大きな理由です。

　かつての社会体育およびコミュニティ・スポーツをめぐる研究で浮き彫りになった重要なことのひとつは，スポーツのもつ社会的機能の有効性と限界性を踏まえながら政策の有効性を検討する必要があること，そして，政策推進側の思惑と地域住民の実態の間に生じる齟齬を詳細に捕捉すべきであることです。こうした視点を敷衍しながら，今日推進されている地域スポーツ振興策や総合型地域スポーツクラブの実態を捉え返すことで，今後の「地域とスポーツ」の発展に向けた方途を真摯に模索していくことが求められています。

（関根正敏）

〔設問〕
1. スポーツブランドの価値を高めるための戦略について説明しなさい。
2. 栃木県におけるプロスポーツチームの現状について説明しなさい。
3. スポーツ振興基本計画とスポーツ基本計画の内容について，地域スポーツの視点から説明しなさい。

注
1) 宇土正彦（1970）『体育管理学』大修館書店。
2) North American Society for Sport Management (1986) Article II. Constitution, p. 1.
3) 山下秋二・畑攻他編（2000）『スポーツ経営学』大修館書店，p. 23。
4) 原田宗彦・小笠原悦子（2008）『スポーツマネジメント』大修館書店。

5) 畑攻 (2009)「スポーツマネジメントのゼネラリティとスペシャリティ」日本体育学会第60回記念大会発表資料『第60回記念大会号』p. 177。
6) 同上
7) コトラー・アームストロング著,和田充夫監訳 (2003)『マーケティング原理』ダイヤモンド社。
8) 小川孔輔 (1994)『ブランド戦略の実際』日本経済新聞社。
9) ナイキウェブページ,http://www.nike.com (2013年5月30日閲覧)。
10) 一橋総合研究所監修 (2009)『2010年版 業界地図 最新ダイジェスト』高橋書店,p. 158。
11) アシックスウェブページ,http://www.asics-traiding.com (2013年5月30日閲覧)。
12) 小山さなえ (2013)「産学官連携によるイベント・マネジメントに関する研究」日本体育学会第64回大会発表資料「第64回大会予稿集」p.222。
13) 『Jリーグ規約』21条,公益社団法人日本プロサッカーリーグウェブページ,http://www.j-league.or.jp/aboutj/document/2014kiyakukitei/02.pdf (2014年10月28日閲覧)。
14) 『朝日新聞』2014年10月8日付 (岩手全県)
15) 経済産業省関東経済産業局 (2013)「資料2-1 開催趣旨 (2020年東京オリンピック・パラリンピック活用地域活性化戦略プラン検討会 第1回検討会配布資料)」,経済産業省関東経済産業局ウェブページ,http://www.kanto.meti.go.jp/seisaku/olympic/data/20131220shiryo2-1.pdf (2014年10月28日)。
16) 山下秋二 (2000)「スポーツと経営学」山下秋二ほか編『スポーツ経営学 改訂版』大修館書店,p. 23。
17) 宇土正彦 (1979)『体育管理学 改訂版 (現代保健体育学体系5)』大修館書店,p. 310。
18) 清水紀宏 (2002)「体育・スポーツ経営とは」八代勉・中村平編『体育・スポーツ経営学講義』大修館書店,p. 30。
19) 鈴木漠 (2011)「日本のスポーツ行政組織」菊幸一ほか編『スポーツ政策論』成文堂,pp. 18-25。
20) 菅原禮 (1977)「現代社会と社会体育」菅原禮ほか編『現代社会体育論』不昧堂出版,pp. 9-61。
21) 松村和則 (1988)「生涯スポーツ,コミュニティ・スポーツを考える」森川貞夫・佐伯聰夫編『スポーツ社会学講義』大修館書店,pp. 90-100。
22) 中山正吉 (2000)『地域のスポーツと政策』大学教育出版,p. 41。
23) 柳沢和雄 (2008)「生涯スポーツ振興と総合型地域スポーツクラブ」柳沢和雄・向陽スポーツ文化クラブ編『総合型地域スポーツクラブの発展と展望—KSCC30年の軌跡—』不昧堂,pp. 14-36。
24) 森川貞夫 (1975)「『コミュニティ・スポーツ』論の問題点」体育社会学研究会編『体育社会学研究4』道和書院,pp. 21-54。
25) 三好洋二 (1975)「『コミュニティ・スポーツ』に関する一考察—その成立過程と特質—」体育社会学研究会編『体育社会学研究4』道和書院,pp. 55-65。

26）小林勉（2003）「日本のスポーツ振興施策の動向と課題：コミュニティ・スポーツ論の系譜に寄せて」『信州大学教育学部紀要』第110号，pp. 81-88．
27）中島博信・上羅広（1975）「地域社会におけるスポーツ—香川県坂出市林田地区における事例研究—」体育社会学研究会編『体育社会学研究4』道和書院，pp. 67-86．
28）上羅広（1978）「地域スポーツ政策の展開と住民：『スポーツ政策』研究への一視覚」体育社会学研究会編『体育社会学研究7』道和書院，pp. 43-64．
29）松村和則（1978）「『地域』におけるスポーツ活動分析の一試論：宮城県遠田郡洞ヶ崎地区の事例を素材として」体育社会学研究会編『体育社会学研究7』道和書院，pp. 65-98．
30）松村和則（1993）『地域づくりとスポーツの社会学』道和書院．
31）加藤大仁（2009）「『スポーツ振興くじ法』の立法過程」『体育研究所紀要』第48巻1号，pp. 21-28．
32）スポーツ振興基本計画は2006年に中間見直しがなされ，「3. 生涯スポーツ及び競技スポーツと学校体育・スポーツとの連携を推進するための方策」という表現がなくなり，新たに「スポーツの振興を通じた子どもの体力の向上」が計画の柱として加えられた。
33）文部省（2000）「スポーツ振興基本計画」より抜粋．
34）同上．
35）文部科学省（2014）「平成26年度総合型地域スポーツクラブ育成状況調査」より抜粋。文部科学省ウェブページ，http://www.mext.go.jp/a_menu/sports/club/1352356.htm（2014年10月28日）．
36）文部科学省（2012）「スポーツ基本計画」．
37）「地域スポーツとトップスポーツの好循環推進プロジェクト」の概要とそれをめぐるクラブの実態については，拙稿を参照のこと（関根正敏ほか（2014）「スポーツ政策の実施主体となるNPOの戦略：『地域スポーツとトップスポーツの好循環推進プロジェクト』受託クラブの事例研究」『中央大学保健体育研究所紀要』第32巻，pp. 57-78）．
38）小林勉・渡辺敏明（2002）「Sport for Allムーブメントから捉える総合型地域スポーツクラブ育成の課題」『信州大学教育学部紀要』第108号，pp. 81-90．
39）柳沢，前掲書．
40）小林・渡辺，前掲書．
41）本節は，科学研究費助成金（研究種目：若手研究（B），研究代表者：関根正敏，題目：市民参加型スポーツのエスノグラフィー〜社会的承認を獲得するスポーツ組織の諸要素，研究課題番号：26750285）の一部を用いて実施されました。

索引

administration　10
BPR　166
business　11
DSS　164
EDINET　122
EMS　92, 101, 103
entreprise　11
EUC　164
FMI（財務管理イニシアティブ）　198
ISO 26000　58
IT化　98, 99
management　10, 80
MIS　164
MOOC　173
NC工作機　182

NGO　45, 47
NPM（新公共経営）　226
NPO　45-47, 256, 257
PERT　180
PFI（民間資金を活用した資本整備）
　　192, 199, 203
──事業スキーム　204
POSシステム　181
SCM（Supply Chain Management）
　　170
SIS　164
SRI　58
The New Society　80
The Practice of Management　80
VFM　203

あ行

アウトソーシング　200
新しい公共　227, 234, 269
新しい公共空間　227, 228, 232
アップル　92
安全確保の職能　69
アントルプルヌール　8
委員会設置会社　31
池内信行　7
意思決定　16
イノベーション　81
インフラ整備　189
売上原価　124
売上総利益　124
営業利益　125
営利事業　17
エージェンシー関係　33
円高　97

エンパワーメント　241
追い出し部屋　89, 91
応能負担の原則　142
オペレーションズリサーチ　178
オンライン教育　171

か行

会計学　113
会計監査　114, 132, 133
会計期間　122
会計職能　69
会社形態　25
会社法　24
科学的管理の諸原理　1
課税客体　143
課税主体　143
課題事項　41
ガバナンス　206, 239

索　引　283

ガバメント　239
株価　118
株式　116
株式会社　28
株式譲渡自由の原則　29
株主　116
株主総会　117
株主有限責任の原則　29
株主優待　117
カルロス・ゴーン　7
観光まちづくり　243
監査意見　133
監査報告書　133
監査役会設置会社　31
官民パートナーシップ　206, 208
官民連携（PPP）　226
管理委託制度　202
管理会計　114
管理職能　70
管理の定義　68
企業　12
　——の社会的責任　48, 235
　——の社会的即応性　51
企業外部の利害関係者　119
企業者　8
企業者職能　8, 81
企業倫理　38
技能的職能　69
キャッシュフロー計算書　121
給付水準　188
協働システム　221, 236
虚偽表示　131
規律の原理　74
キーワード検索　174
グーグル革命　174
グラミン銀行　229
グランド・ゼコール　68
グローバル化　95, 119
クーンツ, H.　4

経営　12
経営管理　67
経営管理学　7
経営経済学　7
経営情報システム　162, 163, 164
景気調整　143
経済主体　21
経済の暗黒大陸　167
経常利益　125
鴻海精密工業　92, 101
公共財　21
公共サービス　141
「公」「共」「私」のトライアングル関係
　　225
ゴーイング・コンサーン　28
合資会社　27
工場管理　10
合同会社　28
公認会計士　132
公民パートナーシップ　205
合名会社　27
効用の最大化　21
コーセラ　173
コー円卓会議　55
顧客の創造　83
国税　143
国内産業空洞化　97
個人企業　23
個人的利益の全体的利益への従属の原理
　　75
固定資産　128
ことづくり　109
コミュニティビジネス（CB）　231, 247,
　　250
コモディティ化　107
コンセッション　203
コンセッション方式　212
コンプライアンス　42

さ 行

財政健全化　191
財政問題　189
財務会計　114
財務管理イニシアティブ→FMI
財務諸表　131
財務的職能　69
サイモン　4
サプライチェーン・マネジメント　169
産業ならびに一般の管理　1
指揮の一元化の原理　74
事業　12
　──の目的　83
資産　127
市場化テスト　199, 200
市場経済　95, 96
実効税率　150
指定管理者制度　201
資本金　127
市民憲章（Citizen's Charter）　199
社会的責任　61
社会的責任投資　58
社会保険方式　187
社会保障制度　187
収益　122
就職ブランド調査　20
シュマーレンバッハ　5
純資産　127
商業的職能　69
上下分離方式　210, 212
商圏　168
証券市場　117
少子高齢化　185
所得税　121
所得の再分配　142
新公共経営　197
新興国市場　99, 109
人口問題　183
垂直統合　101, 103-105
水平分業　101, 103-105
数理計画法　179
スティーブ・ジョブズ　82
スポーツ基本計画　272
スポーツ振興基本計画　272, 273
スポーツの資源論　262
スポーツの政策論　260
スポーツの組織論　261
スポーツのマーケティング　262
スポーツマネジメント　259
擦り合わせ　104
税金　140
制度化　56
税引後当期純利益　124
税法　121, 145
税務会計　114
責任と権限の原理　73
線形計画法　179
戦略的CSR　235
総合型地域スポーツクラブ　273
ソーシャルビジネス　226, 228
租税　140
租税法律主義　146
損益計算書　121

た 行

体育・スポーツ行政組織　268
体育・スポーツ経営の実践領域　268
大学発ベンチャー　28
大競争（メガ・コンペティション）時代　96
第三の波　161
貸借対照表　121
タテの協働　238
地域経営　220, 236, 243
地域の非営利スポーツ経営組織　268
地域マネジメント　254, 255
地方税　143
テイラー　1

適正利潤　　84
デジタル化　　106, 107, 109
デジタル家電　　106-108
電子機器受託製造サービス　　92, 101
統治制度　　31
特別損益　　126
トリプル・ボトム・ライン　　58

な 行

内部告発　　45
中西寅雄　　8
ニックリッシュ　　5
ネクスト・ステップス・エージェンシー
　　　199

は 行

配当金　　117
バーナード, C. I.　　220
パリ商科大学　　6
非営利事業　　17
ビジネス・スクール　　4
ビジネスモデル　　101, 104, 110
必要最低利潤　　84
ヒト・モノ・カネ　　115
費用　　122
ファヨール, H.　　1
フィールド・ワーク　　140
福祉国家　　222, 224
負債　　127
不祥事　　42
ブラックボックス化　　94
ブラックボックス戦略　　95
ブランド戦略　　263
フルセット主義　　101
分業の原理　　73
法人企業　　24
法人事業税　　150
法人住民税　　149
法人税　　121

法人税法　　146
法人税率引き下げ　　155
法人登記　　24
法令遵守　　42
簿記　　114
ホスピタリティ　　253, 254
ホスピタリティマネジメント　　253
ポーター, M. E.　　236

ま 行

マーケティング　　81
命令の一元化の原理　　74
藻利重隆　　7
モジュール化　　99, 107, 109
モータリゼーション　　168
ものづくり　　108-110

や 行

夜警国家　　222
山本安次郎　　8
有価証券報告書　　121
ヨコの協働　　238, 240

ら 行

ライプチッヒ商科大学　　5
利益と所得の違い　　153
利益（利潤）の最大化　　21, 84
利害関係者　　34, 40
リーダーシップ　　248
流動資産　　128
累進課税制度　　142
ローカル・ガバナンス　　241
ロジスティックス　　168
ロングテール・ビジネス　　175

わ 行

ワイヤーマン＝シェーニッツ　　5
ワークショップ　　245, 247

新経営学総論 －経営学の新たな展開－

2015年3月30日　第1版第1刷発行

編　者　「新経営学」研究会

発行者　田　中　千津子　〒153-0064　東京都目黒区下目黒 3-6-1
　　　　　　　　　　　　　　　　　　　電話 03（3715）1501 ㈹
　　　　　　　　　　　　　　　　　　　電話 03（3715）2012
発行所　㈱ 学 文 社　　　　　　　　　http://www.gakubunsha.com

Ⓒ New Business Administration Workshop 2015 Printed in Japan
乱丁・落丁の場合は本社でお取替えします。
定価はカバー・売上カード表示。　　　　印刷　新灯印刷株式会社

ISBN 978-4-7620-2524-2